周易与三十六计专家研讨会合影。右起朱红亮、安国辉、马恒君、梁勇、丁利民等

策划2008年9月22日石家庄植物园66对新人集体婚礼,大花轿获吉尼斯世界纪录。图为66位新娘乘坐着大花轿。

2010年10月21日,本书作者杜新会与空军少将乔良、某部李副师长共同研讨周易与三十六计。

(乔良,现任空军少将、空军指挥学院战略教授,为当代著名军事理论专家、中央电视台"百家讲坛—新解三十六计"演讲者)

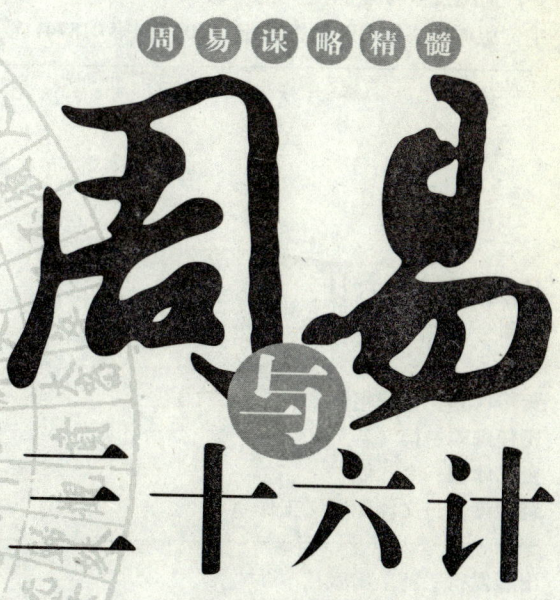

周易谋略精髓

周易与三十六计

杜新会 ◎ 著

新星出版社 NEW STAR PRESS

图书在版编目（CIP）数据

周易与三十六计／杜新会著．—北京：新星出版社，2011．4
ISBN 978－7－5133－0187－9

Ⅰ．①周… Ⅱ．①杜… Ⅲ．①周易-通俗读物②三十六计-通俗读物
Ⅳ．①B221－49②E892．25－49

中国版本图书馆 CIP 数据核字（2011）第 018741 号

周易与三十六计
杜新会　著

策　　划：	世纪拓普
责任编辑：	梓　若
责任印制：	韦　舰
装帧设计：	文渊阁图文工作室

出版发行：	新星出版社
出版 人：	谢　刚
社　　址：	北京市西城区车公庄大街丙 3 号楼　100044
网　　址：	www.newstarpress.com
电　　话：	010－88310888
传　　真：	010－88310899
法律顾问：	北京市大成律师事务所

读者服务：010－88310800　service@newstarpress.com
邮购地址：北京市西城区车公庄大街丙 3 号楼　100044

印　　刷：	北京雨田海润印刷有限责任公司
开　　本：	710×1000　1/16
印　　张：	21
字　　数：	270 千字
版　　次：	2011 年 4 月第一版　2011 年 4 月第一次印刷
书　　号：	ISBN 978－7－5133－0187－9
定　　价：	38.00 元

版权专用，侵权必究；如有质量问题，请与出版社联系更换。

序

在中华五千年浩瀚的文化海洋中，翻涌过层层叠叠的大波巨浪。《周易》和《三十六计》就是其中的两朵奇异的浪花。虽然在中国思想文化史上的地位不尽相同——前者是中国哲学特别是朴素辩证法思想的源头，而后者只是相隔两千多年后对前者思想在谋略学方面的具体运用。但二者都是我们的祖先聪敏、智慧的精粹和结晶，却是毋庸置疑的。

最近，杜新会先生在运用《周易》理论，结合现代西方运筹学原理研究《三十六计》方面，做了一些有益的探索，解析了前后两者的因果传承关系，既遵从传统思维理论与谋略，又运用现代时空数理科学，付出了艰苦的努力，也取得了富有启发性的成果。虽然其中不少是杜氏的个人见解，他人也未必全都认同。但见仁见智，这本身就是思想碰撞,增进对世界及其规律认识的必由之径。所以,我预祝杜新会先生在这一领域不断取得更为丰硕的成果。

乔良
二〇一〇年十月廿七日

(乔良,现任空军少将、空军指挥学院战略教授,为当代著名军事理论专家、中央电视台"百家讲坛—新解三十六计"演讲者)

写在前面的话

早年，我对术数预测并不了解，加之我在部队做保卫工作，对传统的术数更是嗤之以鼻，认为它不过是骗人的把戏而已，可有件事情的发生却让我改变了看法，且很多年来这件事一直在我脑海里回荡。那是在上个世纪70年代末，我在解放军某部任保卫股长期间，一次到师部开会时，看到了《人民公安》杂志上刊登了一篇文章，大意是：广东省海口市公安局副局长凭经验分析出位于十字路口的人民商场周六会有小偷光顾，于是他将这一分析结论通知了该商场保卫科长，可该科长不太相信，并没有给予重视，更没有采取任何针对性的防范措施，结果还真发生了被盗事件。科长第二天向副局长报告，副局长又指示：你向某方向追击某里地，遇到一个穿某色衣服的人，你就审查他，这个人可能就是小偷。科长听了该副局长的话，依计而行，果真抓到了小偷，文章最后称赞该副局长分析判断能力强。看完文章，我百思不得其解，在没有任何条件下，小偷哪天来偷东西能分析出来？穿什么颜色衣服也能分析出来？

直到我研究周易预测，遇到了类似事情时才逐渐明白个中缘由。记得1996年冬天，我的搭档保卫处邵副处长早晨一进办公室门就说："处长，我在来的路上眼前总有像帘子状的东西，你给看看我有什么灾吗？"预测的结果显示：老邵没凶灾，倒是公司今晚要被盗，被盗东西是"保护我的物品"。我和邵副处长商量,组织人员——设伏。我知道自己预测技术不高,于是请教这方面的资深人士,答复:你预测正确,小偷真来,不过今天不来,明天来。我们当晚没设伏,可第二天发现,公司门口脚踏的铁箅子在警卫室眼皮底下被偷走了,门口只留下半米深的水泥坑,东西不大,影响大。第二天还设伏不设伏?为保险起见,还是设下埋伏,可小偷没来。其实该资深人士说得并没错,因为过了晚上11点,就算第二天了。此事虽没指导成功,但看到了预测术是有应用价值的。看到了中华民族的先人创立的模型不是骗人的,之所以能流传下来,是因为它对社会有作用。

易经作为群经之首,是众多著作衍生之基础,因为阐述的是天道。兵法"三十六计",从古至今早已是家喻户晓,但《三十六计》成于何时、其文辞如何解读,却是个说不清、道不明的问题。有趣的是,《三十六计(秘本兵法)》的语言文字,广引《周易》卦爻文辞,并按原本《周易》象数解读方式阐述。《三十六计(秘本兵法)》开篇即言:"六六三十六,数中有术,术中有数",后人《按》曰:其"解语重数不重理"。也就是说,"三十六计"虽为谋术,却是以数理为依据来推论的,而且是以《周易》二进制数理的"进退方式"演绎的。

孙子兵法称为万兵之祖,不仅仅因为它产生的早、成熟,更因为它充分揭示了战争的内涵和意义。兵法的战争不是为了战争而战争,而是为了利益而战争,更是为了花最小的代价获取最大的战争胜利,被后世将领奉为圭臬的"上兵伐谋"和"不战而屈人之兵"等经典的战略思想而战争,三十六计在体悟上述思想的基础上运用易经分类的方式慢慢形成了三十六种处理问题的技巧,把这种兵法的思想运用到了极致。

既然易经和三十六计,都是古人智慧的精华,二者都是依《易经》为理论依据,都是用于战争,都是教给人们怎么更简单的解决事情和问题的方法，那两者肯定会有许多相通之处，能不能把这二者结合起来让更多的人学会运用它们呢？在这样的疑问下，我在奇门预测的实践中逐渐地把三十六计融入了进来，经过不断实践和反复研究论证，认为二者的结合就等于智慧加智慧。在实践中我曾经用奇门遁甲结合三十六计为李老板出谋划策，李老板租人家的厂地开工厂，可是村里百姓总是闹事，而且还总时不时的停电，没法持续生产。李老板咨询工厂前途，我依奇门指导，不能再干下去了，可采用"金蝉脱壳"悄悄地撤离工厂，留下个空办公室、空办公桌走人。走时欠对方三百万电费，连利息是六百多万，等人家上门要账反倒先于起诉了他们，结果还打胜了官司，这是一例典型的以奇门和三十六计结合取胜的实例。

该书是奇门遁甲和三十六计结合的一部著作，奇门遁甲告诉了我们遇有博弈事情时，从时空数理的角度认知我与对方的状态，应该"进"还是"退"，正像《孙子·谋攻篇》中说："知己知彼，百战不殆；不知彼而知己，一胜一负；不知彼，不知己，每战必殆。"三十六计又是指导我们在进退时采用的方法，运用帝王之术奇门遁甲来结合三十六计是为了给人们以指引，不是为了让人们变得满脑子的计策，处处感觉人心险恶，时时充满着阴谋的味道。三十六计为"阴谋"，我们建议用"阳谋"之心读"阴谋"之计。建议在使用奇门遁甲及三十六计时应遵守国家的法律法规、商业规范和基本的社会道德。

对于周易的预测功能，很多人还是存有疑义的。自从台湾师范大学的曾仕强先生2009年在央视"百家讲坛"开坛讲解周易的哲学思想和预测原理，对周易预测原理的科学性进行了充分的肯定，很多人对周易预测的怀疑程度减少了。但对因周易之道而诞生的"奇门遁甲"预测方法的争议仍然很大，有些人甚至武断地将奇门遁甲预测术和糟粕、迷信联系起来，从而使中华文化遗产中这一宝贵的财富长期得不到深入的发掘和应用。其实从研究的角度来看，肯定或否定奇门遁甲都要求我们放下偏见。奇门遁

甲是什么？它是由时间、空间、数理组成的模型，是宇宙全息模型，是代入模型，是体现、反映宇宙运动规律的模型，是可以重复的模型。奇门遁甲是传统文化中不可缺少的部分，奇门遁甲来源于战争，作用于战争，在和平年代就是博弈。任何事物都是阴阳两方面的对立统一，有矛盾就有博弈，奇门遁甲是为博弈服务的一门学问，是一门解决实际问题的学问。它的理论依据是《周易》，在现实生活中奇门遁甲处处可以运用，百姓中流传着奇门遁甲是"帝王之术"，是指导人们行动的智慧之术。奇门遁甲古代著作中有糟粕，像符咒类，我们可以在继承中将其剔除掉，若全面否定奇门遁甲以偏概全，就会犯"瞎子摸象"的错误了。古代的文化需要有人去研究，若用现在人类已掌握的科学知识去评判人类还没认识的知识，是不是也是一种迷信呢？

  我不断追寻和实践传统文化的精髓，从一概的否定到发生动摇，从不相信到亲身实践，经历了许多的坎坷和曲折，直到在安阳周易大会上的现场预测成功，不但证实了我的想法，更把奇门遁甲这一帝王之术推向了人们的视野。易学之门已向大家敞开，而进入此门需要我们共同付出努力和实践，在这里我期待和大家共勉！

目 录

序 …………………………………………………………………… 1

写在前面的话 …………………………………………………… 1

第一部分 科学认知《周易》与"三十六计"的智慧谋略 …… 1

一、《周易》是大智慧的经典 …………………………………… 1

二、奇门遁甲的来源及理论依据 ……………………………… 3

三、三十六计的来源及理论依据 ……………………………… 8

四、奇门遁甲与三十六计结合是谋略的大智慧 ……………… 12

 (一)奇门遁甲是中国古代运筹学的智慧结晶 …………… 12

 (二)奇门遁甲与三十六计的相关性 ……………………… 14

 (三)奇门遁甲与三十六计结合是运筹学和博弈的一种创造 … 15

第二部分 时空数理模型基础知识 ……… 18

一、时空数理模型的特点 ……… 18
(一)它是以时间、空间、数理三大要素构成的模型 ……… 18
(二)它是一个宇宙全息模型 ……… 19
(三)它是一个代入模型 ……… 20
(四)它是一个体现宇宙运动规律的模型 ……… 20

二、时空数理模型的内容 ……… 23
(一)空间内容 ……… 23
1. 河图、洛书 ……… 23
2. 九宫八卦 ……… 24
3. 阴阳五行 ……… 29

(二)时间内容 ……… 33
1. 天干、地支 ……… 33
2. 二十四节气 ……… 46
3. 六十甲子 ……… 48

(三)数理内容 ……… 51

(四)奇门时空数理运行规律 ……… 52
1. 奇门时间运行规律 ……… 52
2. 奇门空间运行规律 ……… 57
3. 奇门时空数理模型的构成要素 ……… 59
4. 纸上起局方法 ……… 66

(五)格局 ……… 67
1. 十干克应 ……… 67
2. 八门克应 ……… 72
3. 常用吉凶格局 ……… 78
4. 八神作用 ……… 99

5. 八门乘八神 …………………………………………… 99

（六）判断原则 ……………………………………………… 104

　　1. 主客论 ………………………………………………… 104

　　2. 定应期 ………………………………………………… 107

　　3. 判断方法 ……………………………………………… 108

第三部分　奇门遁甲与三十六计结合实例

第一计　瞒天过海 …………………………………………… 111
　　　　"瞒天过海"施妙计，购置土地定升值 ………… 112

第二计　围魏救赵 …………………………………………… 116
　　　　买地开发陷泥潭，"围魏救赵"破难关 ………… 117

第三计　借刀杀人 …………………………………………… 121
　　　　面对敲诈怎生好？"借刀杀人"速了断 ………… 122

第四计　以逸待劳 …………………………………………… 127
　　　　竞拍场上忌盲动，"以逸待劳"方取胜 ………… 128

第五计　趁火打劫 …………………………………………… 133
　　　　痛失地块不足惜，"趁火打劫"得便宜 ………… 134

第六计　声东击西 …………………………………………… 138
　　　　（1）僵持之下转视线，"声东击西"售楼盘 …… 139
　　　　（2）欲成功购买地皮，宜采取"声东击西" …… 145

第七计　无中生有 …………………………………………… 148
　　　　"无中生有"放烟幕，化解冲突巧为安 ………… 149

第八计　暗渡陈仓 …………………………………………… 159
　　　　"明修栈道"为拖延，"暗渡陈仓"待时机 ……… 160

第九计　隔岸观火 …………………………………………… 164
　　　　人事纠纷出内鬼，"隔岸观火"火自熄 ………… 165

第十计	笑里藏刀	169
	貌似柔弱实则刚,"笑里藏刀"获赔偿	170
第十一计	李代桃僵	174
	竞拍中丢卒保车,争地块"李代桃僵"	175
第十二计	顺手牵羊	178
	办医疗和气生财,获收益"顺手牵羊"	179
第十三计	打草惊蛇	183
	网恋招来复仇火,"打草惊蛇"灭邪念	184
第十四计	借尸还魂	188
	官场难提风水事,"借尸还魂"把理陈	189
第十五计	调虎离山	193
	斥对手蛊惑谣言,择时机"调虎离山"	194
第十六计	欲擒故纵	198
	(1)租房者条件苛刻,换鱼饵"欲擒故纵"	199
	(2)膏药推销招人嫌,"欲擒故纵"美名传	203
第十七计	抛砖引玉	208
	别出心裁办婚庆,"抛砖引玉"向未来	209
第十八计	擒贼擒王	216
	整顿秩序求突破,"擒贼擒王"使不得	217
第十九计	釜底抽薪	220
	社区建站起风波,"釜底抽薪"化干戈	221
第二十计	混水摸鱼	225
	开发楼盘无批件,"混水摸鱼"终过关	226
第二十一计	金蝉脱壳	229
	品茶聊天忆往昔,笑谈"金蝉脱壳"计	231

| 第二十二计 | 关门捉贼 | 234 |
| 竞争失利搞破坏,"关门捉贼"证据在 | 235 |

| 第二十三计 | 远交近攻 | 240 |
| 扩充店铺搞连锁,"远交近攻"为上策 | 241 |

| 第二十四计 | 假途伐虢 | 245 |
| 村长竞选很激烈,"假途伐虢"奏凯歌 | 246 |

| 第二十五计 | 偷梁换柱 | 252 |
| 公司前途是关键,"偷梁换柱"增股权 | 253 |

| 第二十六计 | 指桑骂槐 | 256 |
| 院长创新搞改革,"指桑骂槐"巧用计 | 257 |

第二十七计	假痴不癫	261
(1)欠债还钱天地义,"假痴不癫"终得还	262
(2)为售房规避风险,须上演"假痴不癫"	266

| 第二十八计 | 上屋抽梯 | 269 |
| 出租商铺难得手,"上屋抽梯"为上策 | 270 |

| 第二十九计 | 树上开花 | 273 |
| 新农村须有规划,靠党会"树上开花" | 274 |

| 第三十计 | 反客为主 | 279 |
| 购厂一定能盈利,"反客为主"施小计 | 280 |

| 第三十一计 | 美人计 | 285 |
| 沟通能把隔阂消,"美人"一计显功效 | 286 |

| 第三十二计 | 空城计 | 290 |
| 囊中羞涩买地皮,奇门导演"空城计" | 291 |

| 第三十三计 | 反间计 | 293 |
| 离婚之后有凶险,巧用"反间"摆纠缠 | 294 |

第三十四计　苦肉计 …………………………………… 298
　　　　　家族迁坟须补偿，"苦肉计"终见成效 ………… 299
第三十五计　连环计 …………………………………… 304
　　　　　商海竞争不厌诈，"连环计"策成佳话 ………… 306
第三十六计　走为上计 ………………………………… 310
　　　　　(1) 卷入事端陷迷茫，躲灾避祸"走为上" ……… 311
　　　　　(2) 不速之客来造访，经理回避"走为上" ……… 315

后　记 ……………………………………………………… 321

第一部分 科学认知《周易》与"三十六计"的智慧谋略

周易是中国先贤哲学思维与应用技能结合的智慧结晶,而三十六计是在悠久的传统博弈谋略基础上形成的军事计谋,其中不仅体现了辩证唯物主义的思维智慧,也渗透着周易哲学辨析和奇门遁甲的预测之术。三十六计的谋略智慧,具有深厚的中国传统博弈术数的智慧和周易的哲学思维,是计谋与预测结合的哲学谋略,是中华民族军事与思辨思想集大成的文化积淀,是一门值得探迹索隐的科学。

一、《周易》是大智慧的经典

《周易》是中华民族的大智慧,是形而上的哲学思维与形而下的谋略结合的智慧结晶,被奉为中国传统经典的《五经》之首,又称《易经》。

《周易》向来被视为一种神秘的学说,更被视为一个最难契会的神妙智慧宝藏。这部在神秘外衣下凝结着先民深切哲理与生命感悟的著作,以"极天地之渊蕴,尽人事之始终"成为宏大学术的智慧宝典。冯友兰先生说，一部《周易》，就是中华民族的精神现象学。《周易》这部书，深刻体现了中华民族的精神发生、成长、定型的整个历史。一个民族要有精神的凝聚力，没有文化的认同，就不能称为统一的民族。而民族的精神不是静态的，也不是谁规定下来的，它有一个发生、发展的历史过程。在中国，《周易》这本书恰恰完整地表现了这个过程。

《周易》在世界文化史上也享有很高的地位，从古代沿用至今，在很多方面都起到了重要的作用。古代的政治家、军事家、理财家等都把它当作经邦济世的宝典。现今，学习《周易》的人越来越多了，《周易》的应用范围也更广，除了最早的政治、军事、理财，《周易》也被更多地应用在日常生活、商界和企业管理中。

《周易》除了哲学思维和深邃的睿智思想之外，还包涵着一系列指导人类生活的应用理论，其中最为知名的就是八卦，八卦的核心是阴阳，阴阳是对立的，统一是暂时的，这是物质的规律。任何事物均衡了才能相对稳定，稳定了才能形成秩序，没有秩序就没有规律，没有规律则无法认识事物，更无法预测事物发展变化，这种铁定的规律适合于家庭、团体、社会、国家。《周易》中特别强调阴阳要相对平衡，其实正是这种相对平衡体现了它的大智慧。我们都知道"将相和"的故事：战国时赵国舍人蔺相如奉命出使秦国，不辱使命，完璧归赵，所以封了上大夫；后来又陪赵王赴秦王设下的渑池会，使赵王免受侮辱。为表彰蔺相如的功劳，赵王封蔺相如为上卿。老将廉颇居功自傲，对此不服，就屡次故意挑衅蔺相如，蔺相如以国家大事为重，始终忍让。后来廉颇终于醒悟，向蔺相如负荆请罪。将相和好，共同辅国。古代先贤蔺相如早就知道要以"和"为贵，而"和"正是《易经》中阴阳平衡的境界。

近年来，中华民族的核心价值观——"和谐"终于得到回归，我国提出建设和谐社会。"和谐"也逐渐被运用到了企业管理中。例如，一个团体中，上级为阳，下级为阴。若上下和谐，团队精神就强，若上下对立，不和谐，团队精神就差。这种管理正体现了《周易》中的阴阳平衡。不管是多么大的团体，只讲"对立"，不看"统一"，就不符合宇宙规律，也不符合周易的大智慧。

著名哲学史家、国学院专家委员会委员余敦康教授认为，中华文化的复兴必然会回到核心价值观"和谐"之上。他说："儒家代表社会人际和谐，道家是自然的和谐，而《周易》是整合两者的大和谐。""中国政府把建设和谐社会作为国策，外交上强调和平崛起，就是这样的一种体现。"他认为国学的核心是《周易》，懂了《周易》才懂得中国传统文化的精髓。

《易经》乃五经之首，是中国古代哲人智慧的集大成之作，是一部充满朴素唯物论和辩证法思想的哲学著作，对中国古代的军事家、谋略家的智谋和博弈之术，都产生了深刻的影响。无论是孙武、孙膑，还是张良、韩信，以致诸葛亮、周瑜等等，都精通《易经》，据以用兵。因此，《周易》既是中国古代军事思想和谋略的理论基础，也必然是三十六计的精髓和理论根基。

二、奇门遁甲的来源及理论依据

奇门遁甲，是中国古老的一种术数，是珍贵的传统文化遗产。它也是奇门、六壬、太乙三大秘宝中的第一大秘术，是以《易经》为基础的最高层次的预测学，古代号称"帝王之学"，又为"夺天地造化之学"。《奇门遁甲》作为中华民族的重要文化经典，也是论天体、人和地球运动规律的科学巨著，它揭示宇宙间事物发展变化的自然规律最为深奥，最为精确实用。

"奇门遁甲"的含义是由"奇"、"门"、"遁甲"三个概念组成。

"奇"就是天干中的乙、丙、丁三奇；"门"就是休、生、伤、杜、景、死、惊、开八门；"遁"即隐藏，"甲"指六甲，即甲子、甲戌、甲申、甲午、甲辰、甲寅，"甲"是在十干中最为尊贵，它藏而不现，隐遁于六仪之下。"六仪"就是天干中的戊、己、庚、辛、壬、癸。隐遁原则是甲子隐于戊下，甲戌隐于己下，甲申隐于庚下，甲午隐于辛下，甲辰隐于壬下，甲寅隐于癸下。另外还配合蓬、任、冲、辅、英、芮、柱、心、禽九星。奇门遁甲的占测主要分为天、地、人三盘，象征三才。天盘的九宫有九星，中盘的八宫（中宫寄二宫）布八门，地盘的八宫代表八个方位，静止不动，同时天盘地盘上，每宫都分配着特定的奇（乙、丙、丁三奇）、仪（戊、己、庚、辛、壬、癸六仪）。这样，根据具体时日，以三奇、六仪、八门、九星排局，以占测事物关系、性状、动向，选择吉时吉方。

相传，奇门遁甲起源于轩辕黄帝大战蚩尤之时。传说蚩尤身高七尺，铁头铜身刀枪不入，而且会呼风唤雨。在战场上制造迷雾，使得黄帝的军队迷失方向，黄帝大战蚩尤72仗而不胜，使得黄帝愁眉不展。

一天晚上的三更时分，忽然轩辕丘上传来惊天动地的声音和非常强烈的光芒，惊醒了黄帝及众人。大家匆匆忙忙起床，跑过去一看，原来是有一支彩虹自天空中缓缓下降，从中走出一位全身大放光明的仙女，仙女手上捧着一个长九寸阔八寸的玉匣，黄帝接过来打开一看，里面有一本天篆文册《龙甲神章》；黄帝根据书里面的记载，制造了指南车，终于打败了蚩尤。

《龙甲神章》除了记载兵器的打造方法之外，还记载了很多行军打仗、调兵遣将的兵法。于是黄帝要他的宰相风后把《龙甲神章》演绎成兵法十三章，孤虚法十二章，奇门遁甲一千零八十局。后经西周的姜尚（姜太公）丰富，汉代黄石老人将其传给张良，张良把它凝练为后世我们看到的奇门遁甲阴阳十八局。

这是古人为了神化《奇门遁甲》理论，托古的一种说法，实际上奇门遁甲是春秋战国时期在《周易》基础上逐渐发展起来的一种术数，汉代张良等一批智者总结这种智慧谋略而集大成，成就了《奇门遁甲》的经典。《奇门遁甲》运用时间、方位、空间的关系，预测事物发展变化的规律，成为把握人生命运、改变人生逆境的运筹学。

奇门遁甲的结构独特，其理论应用天干、地支、八卦、九宫、九神、九星、八门等元素，来判断掌握胜负关键的趋势，利用时间、空间，分主客主导时机，奇门遁甲善用自然的力量，增强自己的能量、气势、人缘，永远将自己处在高屋建瓴的方位，洞烛其奸，运筹帷幄。

奇门遁甲的理论依据是《易经》，其利用空间和时间运筹的数理模型是由河图、洛书、九宫八卦、阴阳五行、天干、地支、二十四节气、六十甲子，按照五行生克的关系构成。在演绎过程中，用八卦记载方位，用十天干隐其一，配九宫记载天象及地象之交错，用八门记载人事，用九星八神记载周遭的环境。有时间、有空间、有数理，充分地表现出古人宇宙观的智慧。

奇门遁甲源自于古代战争的博弈，并在战争中发展，是古代用于战争的三式之一。"太乙"、"奇门"、"六壬"合称"三式"，是我国传统预测学中最高层次的学问，历史上都是由国家司天监、司天台、太史令等掌管天文、历法、军国大事的少数人所掌握。据说，"太乙"以占测君国大事、自然灾异为主，"奇门"以占测行军制敌为主，"六壬"以占测日用百事为主。凡是能够辅佐君王的肱股之臣，都是懂得运用奇门遁甲的人物，传姜子牙用奇门之学帮助周武王建立800年的周朝；张良用奇门遁甲帮助刘邦建立了西汉政权；诸葛亮用奇门遁甲助刘备借荆州取西川，建立蜀汉政权，与东吴、曹魏成三国鼎立之势；南北朝时期的王猛运用奇门遁甲学为符坚建立了前秦政权；李靖、徐茂功用奇门遁甲学为李世民统一河山；五代末年赵普运用奇门遁甲为赵匡胤建立宋王朝；元末刘伯温运用奇门遁甲为朱元璋建立大明江山等等不胜枚举，这些人无不都是有着神秘光环的人物。

20世纪九十年代末，杭州任易德先生送我一本《奇门遁甲元灵经》，该书是清朝光绪年间灵隐居士著的，书中记载了一个实例："崇祯辛巳四月十八日，大寇数万掠莱芜吐子口安营，众乡绅举义兵拒之，未胜。夜使人问我出兵之策。时癸亥日亥时，在立夏下元，阳七局，是甲寅符头，至亥时得冲伤门为星，宜出东方，果如所言，夜大破之，余党悉平。要知九星各有所宜，不拘伏吟。"发现了此实例，如获至宝，反复研究，甚是着迷，不但增强了我的研究信心，更使我看到奇门遁甲来源于战争，用于战争的实例。此例既体现了传统文化的的深奥，又体现了预测术的实用性，更体现了奇门遁甲的智慧。此例我查万年历得出如下格局：

崇祯辛巳年四月十八日亥时为1641年5月27日21点

辛巳年癸巳月癸亥日癸亥时，阳七局，甲寅旬，天冲星值符，伤门值使。

螣蛇马 杜门丁 天辅星丁	太阴 景门庚 天英星庚	六合 丙死门壬 天芮星壬
直符 伤门癸 天冲星癸	丙	白虎 惊门戊 天柱星戊
九天空 生门己 天任星己	九地空 休门辛 天蓬星辛	玄武 开门乙 天心星乙

为什么要从东门打？为什么能战胜围城者？我们来分析古代这个实例。

该局大局伏吟，简单一看，利主不利客，应以防守为主。按照奇门判断原则，遇事先分主客，再决定为主还是为客行动。奇门分主客以动者为客，静守为主，攻者为客，守者为主。"大寇数万掠莱芜吐子口安营"，围城者为攻方，为客，"众乡绅举义兵拒之"为守方，为主。奇门《玄机赋》里对此种格局也做了详细描述："值符伤门……兵行逆地攻兵速"。也就是说，当值使门为伤门，遇到上乘值符的格局时，这时候应当以快速、主动的进攻方能取胜，所以此刻主方若突围则可获胜。

奇门是一个时空数理模型，运筹时，除了把握时间，还须选对空间，此局中八个方向，什么方向最利突围破敌呢？奇门古籍里有"急则从神缓从门"一说，即运筹时，若非常着急，只要找出了值符落宫，朝着这个落宫的方向去，就是朝最有利的方向行动。但若有充足的时间进行考虑，则应结合"吉门"的方位来进行运筹。一般情况下，开休生为吉门，余为凶门或平门，预测必须结合实际，在实际预测中，逢战争、体育比赛时，伤门则转"凶"为"吉"了，因为伤门本身是一个竞争性很强的门，其作用宜战争、体育比赛、捕捉，所以测战争伤门为吉。现伤门落震三宫，宫中恰得值符吉神，且逢日干、时干癸水，癸水在震宫处长生旺地，所以选震方又临伤门进攻可占尽地利。若如此时间、空间的有利因素都为求测人所用，则突围计划必能成功。

该例充分利用了奇门遁甲模型的预测功能，选择最有利的时间、最有利的空间进行突围，取得了胜利。孙子兵法中讲"上兵伐谋"、"不战而屈人之兵"，这个案例就体现了兵家的最高境界。

三、三十六计的来源及理论依据

　　三十六计的主要计谋,是后人在研读《孙子兵法》等传统军事经典过程中总结出来的,其中主要计谋源自战国时期军事家孙武的《孙子兵法》,根据其军事思想和丰富的战争经验总结而成,是中华民族优秀文化遗产之一。

　　"三十六计",是经过了历代和多人传承形成的智慧结晶,没有单一或固定的作者。"三十六计"的概念,最早可追溯到南朝,《南齐书·王敬则传》写到:"檀公三十六策,走为上计,汝父子唯应走耳。意为败局已定,无可挽回,唯有退却,方是上策。这里的檀公即南朝一个叫檀道济的将领。后人虽然在不少军事和博弈著作中得到沿用,但并未形成"三十六计"的著述及其正式版本。据有关专家考证:三十六计可能产生于明朝末年。但直到20世纪40年代才在市场上发现用土纸排印出的三十六计孤本。2003年陕西孙武兵法研究会会长张敬轩称其父张联甲是三十六计的真正作者。张联甲的父亲曾在清朝军机处任职,受其父影响,以第一名的成绩考入保定军官学堂。1920年军校毕业后又被保送至日本东京振武堂深造。1923年元月,谢绝校方留校任教,回到西安,在西安药王洞潜心研究古代兵法,他将兵理、易理融为一体,精心构思,整体编排,经两年的艰苦写作,完成了大型兵书——《秘本兵法》。其中三十六计出自《秘本兵法》中的"六六行·三十六计"。

　　1937年7月前几天,张联甲到陕西某地考察地形、地貌,不小心将录有三十六计提纲的本子遗失在某村民家中。后该村民将此记录本卖给当地商人翟瑞琴。翟瑞琴发现了其中的商机,于是将此记录本的三十六计进行修改,并在1941年付印了上千本。张联甲得知后,亲赴该县告知县长,县长为其打抱不平，罚了翟瑞琴100元现金大洋，并将其抄好未卖出的一千多本《三十六计》交还张联甲。

1937年"七七事变"后，张联甲入伍参加了抗日战争。1945年日本宣布无条件投降，张联甲解甲归田，在西安二中任教。1967年夏，到甘肃平凉崆峒山中，重新对《秘本兵法》校对定稿。前后历时42年完成了自己一生的夙愿。由于种种原因，此书还未刊印过，这也是一种三十六计出处的说法。

1943年北京的一名叫叔和的教师在成都祠堂旧街一地摊上无意购得瑞琴楼版的《三十六计》。1961年9月16日叔和在《光明日报》上介绍了自己收藏的这本《三十六计》，引起世人普遍关注。1962年他将这本书赠送给解放军政治学院，后译注刊印成册。我本人1968年在北京南口坦克部队参军时曾阅读过此书。1962年后，这部兵书传入日本和欧美众多国家，获得了好评。1979年吉林人民出版社公开发行了此书，成为一本妇孺皆知的名著。目前市场流行的版本基本是按照瑞琴楼版《三十六计》的版本进行刊印的。

《三十六计》按计名排列，共分六篇，即胜战计、敌战计、攻战计、混战计、并战计、败战计。前三套是处于优势所用之计，后三套是处于劣势所用之计。每套各包含六计，总共三十六计。

第一篇　胜战计

第1计　瞒天过海

第2计　围魏救赵

第3计　借刀杀人

第4计　以逸待劳

第5计　趁火打劫

第6计　声东击西

第二篇　敌战计

第7计　无中生有
第8计　暗渡陈仓
第9计　隔岸观火
第10计　笑里藏刀
第11计　李代桃僵
第12计　顺手牵羊

第三篇　攻战计

第13计　打草惊蛇
第14计　借尸还魂
第15计　调虎离山
第16计　欲擒故纵
第17计　抛砖引玉
第18计　擒贼擒王

第四篇　混战计

第19计　釜底抽薪
第20计　混水摸鱼
第21计　金蝉脱壳
第22计　关门捉贼
第23计　远交近攻
第24计　假途伐虢

第五篇　并战计

第25计　偷梁换柱
第26计　指桑骂槐
第27计　假痴不癫
第28计　上屋抽梯

第29计　树上开花

第30计　反客为主

第六篇　败战计

第31计　美人计

第32计　空城计

第33计　苦肉计

第34计　反间计

第35计　连环计

第36计　走为上

《三十六计》通俗易懂，其计名有的来自历史典故，如围魏救赵、暗渡陈仓；有的源于古代兵书，如以逸待劳、声东击西；有的借用日常成语，如指桑骂槐、反客为主；有的取自诗人的诗句，如李代桃僵、擒贼擒王等。后人为了方便记忆，把《三十六计》的名字编成了一首诗：

> 金玉檀公策，借以擒劫贼。
>
> 鱼蛇海间笑，羊虎桃桑隔。
>
> 树暗走痴故，釜空苦远客。
>
> 屋梁有美尸，击魏连伐虢。

虽然《三十六计》的作者如今还存在争议，但可以肯定的是，《三十六计》源于兵家之术。作为军事谋略著作，其核心理论来自中国古代兵书以及军事家的军事思想和谋术。其中渗透了《易经》的哲学思维和预测谋略，尤其是大量引用《易经》的传统思想。

《三十六计》广引《易经》语辞，或以《易经》为依据。依据《易经》中的阴阳变化之理及古代兵家刚柔、奇正、攻防、彼己、虚实、主客等对立关系相互转化的思想推演而成，含有朴素的军事辩证法。

三十六计中有近三十处涉及到《易经》，六十四卦中有二十二处涉及到卦象。如，第三计：借刀杀人：敌已明，友未定，引友杀敌，不自出力。该计出自《易经》的《象》辞损卦"损，损下益上"。意思是诱导盟友去打击敌人从而保存自身实力。损卦在益卦之前，并且卦象正好上下相反，有先损后益的含义。先损，则是友方与敌方受损；后益，自然就是自己受益。

又如，第二十二计：关门捉贼：小敌困之。剥，不利有攸往。出自《易经》的剥卦卦辞，"剥，不利有攸往"，意思是，小股敌人应围而歼之。剥卦下面五个阴爻，上面一个阳爻，有小人剥除君子之象，所以卦辞是警告君子不要到小人中间去，应当隐遁山林避难。此处引用剥卦卦辞，是想说明小股敌人遁入山林则难以歼灭的道理。从中可以看出，《三十六计》的理论依据就是《易经》。

总之，《三十六计》是中国军事理论的精华，是中华民族宝贵的文化遗产。不论作者是谁，它都是先人智慧的体现。我们可以继承先人的宝贵遗产，深入研究，借鉴其中的智谋，用于各个领域的博弈和经营之道，完全可以在更广泛的领域得到更好的应用。

四、奇门遁甲与三十六计结合是谋略的大智慧

（一）奇门遁甲是中国古代运筹学的智慧结晶

运筹学思想具有悠久的历史，在古代军事上，双方交战，必须在了解双方情况的基础上，运筹谋略，克敌制胜，这就是"运筹帷幄之中，决胜千里之外"的说法。

其源于西方的现代运筹学被界定在数学领域的一个分支，主要是将生产、管理、军事等事件中出现的带有普遍性的运筹问题加以提炼，用数学方法进行解决。前者提供模型，后者提供理论和方法。运筹学主要研究经济活动和军事活动中能用数量来表达的有关策划、管理、谋略等方面的问题。

随着客观实际的发展，运筹学的许多内容不但研究经济和军事活动，有些已经深入到日常生活当中去了。运筹学可以根据问题的要求，通过数学上的分析、运算得出各种各样的结果，最后提出综合性的合理安排，达到最好的效果。

运筹学作为一门用来解决实际问题的学科，在处理千差万别的各种问题时，一般有四个步骤：确定目标、制定方案、建立模型、制定解法。

但是，实际上在万千世界纷繁复杂的事物中，单一的数学方式的运筹学，带有明显的局限性。因此，基于现代管理学基础上的系统论应运而生，旨在通过对各类事务的系统分析，研究大的系统中若干子系统的相关性，进而分析各个子系统中多元因素的相关规律。

按照系统论的运筹模式，西方的学者们，需要对事物进行系统分析，制定详细的系统要素的调研，然后根据调研资料，进行归纳、类比，进而引入数理分析的方法，建立运筹学的模型，推演出解决问题的决策方案。

而奇门遁甲是以《周易》为理论基础的中国古代运筹学的智慧结晶。奇门遁甲的运筹思维，是建立在天人合一、时空相关、五行相生相克理念基础上的数理模型，这种运筹学的模型，是一个包涵五行、八卦、干支以及这些运筹系统中相关要素关系的天人合一的时空数理模型。需要运筹的事物，涉及到的诸多要素，按照类别、时间、空间的不同，代入到这个时空模型之中，就能分析出事务发展的规律和影响事物发展结局的因素。

奇门遁甲是古代的贤哲运用数理时空体系，分析事物多元要素相关性和相互制约关系，运筹谋略的一种大智慧，是超越数学运筹学的哲学思维层面的运筹学理论。因此，奇门遁甲在古代社会变革中起到了重要的作用，以致于在后世被广泛应用于政治、军事、外交、社会生活等各个领域。

(二) 奇门遁甲与三十六计的相关性

三十六计，作为古代兵家计谋之大成，蕴含着奇门遁甲的很多谋略和术数。在实践上，二者都产生于战争；理论上，二者都根源于《易经》；从现实需要看，二者既存在密切的相关性，同时在计谋运筹方面又相互补充，互有裨益。

我国有五千年的文明历史，战争实践非常丰富。在长期的战争实践中，古代的军事家和谋略家们不仅积累了丰富的实践经验，而且不断把这些经验上升为理性认识，形成了完整的作战思想和指挥理论。奇门遁甲与三十六计都是从战争实践中孕育产生的军事理论和博弈之术。

奇门遁甲与三十六计均以《易经》为理论依据。奇门遁甲理论依据是《周易》的阴阳、五行、河图、洛书、九宫八卦，进而使其揭示宇宙间事物发展变化的自然规律，从而指导自己的行动沿着正确的规律行进。而三十六计则以《周易》的五行相生相克和阴阳转化的理论为基础，总结在各种局面之中克敌制胜的智慧之谋。

奇门遁甲在博弈中策划谋略之时，会出现与三十六计异曲同工的结果，而在三十六计中，更需要奇门遁甲的智慧之术。二者可以相互补充，互有裨益。

奇门遁甲和三十六计是中国传统文化的重要内涵，是中华民族智慧的结晶，在当今现实社会中它们仍然发挥着重要作用。

随着西方科学及其思维方式的进入，中国古代以易经为基础的哲学理论及其思维方式却被一些人逐渐抛弃，甚至把诸如奇门遁甲和三十六计冠以迷信和阴谋诡计等各种帽子。然而在现实社会中这二者在预测分析、军事战略等方面都具有非常实用的价值。而且，二者还可以运用于政治、经济、数学、医学、天文、地理等各个方面。

通过我多年的研究和学习，发现二者被两种花环包围着：一是"神秘"，一是"迷信"。然而这两种想法和认识都有些偏颇，它们既不是那么神秘，也不是那么迷信。认为神秘的人是因为不了解这种学问中的科学和空间数理模型的辨析思维方式，加上有些人为了显示自己学问的玄妙，故弄玄虚，把这些方法神秘化了。甚至有些人对这种传统文化的精髓把握不深，利用迷信手段，骗人钱财，于是，出现了迷信和骗子，其罪恶和毁誉都不在于三十六计和奇门遁甲的学问本身，而在于运用它的人的知识修养和道德修炼。

奇门遁甲与三十六计虽然都源于战争，但其丰富的内涵远远超出了军事斗争的范畴，可以广泛应用于政治、经济、外交、管理、科技、体育乃至人生哲学等许多领域，成为人们去难解疑、克敌制胜的智慧源泉。我们今天研究奇门遁甲和三十六计应当遵循古为今用、兵为民用的原则，不断发掘其无穷的智慧灵光。

奇门遁甲与三十六计结合，是建立在中国传统哲学基础上的运筹学的智慧结晶，是以《周易》辩证思维宇宙观基础上，利用时空多元要素相关性进行预测的奇门遁甲理论与兵法博弈智慧的理论整合与智慧互补。把预测分析的大智慧与谋略进退的博弈智慧，完美的结合，把运筹学提高到一个哲学层面的境界。因此，奇门遁甲与三十六计的整合理论，是对中国古代传统运筹学的集大成。

（三）奇门遁甲与三十六计结合是运筹学和博弈的一种创造

奇门遁甲与三十六计，从表象上看，都是博弈、争斗的谋略之术。运用这些谋略，可以赢得战争、战胜对手。其实，通过奇门遁甲和三十六计的智慧谋略，更有助于战胜困难、摆脱困境、扭转命运、帮助别人，即在最有利的时间、空间采取最有利的策略去办事情。通过这些高层次的运筹和谋略，化解矛盾、和谐共处，赢得人生的精彩。

奇门遁甲的文化本底是《周易》。而《周易》的最高境界是"天行健，君子以自强不息；地势坤，君子以厚德载物。"《周易》的世界观和宇宙观，推崇天人合一、阴阳平衡。建立在《周易》理论基础上的中国传统道德观念，就是"和合"。包涵天地人和，人与自然的和谐，人类社会的和谐，人体自身的和谐，国家的和谐、家庭的和谐，政治、文化的和谐，经济社会的和谐等等。

因此，奇门遁甲与三十六计的结合，不是为了一味的明争暗斗，也不是推崇阴谋与狡诈的博弈。奇门遁甲与三十六计的整合，是运用高层次、大德大道的大智慧，运筹高深的智慧优势，赢得把握事物发展规律的权衡。

具有大智慧、大运筹的德高睿智之人，永远主张和合为上。争斗不如"竞合"，因为杀敌一千，自损八百。而"竞合"并不是回避矛盾，而是更深邃的理解竞争的精髓，竞争的目的是为了谋求发展，而不是为了"竞"而"竞"。在实际生活中，遇事是竞争还是竞合、是进还是退，利用奇门遁甲指导选择明确方向，再结合"三十六计"就会事半功倍。

在这种"竞合"的思想指导下，三十六计又有不同的读法和感悟，我们运用奇门遁甲结合三十六计是为了给人们以指引，不是为了让人们变得工于心计，拥有满脑子的计策，处处感觉人心险恶，时时充满阴谋。我主张用"阳谋"之心读三十六计，无论易经或者兵法都应该用于为大多数人谋利益，只为一己私利的谋略不仅是自私的，也是不道德的，终不得善果。

当今社会，人们从事各类经济、生活等活动，要在法律、法规和道德的框架下进行，以智胜，以德胜。奇门与三十六计的结合，不是在商业竞争中尔虞我诈，而是在法律和道德范畴下建立的高智慧的管理术、经营术、竞争术、博弈术。

从预测来看奇门遁甲和从智谋来看三十六计都是狭隘的视角，而从另外的视角来看或者解读这两种传统经典，昭示出更多思路和视野。作为易经的集大成者，奇门遁甲并没有脱离"易"的范畴，而"易"的本源和追求是"简单"，把所有复杂的事情变简单，把未知的事情变简单，达到万象归一的地步。作为兵法的集大成者，孙子兵法更是向我们昭示应该"不战而屈人之兵"、"上兵伐谋"，通过不战而达到取胜的效果，用最小的代价取得最大的成功。从这些里面我们看到了分类分析的规律，三十六计把孙子兵法的思想转化为三十六种简单实用的方法，把兵家征战分为了胜战、敌战、攻占、混战、并战、败战六种状态，而奇门遁甲旨在具体指导人们在博弈中使用何计，使读者更能浅显易懂的接受，使读者能更简单方便的解决问题。

奇门与三十六计的结合，是一种智慧的体现，是策略在实践中的完美应用。

通过奇门预测，知道了自己在某时间某事情中的旺盛兴衰状态，能让我们知己知彼、知进知退，能帮我们判断何时进退，但是奇门没有告诉我们具体的进退方法；三十六计，告诉我们解决事情的高明之策，但是，在看不清状况下应用往往又会适得其反。我把奇门遁甲和三十六计结合起来应用，让两者能互相补充，让事情能以最简单、准确的方法解决。

奇门遁甲与三十六计的结合使用，是中国传统预测智慧和传统战争思想的嫁接。这种结合，体验了与时俱进的时代要求，是运筹学和博弈的一种创造，也许能对中国运筹学和中国军事思想结合及对推进企业管理者和经营者提高经营管理能力起点作用。这种结合，也符合科学发展观的要求。

第二部分　时空数理模型基础知识

一、时空数理模型的特点

奇门遁甲模型有一整套系统的代入符号，借助模型中的符号进行分析，可以寻找到事物的规律性。北大于希贤教授讲："凡是能建立数理模型的知识，它一定是科学的。"而科学的知识是能够重复的。《四库全书》中认为奇门遁甲"于诸数术中，最有理致"，它为什么最有理致？为什么是能认识事物的规律的模型？我认为从以下四点可以看出：

（一）它是以时间、空间、数理三大要素构成的模型

这个模型的架构是多维的、立体的、运动的。三者之间互相联系，互相渗透，时间中有空间和数理，空间中有时间和数理，数理既是时间也是空间。其预测原理是从时间切入，以九宫为空间框架，装入八卦、九星、八门、八神、天干、地支等符号内容，根据节气、干支定局、布局，组成奇门遁甲格局，分析千变万化的信息。

遁甲模型依洛书而建，九宫纵横及对角之和均为十五，模型用数显示

了宇宙的均衡性和相对稳定的的秩序。宇宙间任何事物均衡了才能相对稳定，稳定了才能形成秩序，没有秩序就没有规律，没有规律则无法认识事物，更无法预测事物的发展变化。该模型的符号都是有规律的，它构成了一个完整的符号系统。这个模型既可以对万事万物进行预测，又可以指导人们进行决策和从事各种活动。

（二）它是一个宇宙全息模型

山东大学张颖清教授于1985年创立了"生物全息论"，进而发展为宇宙全息论，该理论是一种广泛存在于物质世界、自然界和人类社会文化的普遍法则。这一理论认为：全息系统与全息单位、全息元素之间存在着全息关系，宇宙间任何事物都是全息的。《吕氏春秋·察今》里面讲："审堂下之阴，而知日月之行，阴阳之变；见瓶水之冰，而知天下之寒，鱼鳖之藏也。"意思就是说"观察房屋下面的光影，就知道太阳、月亮的运行，早晚和寒暑季节的变化；看到瓶子里水结的冰，就知道天下已经寒冷，鱼鳖已经潜伏了。"古人说秀才不出门便知天下事，就在于能够透过种种细微的迹象，来推测事物和现象整体发展规律的特点。

实践证明，奇门遁甲模型就是一个宇宙全息模型，该模型是一个全息系统，该系统中的九宫分别为全息单位，宫中的每一个符号又是全息单位中的全息元素。它们之间互相联系，互相作用，存在着全息关系。实际操作中，从奇门遁甲模型中的相关符号、相关单位可以反映出整个系统的信息。元素符号本身反映所代表事物的状态。例如，求测者是企业管理人员，代表他的符号就反映了他在企业管理中的状态。长生、帝旺，说明这个人管理状态很好。若处禄地则收入较高，若处墓地则没有作为。又如，企业管理人员与上级、下级、同级之间的关系，亦可以通过符号中宫与宫的生克反映出来。所以，奇门遁甲是一个全息的模型，是一个能够预测事物发展变化的模型。

（三）它是一个代入模型

模型就如代数式一样，把想预测之事的相关符号代入奇门模型中进行分析，便可得出不同的结果。如测官司，奇门遁甲规定，值符代表原告，天乙代表被告，开门代表法官等，根据他们空间的五行生克状态，就可以决定胜败。通俗地说就是把符号人格化，把代表各类的人和事换成符号，然后按照奇门遁甲的时空规律把这些符号排列在模型的各个不同位置，再进行旺衰生克分析，则可得出他们之间的相互关系。

（四）它是一个体现宇宙运动规律的模型

它含有事物的八大规律，即阴阳规律、对立统一规律、运动规律、普遍联系规律、量变到质变规律、物极必反规律、波浪式前进规律和周期规律。唯物主义认为：世界是物质的，物质是运动的，运动是有规律的，规律是可以认识的。奇门遁甲模型是可以认识事物发展变化规律的模型。

下面我们具体分析一下这八大规律：

第一种规律是阴阳规律。阴阳是对自然界相互联系的某些事物和现象对立双方的概括，它象征并说明了宇宙中万物变化现象的刚、柔、动、静的性质与作用。阴阳是事物的基本规律，任何事物都有阴阳，比如说男为阳、女为阴；领导为阳、员工为阴；房子有阳面有阴面，数字有奇数偶数，电池有阳极阴极，态度积极为阳，消极为阴。奇门遁甲模型分阴阳，符号属性也分阴阳。事物的显性与隐性都表现为阴阳。

第二种规律是对立统一规律。任何事物都是由阴阳两个方面组成的，它们既对立又统一。例如领导为阳，群众为阴。由领导和群众组成了一个团队。若只对立，上下级关系就会紧张，若既对立又统一才能和谐，才能构成团队精神，这个团队才能强大。统一表现在矛盾着的双方之间相互依赖、不可分割，而且在一定条件下还可互相转化，人在积极的时候就属

阳，消极的时候就属阴。在团队中，领导坚持自己观点时他就属阳，当领导听从群众意见时，他就属阴。奇门遁甲模型九宫分阴阳，阳宫中有阴的符号，阴宫中又有阳的符号，阴阳交错互含。九个宫阴阳符号各半，由对立的阴阳属性符号组成各自的系统，缺一不可。如天干的符号分阴阳，它们既对立又统一，组成天干系统。

第三种规律是运动规律。运动是绝对的，静止是相对的。在物质世界里，钢铁、玻璃、地面貌似不动，但它们实质都是在运动的，它们的内部结构都由原子组成的，原子里电子围绕着质子高速运转，永不停息。世界是物质的，物质是运动的。奇门遁甲模型是时空模型，它是按照太阳对地球的影响变化运动的，在地球的任何空间都是按照地方时间来推演的。这个模型两小时变换一局，宫中的所有符号也随之变动。一年可演变4320局，周而复始。因此，它是有规律运动的模型。

第四种规律是普遍联系规律。世界上的万事万物都是普遍存在联系的，任何事物都受其他因素的影响。比如说：花草的生存与生长是受土地、水和阳光影响的。又比如，一个人的任何决策都会影响到他今后的发展。这就是《易经》中具有丰富普遍联系的思想。《易经》中关于联系的观点反映了人们对于当时的自然和社会中处于相互联系的各种事物和现象的认识。奇门遁甲模型也具有这一规律，它的任何符号都是有机地联系在一起的。如代表某种事物符号的旺衰、宫的生克等都是联系在一起的。

第五种规律是量变到质变规律。事物的量经过一定过程，达到临界点的时候，它会产生质的变化。比如冬至夜最长，昼最短，但冬至以后，白天渐长，黑夜渐短；当时间运转到一定量的时候，即夏至时，它会产生质的变化，昼短夜长的过程就开始了。奇门遁甲模型因为符号的人格化，所以宫中的吉凶符号也反映事物性质的变化。

第六种规律是物极必反规律。事物发展到极点时就会向相反的方向转化。太极图的由黑变白，由白变黑就体现了这一规律，其它事物也不例外。奇门遁甲模型中如十天干达到帝旺时，就会向相反的方向转化，接下来就变为衰、病、死、墓、绝。又如天盘丁加地盘丙，阴火加于阳火之上，极易出现乐极生悲之象。

第七种规律是波浪式前进规律。太极图的曲线变化是波浪式的，不是直线变化的。任何事物也同太极图一样，是波浪式变化的，比如股市、人生、植物等等都是曲线变化的。奇门遁甲模型里天干的十二状态就体现了这一规律。

第八种规律是周期规律。天体变化是周期性的，比如说月亮围绕地球旋转、地球自转、公转。又如小草，春天发芽，夏天茂盛，秋天枯萎，冬天死亡，周而复始。奇门遁甲时空模型两小时变一次符号，五天换一局等，也是周而复始，有序排列运动的。

上述八大规律适合于天体、自然、人类社会等万事万物，也适合于我们每一个人、每一个团队，我们每一个人的行为都应当遵守这八种规律。例如，我在中国联通河北分公司人事部工作期间，在招聘人员的时候，一般主要问拟聘人员一个问题，在学校任过什么职务。通过这个问题，可以看出他有没有组织能力。假如从小就开始担任学生干部的人，一般我会给他打高分。原因是一个人从小开始担任学生干部，他进入社会后，仍然会具有组织领导能力，这就是量变到质变的规律。

再如，人类不注意环境保护，大量砍伐森林，水土保持遭到破坏就会发洪水；不注意草原的保护和绿化，就会起沙尘暴；捕捉野生蛇过多，生物链遭到破坏，老鼠就会成灾；工业过分发展，不注意废气的排放，就会引起温室效应。这些全是物极必反规律在环保方面的反映。

这八大规律是大道的外观，是所有事物的发展变化规律，它制约着万事万物，我们如果不遵循，不按照这八种规律办事，就得受挫折。古代人遵循，现代人也必须遵循，若反逆规律而行，事情的结果往往是失败。

二、时空数理模型的内容

(一) 空间内容

1. 河图、洛书

《河图》、《洛书》是流传至今的周易八卦体系中重要的内容和组成部分。

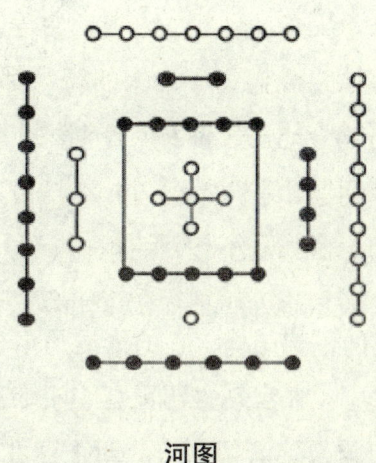

河图

相传伏羲氏为了弄清日月星辰，季节气候，草木兴衰的变化规律，不断地对当时的事物进行观察。突然有一天，从黄河中忽然浮出了一匹"龙马"。他发现龙马身上的图案（河图）有一定的规律，与自己观察的事物有一定的相似之处。这个图有黑点有白点，一共55个，白点25个，黑点30个。图最下边有1个白点和6个黑点，称为1、6水，最上边是2、7火，左边3、8木，右边4、9金，中央5、10土。这里就是五行数水火木金土。

后来洛河里出现一只神龟，龟背上有很多圆点符号，这就是洛书。伏羲氏得到这种天赐的符号，遂据以画成了八卦。洛书的图案圆点数是戴九履一，左三右七，二四为肩，六八为足。洛书确立了最早的"10进位制"。

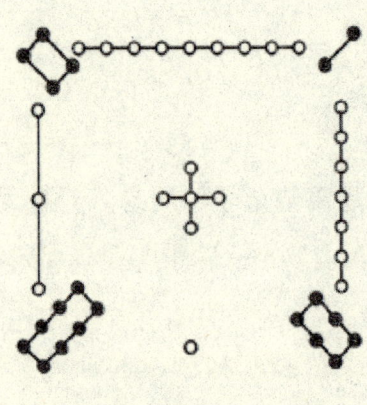

洛书

2. 九宫八卦

九宫是奇门遁甲局的框架结构，它的依据是洛书，洛书每个部分的原点和九宫的方格一一对应。九宫是由四正宫、四维宫和中宫组成的，也就好像把一个正方体横切两刀，竖切两刀。四正宫就是指位于模型的正左、正右、正上、正下这四个格。四维宫就是指左上、左下、右上、右下这四个位于角上的方格，而中宫就是指中间的那个格。奇门遁甲把任何事物都分成九个方块来看待，九个宫分别代表九个数，比如洛书中还把九宫比作人体各部位，其口诀是：戴九（头部）履一（足部），左三右七（胸腰），二四为肩（两臂），六八为足（两腿）。其他事物也是这样区分为九部分看待。

东南 4	南 9	2 西南
东 3	中 5	7 西
东北 8	北 1	6 西北

　　这就是用数字表示的九宫格，这张图很有规律，每一横行数字相加之和为15，竖行相加之和为15，对角斜线相加也为15。有人称它为数字的魔方，这种微妙的数学现象表现了古代人民的智慧。

　　九宫是以洛书为基本框架结构的，洛书是和后天八卦对应的，我们一般称它为九宫八卦图。

　　八卦最早起源于伏羲氏，伏羲大约生活在6800年前，我们常说"三皇五帝"之首就是伏羲，他就是我们中华民族的第一代皇帝，之后才是炎帝和黄帝。伏羲发明创造了结网捕鱼、取火种、制历法、创乐器、造书契等。传说发洪水期间，伏羲和其表妹女娲乘坐葫芦漂流到现河北新乐市的伏羲台北侧时，在一块像葫芦的高地，他们停留下来，之后结为夫妻，从此中华民族第一个家庭诞生了，社会也由母系氏族社会转为了父系氏族社会。伏羲依据河图洛书画出了先天八卦。

　　先天八卦实际是把宇宙的事物和现象归纳为八类。八卦代表了真实的空间结构，是概括天地自然的一种模式图。主要是讲对峙，八卦代表的天一地、风一雷、山一泽、水一火八类物象分为四组，以说明它的阴阳对峙关系。

先天八卦图如下：

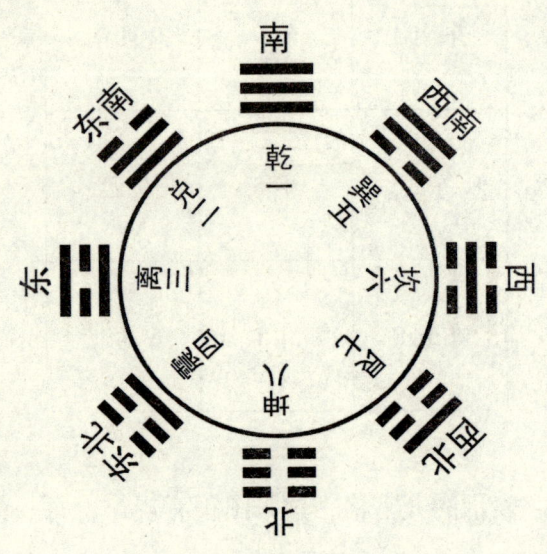

先天八卦

乾、坤两卦对峙，称为天地定位；乾卦是天，我们仰头一看，天总是在上面，坤卦是地，地总是踩在脚底下。

震、巽两卦对峙，称为雷风相薄，即震巽相薄。这里的相薄指相互迫近，震、巽二卦相互激荡，风助雷势，雷助风威。

艮、兑两卦相对，称为山泽通气，

坎、离两卦相对，称为水火不相射。离卦代表太阳，坎卦代表月亮。太阳和月亮交替出现。

到了商末时，自然环境就发生了更大的变化，地理与气候与先天八卦方位不一致。当时商纣王把西伯侯姬昌也就是后来的周文王关押到了河南的羑里监狱，一关就是七年。人在逆境条件下创造性更强，在这七年里周文王姬昌根据当时的天文地理变化情况创造了后天八卦。

后天八卦形容周期循环，表示阴阳的相互作用。后天八卦图是从万物的生、长、收、藏中得出的规律，即万物的春生，夏长，秋收，冬藏。

后天八卦图如下：

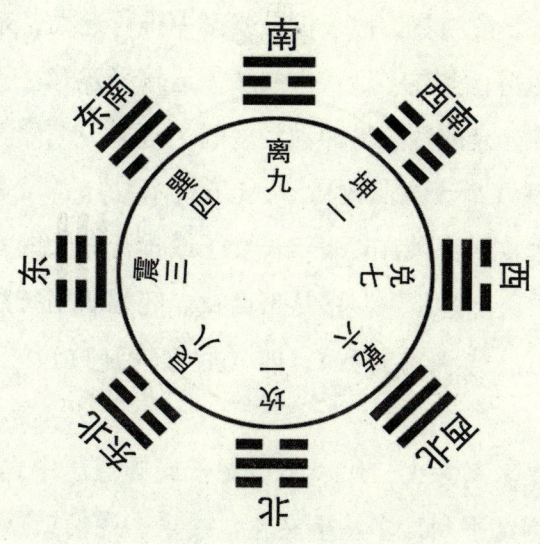

后天八卦

古人把大自然界的万事万物都用八卦来表示，并代表不同的事物状态。

乾卦五行属金。乾代表天、父亲、老年男子或排行老大的人，性格刚健，为西北方或大城市之人，肤色较白，多在政府机关或科室工作。旺相家庭富有，城市或名门大家之人，聪慧俊秀之人，衰弱孤苦无依。旺相气质高雅，家有权势，衰弱失势。代表数字是一（先天八卦数）、六（后天八卦数）、四、九（五行金数）。

坎卦五行属水。坎为水，代表中年男性或为中间排行的男子，北方之人，肤色稍黑，从事公务员或企业中的机关工作。旺相自在悠闲，衰弱风流。代表数字是六（先天八卦数）、一（后天八卦数）。

艮卦五行属土。艮为山，代表少年男子或排行最小的男子，东北方之人，肤色较白，春天测婚不利，从事保险、金融或建筑行业。旺相较胖，衰弱矮跛。代表数字是七（先天八卦数）、八（后天八卦数）、五、十

（五行土数）。

震卦五行属木。震为雷，代表长男或家中排行老大，东方之人，肤色中等，秋天不宜测婚，多在工厂工作或从事运输、建筑、机械、体育等工作。旺相神气潇洒，衰弱性急易冲动、多病、落寞、憔悴。代表数字是四（先天八卦数）、三（后天八卦数）、八（五行木数）。

巽卦五行属木。巽为风，代表年长女子或排行老大的女子，东南方之人，肤色中等，秋天测婚不利，多从事商业。旺相聪明智慧，衰弱优柔寡断。代表数字是五（先天八卦数）、四（后天八卦数）、三、八（五行木数）。

离卦五行属火。离为火，代表中年女子或排行居中之女，南方之人，肤色红润，冬天测婚不利，多从事文化、娱乐、通信或饮食方面的工作。旺相伶俐大方，衰弱风流。代表数字是三（先天八卦数）、九（后天八卦数）、二、七（五行火数）。

坤卦五行属土。坤为地，代表年龄较大或长女，西南之人或来自农村，肤色较黑，春天测婚不利，多从事农业、矿产有关工作。旺相朴实，衰弱眼光短浅体质弱。代表数字是八（先天八卦数）、二（后天八卦数）、五、十（五行土数）。

兑卦五行属土。兑为泽，代表少女或排行最小的女子，西方之人，肤色较白，身材瘦小，夏天测婚不利，多从事说教或为服务人员。旺相聪明伶俐或家庭富有，衰弱口舌是非。代表数字是二（先天八卦数）、七（后天八卦数）、四、九（五行金数）。

九宫是空间，是不动的。八卦分先天八卦和后天八卦，九宫和后天八卦相配，形成了九宫八卦图。其旺衰同五行旺衰。如下图：

巽卦四宫 属木 东南方	离卦九宫 属火 南方	坤卦二宫 属土 西南方
震卦三宫 属木 东方	中五宫 属土 （寄二宫）	兑卦七宫 属金 西方
艮卦八宫 属土 东北方	坎卦一宫 属水 北方	乾卦六宫 属金 西北方

3. 阴阳五行

阴阳是世界上万事万物生成的基础，它具有事物的相对性、无限可分性及相互制约、相互利用、相互促成性。阴阳象征并说明了宇宙中万物变化现象的刚柔动静的性质与作用，宇宙间一切事物的发生、发展和变化都是阴阳对立统一运动的结果。

例如：房屋的阴面、阳面，电池的阴极、阳极。天、男、日、刚、动、上、明、前、尊、福等一些积极性的事物属于阳；地、女、月、柔、静、下、暗、后、卑、祸等一些消极性的事物属于阴。八卦中乾、坎、艮、震属阳，巽、离、坤、兑属阴；天干中甲、丙、戊、庚、壬属阳，乙、丁、己、辛、癸属阴；地支中子、寅、辰、午、申、戌属阳，丑、卯、巳、未、酉、亥属阴。阴和阳相互对立，相互制约，相互影响，相互利用，相互消长，阴中包含着阳，阳中包含着阴。阴极变阳，阳极变阴，循环往复而无穷。如冬至交头九，阴气正浓，天气正寒，但"冬至一阳生"，阳气逐渐上升，阴气逐渐下降，所以奇门遁甲用阳局；夏至阳气盛极，天气正热，但"夏至一阴生"，阴气逐渐上升，阳气逐渐下降，奇门遁甲就改用阴局。如此周期循环，年年往复。

五行指的是金、木、水、火、土。五行学说是中国古代哲学思想的重要组成部分。古人认为宇宙是由金、木、水、火、土五种基本物质构成，自然界的各种事物和现象都可以依其性质与这五种物质相比拟而进行归类。这五种物质的相互作用，便形成了宇宙间万物的生长与消亡现象。目前，在我们中医学、武术、易学等方面还在广泛使用。

五行学说是对天地运行规律的直接抽象与运用，五行之间存在着一定的联系。它是一个事物链，既有相生又有相克。

五行相生，表示一事物对另一事物有促进生长的作用，相生一般表示做事能成，一方喜欢另一方。五行相生的规律是：木生火，火生土，土生金，金生水，水生木。

五行相克，表示一事物对另一事物的制约和克制作用，一般表示做事不成，一方对另一方不满意。五行相克的规律是：木克土，土克水，水克火，火克金，金克木。

相生相克是一切事物维持相对平衡不可缺少的条件，所以五行生克制化是正常现象。

五行生克示意图：

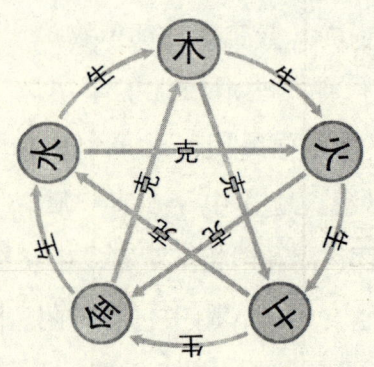

五行生克是有规律的，它们都是古人在生产生活中积累起来的经验。拿五行相生的规律来说，在古时候，人们用木柴来烧火做饭，这就是五行

中木生火的来源。火焰烧完后产生木灰，成为上好的肥料，这就是"土"，是由火把木烧成的"土"，所以说火生土。金属是由矿石提炼出来的，矿石是"土"的一种，含有什么金属的矿就能提炼出什么样的金属，古人认为金属就是由土"生"出来的，所以他们理解就是土能生金。金属在高温下能转化成液体状态，故古人理解为金能生水。水能滋润树木，树木的生长离不开水分，就是水生木。

五行相克的规律也是如此，树根能够穿透土壤，牢牢的抓住土地，这就是木克土。发大水时，我们会用沙石来建堤坝堵住水流，这就是体现的土克水。当着火时，我们会用水来熄灭火焰，自然就是水克火。金属会在高温火焰下融化，这就是火克金。采伐树木时，我们使用的锯和斧头是用金属材质铸造的，这就是金克木。

九宫配八卦，八卦中也含有五行，九宫中每一个方格之间存有生克关系，九宫中有一水一火两木两金三土。如下图：

五行在九宫的位置

木 四宫	火 九宫	土 二宫
木 三宫	土 五宫	金 七宫
土 八宫	水 一宫	金 六宫

古代科技不发达，所以把世界上的物质归为五类，即木火土金水。每

一类都代表了事物的方位、数、性质、颜色、时间等。具体可见下表：

五行	木	火	土	金	水
方位	东	南	中	西	北
数目	三八	二七	五十	四九	一六
性质	曲直	炎上	稼穑	从革	润下
颜色	青	赤	黄	白	黑
时令	春	夏	四季月	秋	冬
气候	风	热	湿	燥	寒
天干	甲乙	丙丁	戊己	庚辛	壬癸
地支	寅卯	巳午	辰戌丑未	申酉	亥子
五脏	肝	心	脾	肺	肾

五行有着自己的生命力，在不同的季节有不同的状态，总结出来的口诀是：当令者旺（"旺"好比"王"的意思，表示旺盛的状态），我生者相（"相"好比"宰相"的意思，也就是"次旺"的状态），生我者休（"休"就是"休息"的意思，就好比退休后在家中休息），克我者囚（"囚"即被囚困关押的意思），我克者死（"死"就是没有一丝生气，死亡的意思）。五行相生相克的作用是很重要的，任何事物都存在着相生相克的关系。我们用五行相生相克来表示，就能够直接模拟出事物的状态和相互关系。

在春天季节里，木旺、火相、水休、金囚、土死。
在夏天季节里，火旺、土相、木休、水囚、金死。
在秋天季节里，金旺、水相、土休、火囚、木死。
在冬天季节里，水旺、木相、金休、土囚、火死。

在"四季月"里，土旺、金相、火休、木囚、水死。（中国历法中，古人将一年分成四季，以春季开头，分别是春夏秋冬，进一步，每一个季度又分成三个月，第一个月叫"孟"、第二个月叫"仲"、第三个月叫"季"，比方说夏季，四月叫"孟夏"，五月就是"仲夏"，六月就是"季夏"。每个季节的最后一个月合称为"四季月"，即辰、戌、丑、未月。）

（二）时间内容

1. 天干、地支

天干、地支简称干支，又称为"干枝"，就好比树干和树枝，干强枝弱，以干为主。干支是我国古代人民用来记录年、月、日、时的符号，因为古代计时不是根据现代的阳历来计时的，它是用十天干配十二地支来计时的，一个天干配一个地支，年、月、日、时都用天干地支计时。后来天干地支的作用又延伸到生产生活中的很多方面。奇门遁甲称为天干学，主要用天干，但地支也用。

天干、地支也分阴阳和五行。

天干共有十个，甲、乙、丙、丁、戊、己、庚、辛、壬、癸。甲、丙、戊、庚、壬为阳干，乙、丁、己、辛、癸为阴干。在预测时，这些符号就代表预测人的状态和所测事物之间的关系。同性相斥、异性相吸，阳与阳冲、阴与阴冲、阴阳相合，十天干的相冲及相合与它们自身的阴阳有着密切的关系。

甲：在奇门遁甲里遇到甲这个符号，一般表示预测人国字脸、威严，正直。在职业多为领导。因为奇门遁甲里把"甲"遁起来了，所以值符就是甲。

乙：性格忧郁，柔弱，逆来顺受，身体微驼。职业多为中医、作家、艺人等。

丙：脾气暴躁，刚猛果断，有权威，圆脸，皮肤白里透红。职业多和火有关，如电厂工作者、炉工等。

丁：性情和顺而有心机，体贴人，头脑中经常有新奇点子。职业多和电子类等微火职业有关，如电脑工作者等。

戊：为钱财、资金的代表符号。表示预测人为人宽厚守信，憨厚，体型敦厚，四方脸。职业多和金融、地产有关，如银行员工、会计、房地产商等。

己：旺则有主意，有创意，想法多；衰则有私欲，花花肠子。体态瘦弱，面貌丑陋。职业多与广告策划等有关。

庚：为人性格刚硬，脸较长，皮肤白，骨骼健壮。职业多为军警之人。

辛：衰则主易犯错误，出问题；旺则为变革创新之人。职业多和犯法者或改革之人有关。

壬：旺则有智慧，勇敢；衰则任性。职业多为和水有关或流动性质的事有关，如在酒吧、澡堂等工作的人。

癸：旺则有悟性，有灵性；衰则淫荡，好饮酒，穷困等。测婚多和淫秽有关。

地支一共有十二个：子、丑、寅、卯、辰、巳、午、未、申、酉、戌、亥。地支是根据月亮绕地球旋转，在一年之内圆缺盈亏十二次确定的。地支也分阴阳，子、寅、辰、午、申、戌为阳，丑、卯、巳、未、酉、亥为阴。我们中国人的属相就是根据地支来的，比如十二属相，子鼠、丑牛、寅虎、卯兔、辰龙、巳蛇、午马、未羊、申猴、酉鸡、戌狗、亥猪。在子年生的人属鼠，丑年生的人属牛，寅年生的人属虎，地支可以表示年，也可以表示月、日、时。

把它们和五行联系起来有很深的意义，比如在奇门遁甲预测学里，天干地支的五行生克决定了很多事物的发展和变化关系。

十个天干之间有相合、相冲的关系,即异性相吸,同性相斥。天干自身还有十二状态。

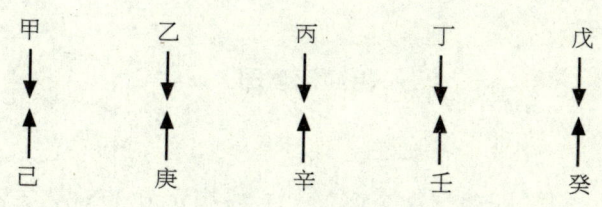

相合示意图

在奇门遁甲里,天干的相合代表了事物的发展、变化规律。比如"甲"、"己"为中正之合,就像君子间一样的情谊;"乙"、"庚"为仁义之合,就像桃园三结义一样的情谊;"丙"、"辛"为威制之合,就像军队中的将军与部署间的关系;"丁"、"壬"为淫荡之合,就像《水浒传》里的西门庆与潘金莲,有见不得人的勾当;"戊"、"癸"为无情之合,就像陈世美休妻一样,无情无义。例如:在奇门遁甲里开门代表法官,如果开门所落之宫遇到丁加壬的格局则表明法官与原告或被告某一方有隐晦之事。

十天干相冲就是事物互相对立,冲突的意思,有时候也表示事物被冲开。相冲是根据天干的阴阳属性定的,同性相斥,阳与阳冲,阴与阴冲。"甲"、"庚"相冲,"乙"、"辛"相冲,"丙"、"壬"相冲,"丁"、"癸"相冲。

天干的合与冲虽然异性相吸,同性相斥,但它们的冲与合都是有固定对象的。

在奇门遁甲里,一般遇到相冲的格局都是不太好的格局,被定为凶格,如"乙"和"辛"在一起(乙辛相冲),"乙"在奇门遁甲里表示青龙,"辛"表示白虎,"乙"为阴木,"辛"为阴金,金克木,青龙被克,

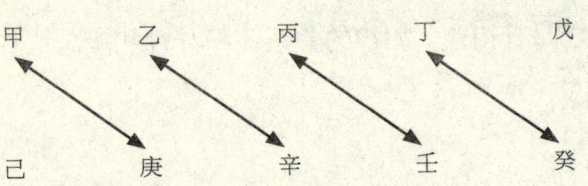

相冲示意图

则不得不逃走,测婚姻遇到这个格局,一般表示女的对男方有意见或不同意而"逃走",当然,测工作则可能要调动。

任何一个事物都有从出生到灭亡的过程,它是一个闭合的过程,如植物、动物都有这样的规律。用天干表示事物的状态,每一个天干用十二个状态表示事物从出生到灭亡的闭合过程,十天干在不同的空间和不同的时间里状态是不同的,落入相应的位置就反映相应的状态。其状态在预测时就代表所测人及事物的状态。

以下是十天干的十二种状态及解释:

长生:就如小孩刚出生,就像竹笋刚出土。

沐浴:犹如小孩出生后的洗浴阶段,在预测中一般表示有桃花,或有私欲之事。

冠带:如小孩可以穿衣戴帽阶段。

临官(禄地):比喻人可以工作了,有收入了,或富裕。

帝旺:即旺盛阶段。

衰:事物开始衰弱。

病:事物更衰弱的阶段,犹如得病。

死:死亡阶段。

墓:分为旺衰两种(以月令衡量旺衰),旺为库,为暂时关押;衰为墓,像人入土一般。

绝:类似寒冬的小草,气已绝尽。

胎：事物已经孕育，但还很衰弱。

养：事物虽已成形，仍为衰弱。

十天干的十二种状态，就是事物由出生到壮大，到衰死，然后再出生，反复循环的过程。这种过程是曲折的、波浪式前进的。十二种状态中某一种状态可能持续的时间长，也可能持续的时间短。不管长短，这种过程就反映了事物的真实状态。可见下表。

十天干生旺死绝表

时令 状态五行	五 阳 干					五 阴 干				
	甲木	丙火	戊土	庚金	壬水	乙木	丁火	己土	辛金	癸水
长 生	亥	寅	寅	巳	申	午	酉	酉	子	卯
沐 浴	子	卯	卯	午	酉	巳	申	申	亥	寅
冠 带	丑	辰	辰	未	戌	辰	未	未	戌	丑
临 官	寅	巳	巳	申	亥	卯	午	午	酉	子
帝 旺	卯	午	午	酉	子	寅	巳	巳	申	亥
衰	辰	未	未	戌	丑	丑	辰	辰	未	戌
病	巳	申	申	亥	寅	子	卯	卯	午	酉
死	午	酉	酉	子	卯	亥	寅	寅	巳	申
墓	未	戌	戌	丑	辰	戌	丑	丑	辰	未
绝	申	亥	亥	寅	巳	酉	子	子	卯	午
胎	酉	子	子	卯	午	申	亥	亥	寅	巳
养	戌	丑	丑	辰	未	未	戌	戌	丑	辰

天干的旺衰在奇门遁甲里有非常重要的作用，一般当我们分析预测某件事，首重的就是代表这件事的天干的旺衰状态，当这个天干旺的时候说明事物的状态比较好，做事比较容易成功，反之则比较难办。

掌握此表有两条记忆规律：第一个规律是十二状态的排列顺序，第二个规律是十天干长生位的位置。还要清楚，最特殊、最常用的有"长生"、"临官"、"帝旺"、"沐浴"、"入墓"和"六仪击刑"。

长生：凡事物处在"长生"状态时，则表示该事物正处在上升期，是一种吉利状态的征兆。

庚 四宫	乙 九宫	壬 二宫
癸 三宫	五宫	丁、己 七宫
丙、戊 八宫	辛 一宫	六宫

禄地：凡事物处在"禄地"状态时，则表示该事物正处在收获的时期，单位盈利，人则是收入颇丰，表示吉利。

丙、戊 四宫	丁、己 九宫	庚 二宫
乙 三宫	五宫	辛 七宫
八宫	癸 一宫	壬 六宫

丙、戊 四宫	丁、己 九宫	庚 二宫
乙 三宫	五宫	辛 七宫
八宫	癸 一宫	壬 六宫

帝旺：凡事物处在"帝旺"状态时，则代表事物正处在最旺盛期，吉利。

丁、己 四宫	丙、戊 九宫	辛 二宫
三宫	五宫	庚 七宫
乙 八宫	壬 一宫	癸 六宫

沐浴：凡预测人处在"沐浴"状态时，则代表桃花要开了，也表示其有桃花或私欲之事。

乙 四宫	庚 九宫	丁、己 二宫
丙、戊 三宫	五宫	壬 七宫
癸 八宫	一宫	辛 六宫

入墓：在十天干生旺死绝表上的"库"我们一般称之为"墓"，十天干处于这个状态时我们又叫它"入墓"。入墓是指事物受到了限制，天盘天干入墓主事情遇到了麻烦，地盘天干入墓表示犹豫。"入墓"分"入库"和"入墓"，旺相为"入库"，衰为"入墓"，旺衰状态由月令（月令：即月支，月主气候季节，为时令，所以月支又称为月令）判定。这里要注意一点，乙的情况比较特殊，它在未、戌两个位置都为入墓。

辛、壬 四宫	九宫	乙、癸 二宫
三宫	五宫	七宫
丁、己、庚 八宫	一宫	乙、丙、戊 六宫

六仪击刑："击刑"是地支相刑（见十二支相刑），击刑表示事物受到了损伤或刑罚，如财产受损、人过度劳累、脾气暴躁、还代表单位改制、个人辞职等。三奇没有击刑，只有六仪有击刑。

（甲辰）壬 （甲寅）癸 四宫	（甲午）辛 九宫	（甲戌）己 二宫
（甲子）戊 三宫	五宫	七宫
（甲申）庚 八宫	一宫	六宫

上述表格中没有甲，是因为在奇门遁甲里"甲"是十天干的首领，首领是受保护的，是不能轻易抛头露面的。奇门遁甲里一共有六甲大将，它们是甲子、甲戌、甲申、甲午、甲辰、甲寅。它们都隐藏在自己固定的部队中，部队是六仪，即戊、己、庚、辛、壬、癸。甲就藏在六仪之下，所以，六仪中都暗带一个甲，甲子藏在戊下，我们平时称为甲子戊，甲戌藏在己下，称为甲戌己，以下同理，还有甲申庚、甲午辛、甲辰壬、甲寅癸。

例如在实际运用中，如甲申日，在奇门遁甲格局里庚就代表了甲申日的天干，我们找到庚就是找到了甲。再如丙子日甲午时，丙是日干，因为甲午隐藏在辛下，找到了辛的位置，就找到了时干甲的位置。

"六仪击刑表"在奇门遁甲里很重要，它的来源主要和十二地支的相刑有关。

十二地支的相刑就是互相伤害，互相刑罚的意思，就像人被刀子伤着了。十二地支的子和卯遇到一起时，就为子刑卯称为无理之刑，这个刑含义是不讲道理；寅、巳、申为无恩之刑，恩将仇报的意思；丑、未、戌为恃势之刑，倚仗权势伤害别人；辰、午、酉、亥为自刑，因为自己的原因，而受到责罚。

地支除了相刑外还有三个重要的规律。第一个是十二地支相合：子、丑相合，寅、亥相合，卯、戌相合，辰、酉相合，巳、申相合，午、未相合，它们的具体位置见下表。

按五行，相合者为和好之意，合中相生者，越合越好；合中相克者，事情先好后坏。

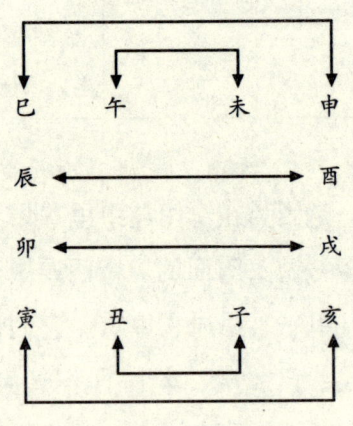

相合示意图

十二支除了两合以外还有一个三合，三合即三个地支合到一起，三合局表示一种力量的聚集。申、子、辰三个地支相合，亥、卯、未三个地支相合，寅、午、戌三个地支相合，巳、酉、丑三个地支相合。这个相合在奇门遁甲的马星应用中是常用的，所以需要熟记。

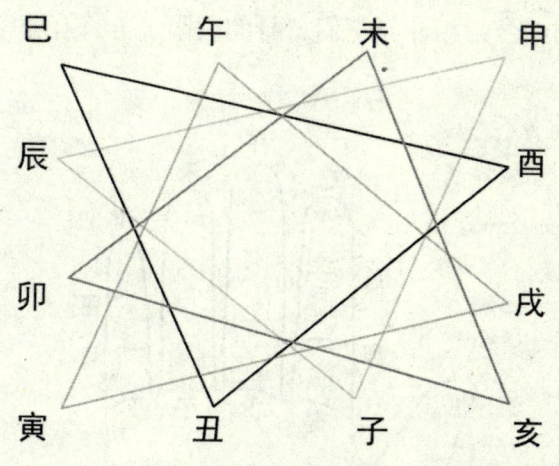

地支三合局示意图

有合就有冲，相冲为散的意思，同性且方位相对的两个地支即为相冲。十二支相冲：子和午相冲，丑和未相冲，寅和申相冲，卯和酉相冲，辰和戌相冲，巳和亥相冲。

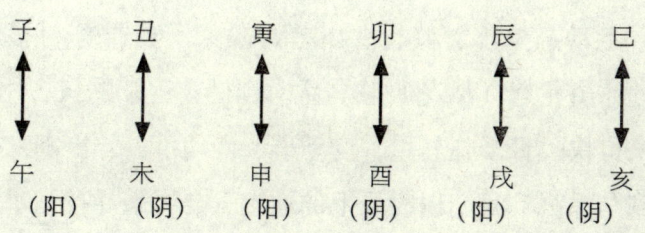

相冲示意图

十二地支的相合与相冲与它们自身的阴阳、五行有着密切的关系。

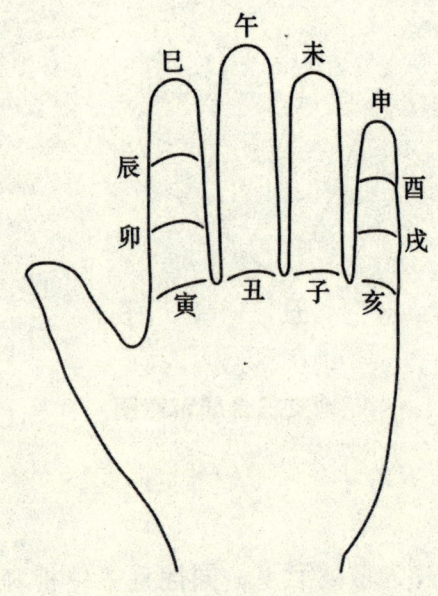

十二地支在手上的位置图

奇门遁甲里的"马星"表示人和事物移动的意思，有快的含义。在预测时主奔波、走动、外出、旅行、出差、搬家、转职等与移动有关的事项。如用神处沐浴状态（桃花）临马星时，桃花运来的快；用神处禄地临马星时，财来得快；日干临马星，变动事、调动事、外出事来得快。

如何找到马星呢？我们以时辰上的地支三合局来寻找马星。

马星有个口诀：申子辰（时）马在寅，寅午戌（时）马在申，巳酉丑（时）马在亥，亥卯未（时）马在巳。

下图内带圈的地支为马星。

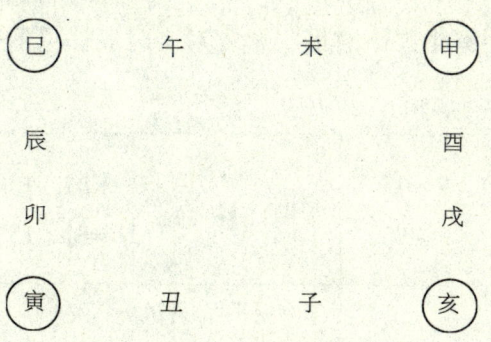

马星示意图

地支可以表示年,也可以表示月、日、时。按我们现在的计时法,把一年分为十二个月,每月用一个地支表示,十二个地支形成一个循环周期。(如图)

巳月　农历四月 辰月　农历三月	午月　农历五月	未月　农历六月 申月　农历七月
卯月　农历二月		酉月　农历八月
寅月　农历正月 丑月　农历十二月	子月　农历十一月	戌月　农历九月 亥月　农历十月

在时辰的应用上，每一个地支代表一个时辰，每个时辰为两个小时，一天二十四小时中有十二个时辰，地支对应时辰详见下表：

巳时 9－11 辰时 7－9	午时 11－13	未时 13－15 申时 15－17
卯时 5－7		酉时 17－19
寅时 3－5 丑时 1－3	子时 23－1	戌时 19－21 亥时 21－23

2. 二十四节气

奇门遁甲最早就是一部历法，奇门遁甲模型一刻也离不开历法。

历法是什么呢？简单说就是计算自然规律时间长短的法则，人们为了判断气候的变化，计算季节来临，更好地安排生产生活，所以制定了历法。从古到今使用过的历法就有一百多种。阳历在我国是从1949年后才开始采用的，现代普及的阳历是和西方的阳历一样，目前世界上使用的基本历法还有阴历和农历。

阳历是以地球绕太阳公转的周期为计算基础的。这种历法的优点是地球上的季节固定，冬夏分明。缺点是历法月同月亮的运转规律毫无关系，对于沿海的人计算潮汐很不方便。

阴历是以月亮绕地球公转的周期为计算基础的，要求历法月同月亮绕地球公转一周的时间基本符合。阴历年同地球绕太阳公转毫无关系。目前一些阿拉伯国家用的回历，就是这种阴历。

农历是调和太阳、地球、月亮的运转周期的历法，农历是我国人民根据天体运行的规律，结合农作物的生长规律独创的。它既要求历法月同月亮绕地球公转一周基本相符，又要求历法年同地球绕太阳公转一周基本相符，是一种综合阴、阳历优点，调合阴、阳历矛盾的历法，所以也称阴阳合历。我国古代的各种历法和今天使用的农历，都是这种阴阳合历。它又叫作夏历、中历、旧历，民间也有称阴历的。平时大家都把阴历和农历混为一谈，实际是有区别的。

奇门遁甲是根据农历来计算的，它主要的依据就是二十四节气和六十甲子。

二十四节气是人为规定的，但它是按照天体运行的规律规定的。地球围绕太阳公转一周365天5时48分46秒，每年运行360度。太阳每运行15度所经历的时日称为"一个节气"。通俗地讲地球绕太阳，每十五天左右就会经过一个点即一个节气，一年共经历二十四个点即二十四节气。

地球除围绕太阳转外，每24小时还要自转一周。由于地球旋转的轨道面即黄道同赤道面不是一致的，它们之间有23度26分的夹角，从而使地轴保持一定的倾斜，所以一年四季太阳光直射到地球的位置是不同的。以北半球来讲，太阳直射在北纬23.5度时，天文上就称为夏至；太阳直射在南纬23.5度时称为冬至；夏至和冬至即指已经到了夏、冬两季的中间了。一年中太阳两次直射在赤道上时，就分别为春分和秋分，这也就到了春、秋两季的中间，这两天白昼和黑夜是一样长的。

一年365天共二十四个节气，十二个月每月含有一节一气，因为地球是椭圆的，虽十五度一个节气，但时间却有长有短。上半年节气的阳历日期为6日或21日左右，下半年节气的阳历日期为8日或23日左右，上下一般只差一两天，为便于记忆可概括为：上半年6、21（日），下半年8、23（日）。下表是地球绕太阳一周的二十四节气与阳历的换算表，也是二十四节气在九宫里的位置：

芒种 6.6 小满 5.21 立夏 5.6	夏　小　大 至　暑　暑 6.22　7.8　7.23	立秋 8.8 处暑 8.23 白露 9.8
谷雨 4.21 清明 4.6 春分 3.21		秋分 9.23 寒露 10.8 霜降 10.23
惊蛰 3.6 雨水 2.20 立春 2.4	大　小　冬 寒　寒　至 1.21　1.6　12.21	立冬 11.8 小雪 11.23 大雪 12.8

古人认为，到冬至这个节气中时，阴气达到顶峰，而阳气开始产生，叫做"冬至一阳生"；到夏至这个节气，阳气达到顶峰，而阴气开始产生，称为"夏至一阴生"。

3. 六十甲子

六十甲子就是用天干的首字"甲"与地支的首字"子"配合在一起而得名。古代天干地支搭配记时，一个天干配一个地支，因为天干一共十个，地支有十二个，十和十二的最小公倍数是六十，所以它们之间两两相配的话可以组成六十个干支。也就是说每个天干用六次，每个地支用五次，它们组合六十次就形成一个循环系统。甲用六次的话就有甲子、甲戌、甲申、甲午、甲辰、甲寅，称为六甲。乙、丙、丁、戊、己、庚、辛、壬、癸也都分别用了六次，称为六乙、六丙、六丁、六戊、六己、六庚、六辛、六壬、六癸。

上述天干地支搭配组合六十次为一个甲子，如我们平常所说六十年为一个甲子，六十天为一个甲子，六十个时辰也为一个甲子。奇门遁甲五天共六十个时辰使用一个甲子，变化一个局。

见六十甲子排列表：

六十甲子排列表

甲子	甲戌	甲申	甲午	甲辰	甲寅
乙丑	乙亥	乙酉	乙未	乙巳	乙卯
丙寅	丙子	丙戌	丙申	丙午	丙辰
丁卯	丁丑	丁亥	丁酉	丁未	丁巳
戊辰	戊寅	戊子	戊戌	戊申	戊午
己巳	己卯	己丑	己亥	己酉	己未
庚午	庚辰	庚寅	庚子	庚戌	庚申
辛未	辛巳	辛卯	辛丑	辛亥	辛酉
壬申	壬午	壬辰	壬寅	壬子	壬戌
癸酉	癸未	癸巳	癸卯	癸丑	癸亥

因为"六十甲子"是以天干和地支相配构成,天干是十位,地支是十二位,天干和地支搭配轮流使用,当十天干循环一遍时,十二地支必定有两个地支是没有使用,就轮空了,这个轮空就是所谓的"旬空",也称"空亡"。

十二地支旬空表

甲子	乙丑	丙寅	丁卯	戊辰	己巳	庚午	辛未	壬申	癸酉	本旬空亡:戌亥
甲戌	乙亥	丙子	丁丑	戊寅	己卯	庚辰	辛巳	壬午	癸未	本旬空亡:申酉
甲申	乙酉	丙戌	丁亥	戊子	己丑	庚寅	辛卯	壬辰	癸巳	本旬空亡:午未
甲午	乙未	丙申	丁酉	戊戌	己亥	庚子	辛丑	壬寅	癸卯	本旬空亡:辰巳
甲辰	乙巳	丙午	丁未	戊申	己酉	庚戌	辛亥	壬子	癸丑	本旬空亡:寅卯
甲寅	乙卯	丙辰	丁巳	戊午	己未	庚申	辛酉	壬戌	癸亥	本旬空亡:子丑

现在人们习惯用阳历计算出生时间，但过去我们的出生时间都是以农历来计算的，为了方便换算阳历和农历的记时，可以通过查万年历的方法，也可以用下表查出出生年。

甲子 1984 乙丑 1985	丙寅 1986 丁卯 1987	戊辰 1988 己巳 1989	庚午 1990 辛未 1991	壬申 1992 癸酉 1993
海中金	炉中火	大林木	路旁土	剑锋金
甲戌 1994 乙亥 1995	丙子 1966 丁丑 1997	戊寅 1998 己卯 1999	庚辰 2000 辛巳 2001	壬午 2002 癸未 2003
山头火	涧下水	城头土	白蜡金	杨柳木
甲申 1944 乙酉 1945	丙戌 1946 丁亥 1947	戊子 1948 己丑 1949	庚寅 1950 辛卯 1951	壬辰 1952 癸巳 1953
泉中水	屋上土	霹雳火	松柏木	长流水
甲午 1954 乙未 1955	丙申 1956 丁酉 1957	戊戌 1958 己亥 1959	庚子 1960 辛丑 1961	壬寅 1962 癸卯 1963
沙中金	山下火	平地木	壁上土	金箔金
甲辰 1964 乙巳 1965	丙午 1966 丁未 1967	戊申 1968 己酉 1969	庚戌 1970 辛亥 1971	壬子 1972 癸丑 1973
覆灯火	天河水	大驿土	钗钏金	桑柘木
甲寅 1974 乙卯 1975	丙辰 1976 丁巳 1977	戊午 1978 己未 1979	庚申 1980 辛酉 1981	壬戌 1982 癸亥 1983
大溪水	沙中土	天上火	石榴木	大海水

奇门遁甲是天干学，常用的都是天干。表中有一个规律，凡年份后带4的都是甲年，带5的都是乙年，带6的是丙年，带7的是丁年，带8的是戊年，带9的是己年，0是庚年，1是辛年，2是壬年，3是癸年。

（三）数理内容

奇门遁甲和数理有着密切的关系，什么是数理？数理就是数字背后隐藏的意义。数是物质的排列秩序，是奇门遁甲的基础，换句话说奇门遁甲是以数为依据的。奇门遁甲的理论源自《周易》，《周易》认为象和数是认识客观世界的两个重要途径。仅从数上说，数是认知周期必不可少的手段，数的不同排列又是区分万物本质的程式。数的变化可以反映事物的变化，只要把数的程式排列出来，事物的本质与变化便可全部包含在里面。西方人也知道数的重要性，所以西方有句话说"数学是科学的皇后"。西方人也对数有研究，但远不如中国古代先哲对数的理解。现在越来越多的人认识到数的科学性。比如，我们平常用手机通话，说得话在传给对方的过程中，语音是要变成数字的，对方接收后，数字再还原成话音，这样彼此才能通话。

奇门遁甲常用的数字是由后天八卦数、先天八卦数、五行生成数组成的。

奇门格局常用数字

巽 先天八卦数：5 后天八卦数：4 五行生成数：3、8	离 先天八卦数：3 后天八卦数：9 五行生成数：2、7	坤 先天八卦数：8 后天八卦数：2 五行生成数：5、10
震 先天八卦数：4 后天八卦数：3 五行生成数：3、8	中宫寄二宫	兑 先天八卦数：2 后天八卦数：7 五行生成数：4、9
艮 先天八卦数：7 后天八卦数：8 五行生成数：5、10	坎 先天八卦数：6 后天八卦数：1 五行生成数：1、6	乾 先天八卦数：1 后天八卦数：6 五行生成数：4、9

在预测时遇到格局比较旺时用该表格中比较大的数，格局比较衰时用小数。

(四) 奇门时空数理运行规律

1. 奇门时间运行规律

(1) 奇门时间运行规律的原理

预测是根据模型预测的，要想进行预测，首先得起出奇门遁甲局，起局得先定局，即起奇门遁甲局必须知道用几局，用局是根据二十四节气定的。我们知道，一年有24个节气，每个节气15天，5天一局，每节气3

个局，3个局第一局称为上元，第二局为中元，第三局为下元。一年二十四节气共4320局，不重复的共1080局，下边的表是二十四节气用局表：

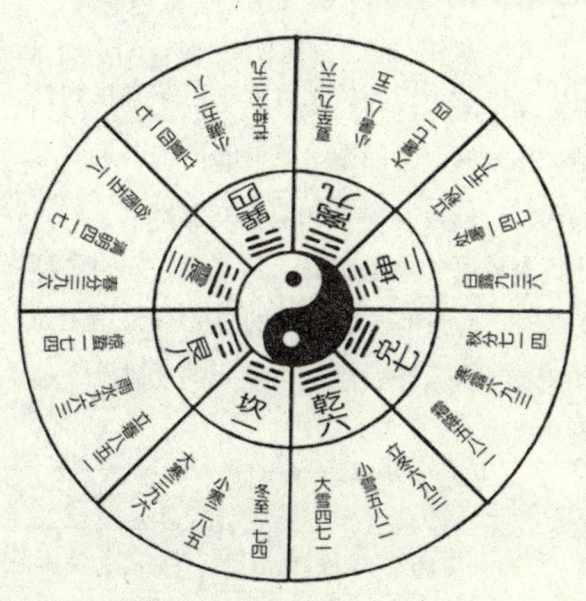

二十四节气奇门遁甲用局表中有以下三个规律：

①节令时间在几宫，第一个节气第一局（上元）就为几局。

②每一宫都有三个独立的循环系统，每一节气为一个独立的循环系统，他们分别是一、七、四；二、八、五；三、九、六。它们之间间隔5个数字，一个系统运转完后再转到另一个系统运转，系统之间互不联系。

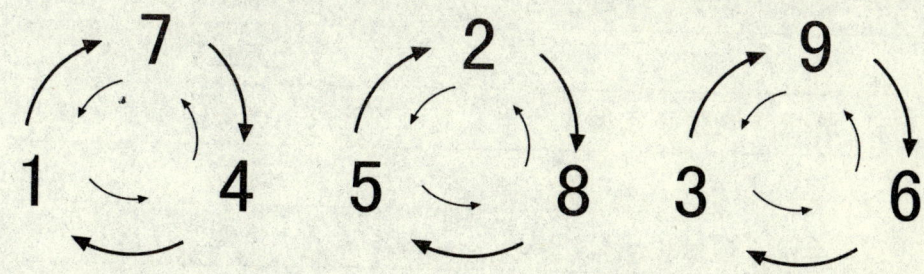

操作时，每局五天变一次，阳遁正转，阴遁反转。

③节气与节气之间上中下三元局数是阳遁顺排，阴遁逆排。

奇门遁甲用的局数，如写一就是用一局，七就是用七局。在奇门遁甲里，从冬至开始到芒种结束用的是阳遁，从夏至开始到大雪结束用的是阴遁。

在万年历里，除了前边说的年是以六十甲子来排列外，月、日、时也是按照六十甲子来排列的。奇门遁甲定局的六十甲子原理就是和日有着密切的关系，每五天定一局，一个节气的十五天就有三局，称为上、中、下三元，这三元依次对应每句歌诀中的三个数字。如阳遁歌诀中说"冬至惊蛰一七四"，即为冬至或惊蛰这个节气的上元五天用阳遁一局，中元用阳遁七局，下元用阳遁四局。上、中、下三元的规律见下表：

上元五天					中元五天				
甲子	乙丑	丙寅	丁卯	戊辰	己巳	庚午	辛未	壬申	癸酉
下元五天					上元五天				
甲戌	乙亥	丙子	丁丑	戊寅	己卯	庚辰	辛巳	壬午	癸未
中元五天					下元五天				
甲申	乙酉	丙戌	丁亥	戊子	己丑	庚寅	辛卯	壬辰	癸巳
上元五天					中元五天				
甲午	乙未	丙申	丁酉	戊戌	己亥	庚子	辛丑	壬寅	癸卯
下元五天					上元五天				
甲辰	乙巳	丙午	丁未	戊申	己酉	庚戌	辛亥	壬子	癸丑
中元五天					下元五天				
甲寅	乙卯	丙辰	丁巳	戊午	己未	庚申	辛酉	壬戌	癸亥

此表有三个规律：

第一、它每一列（竖看）的天干都是相同的。

第二、每一元（5天）的第一个天干不是"甲"就是"己"，我们称之为"符头"。也就是说当看到乙、丙、丁、戊这四个天干的时候就知道它们是由"甲"这个符头带领的一元，看到庚、辛、壬、癸这四个天干则是由符头"己"带领的另一元，就好像军队里的两支小分队，第一队的队长就是"甲"，队员就是乙、丙、丁、戊，第二队的队长就是"己"，庚、辛、壬、癸就是这一队的队员。

第三、上元第一天的地支为子、午、卯、酉中的一个，中元第一天为寅、申、巳、亥中的一个，下元为辰、戌、丑、未中的一个，就好像一个大家族分为长辈、平辈、晚辈三个辈分，子、午、卯、酉是长辈，寅、申、巳、亥是平辈，辰、戌、丑、未是晚辈一样。

（2）奇门时间运行规律的实践

大家知道，一年有24个节气，每个节气由上、中、下三元组成，每元又是由五天组成，这样算下来一年只有360天，那剩下的5天多怎么分配呢？这个问题很早的时候古人就思考过，他们针对这个问题提出了几种解决方案，其中有两种大家比较常用，我们称之为"置闰法"和"拆补法"。置闰法是把多出的天数采用集中处理的方法，拆补法是用分散处理的方法。

置闰法就好像我们平时处理闰年的方法一样，地球绕太阳运行周期为365.242216天，我们平时算作365天整，多出的0.242216天经过四年积累约一天，我们把这一天加于二月末（2月29日），使当年的天数为366天，这一年就为闰年。按五天为一元来计算的话一年只有360天整，多出的5天我们把它集中放在大雪之后，冬至之前。

使用置闰法起局会出现"超神接气"的现象，什么是"超神接气"呢？"超"就是超越，"神"就是进神，含有进入另一个阶段的"界标"

的意思，"接"就是迎接，"气"是指节气。"超神"是指节气未到，而甲子、己卯等符头先到的现象；接气是指甲子、己卯等符头未到，而节气先到的现象。如果超神超过九天，就需要置闰。置闰必须在冬至之前，大雪之后。置闰法一般不易计算，可查找奇门遁甲万年历。

当符头甲子、己卯、甲午、己酉正与八节同时到达，则称为"正授"。

拆补法是用"分散"处理之法，不需要专门安排多余的时间，随着二十四节气的时间逐渐均分到二十四节中去了，其方法是：

①依据万年历查出该日的干支，看此干支处在什么节气中；

②依据阴阳遁歌诀来查处此节气所使用的局数；

③根据日干支符头所带的地支来确定该节气是哪一元，子、午、卯、酉为上元，寅、申、巳、亥为中元，辰、戌、丑、未为下元，确定该日为几局。

例：2007年8月20日，查万年历为丙戌日，节气为立秋，上中下三元分别是二、五、八，阴局，丙戌日的符头为甲申，符头甲所带的地支是申，依据"寅"、"申"、"巳"、"亥"为中元的规定，故应用二五八的中元阴五局。

使用拆补与置闰有时候会出现两个不同的奇门遁甲局，到底哪一个是正确的？自古至今争论不休，奇门遁甲经典著作《烟波钓叟赋》使用的是置闰局，我认为"不管白猫黑猫，抓住耗子才是好猫"。在理论上的争执，恐怕再有一千年也争论不休，我们最好立足现实，不管使用置闰还是拆补，只要把握好符号的含义与预测原则，就能判断准确。

要起局，一般情况下都需要查万年历，而万年历里，年月日的干支都能查到，时辰上的干支则需通过以下口诀来进行推算：

甲己还加甲，乙庚丙作初，
丙辛从戊起，丁壬庚子居，
戊癸何方发，壬子是真途。

古人是以子时为一天之始，上口诀求出的时辰天干均为子时的天干。逢"甲"、"己"日的时候，子时的干支就是甲子，故口诀就为"甲己还加甲"，依次顺推，丑时的干支就是乙丑，寅时的干支就是丙寅。逢"乙"、"庚"日的时候，子时的干支就是丙子，仍依次顺推，其它同理。若口诀不会用可在网上起局。

2. 奇门空间运行规律

前边说十天干的时候它们的排列顺序是甲、乙、丙、丁、戊、己、庚、辛、壬、癸。在奇门遁甲格局里，甲一般不用，它都是隐藏在戊、己、庚、辛、壬、癸下边，这六个天干俗称六仪，就像六员大将隐藏在六只军队下边一样。乙、丙、丁被称为三奇，犹如打仗时的三支神兵。十天干在奇门遁甲格局当中的固定顺序为戊、己、庚、辛、壬、癸、丁、丙、乙，这个顺序是永远不变的。

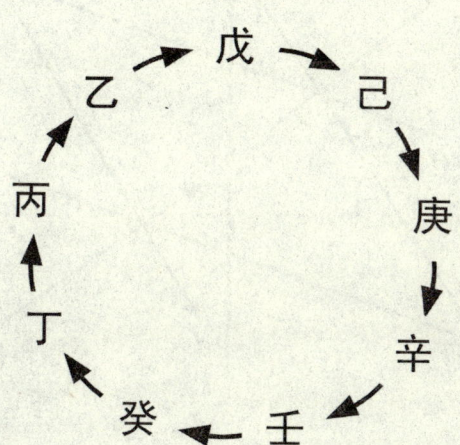

当预测时几局就从几宫上排戊，然后按照阳遁顺数，阴遁逆数这个规律来排列，因为阳遁1、2、3、4、5、6、7、8、9宫形成一个顺排的闭环，阴遁9、8、7、6、5、4、3、2、1宫形成一个逆排的闭环。下图就是阴阳遁中六仪三奇在九宫运行的顺序规律。

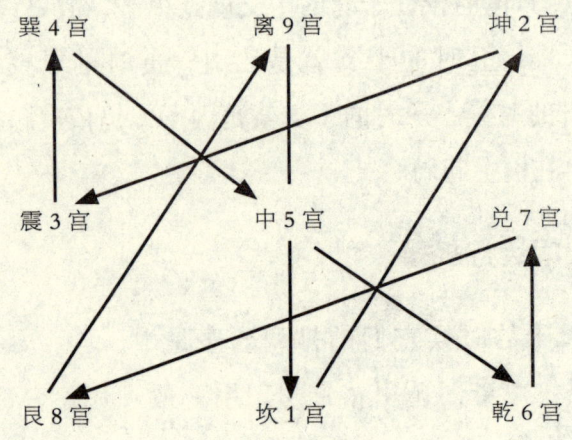

阳遁顺序图

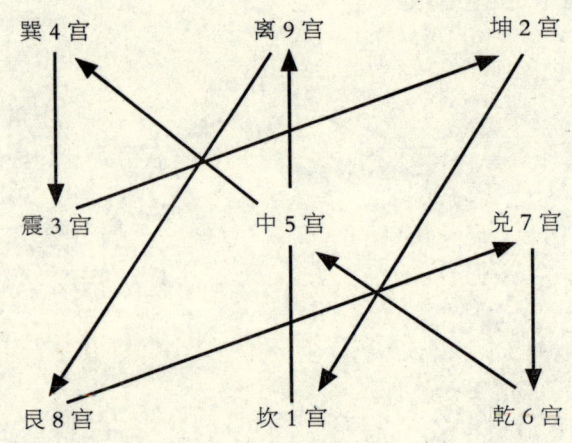

阴遁顺序图

当我们查到为几局的时候,便把三奇六仪中的戊放在几宫。然后按顺序把己、庚、辛、壬、癸、丁、丙、乙放入其中。假如现在是阳遁一局,三奇六仪的排列顺序如图所示：

辛 4	乙 9	己 2
庚 3	壬 5	丁 7
丙 8	戊 1	癸 6

阴遁三局则把"戊"放在三宫，然后顺排三奇六仪，逆推九宫：

乙 4	辛 9	己 2
戊 3	丙 5	癸 7
壬 8	庚 1	丁 6

3. 奇门时空数理模型的构成要素

奇门遁甲时空模型是个时空载体，它一共分四层即四要素：天时、地利、人和、神助。即九星、九宫、八门、八神。九宫在前边提到了，所以我们还要了解九星、八门、八神。

九星就是天蓬星、天任星、天冲星、天辅星、天英星、天芮星、天禽星、天柱星、天心星。其中天禽星和天芮星就像好朋友一样，形影不离，五宫寄二宫，永远在同一个宫里。

八门就是开门、休门、生门、伤门、杜门、景门、死门、惊门。

八神就是直符、腾蛇、太阴、六合、白虎、玄武、九地、九天。

(1) 九星

九星代表天时，古人从常见的行星中，根据它们运转歇宿的位置，选择其中有代表性的九颗，分别与地上的九宫八卦相对应。天时代表天体运动对地球和人类的影响，某一事情的外部环境、某人的先天素质、本性、原始因素等。

九星中的天任星、天辅星、天禽星、天心星为吉星，天冲星、天英星为平星，天蓬星、天芮星、天柱星为凶星。

它们各自的含义是：

天蓬星：居坎一宫属水，旺于春，相于冬，休于夏，囚于四季月，废于秋。天时代表水、也代表大盗、破财、浓眉毛之人，能做大事业的人，利安抚边境。

天芮星：居坤二宫属土，旺于秋，相于四季月，休于冬，囚于春，废于夏。天时代表沟，还代表疾病、包、学生、佛龛、长相丑、黑、农村、贪婪、善交际，利交友。

天冲星：居震三宫属木，旺于夏，相于春，休于四季月，囚于秋，废于冬。天时代表木，还代表武士、军人、雷厉风行。利征伐战斗、报仇解怨、施恩交友。

天辅星：居巽四宫属木，旺于夏，相于春，休于四季月，囚于秋，废于冬。天时代表花草，还代表文化之人、老师、漂亮。利教育、经商、婚嫁。

天禽星：居中五宫属土，旺于秋，相于四季月，休于冬，囚于春，废于夏。代表方正、规矩、厚道之人。利见上级、经商、婚嫁。

天心星：居乾六宫属金，旺于冬，相于秋，休于春，囚于夏，废于四季月。代表医生、圆形、有心计之人，代表管理人员。利医疗、经商、婚嫁、求谋、进见领导及兴师动旅。

天柱星：居兑七宫属金，旺于冬，相于秋，休于春，囚于夏，废于四季月。代表凶灾、口才好、善说唱、破败。利建造营垒、训练士兵。

天任星：居艮八宫属土，旺于秋，相于四季月，休于冬，囚于春，废于夏。代表吉利、厚道之人。利安民、入官见贵、经商、婚嫁。

天英星：居离九宫属火，旺于四季月，相于夏，休于秋，囚于冬，废于春。代表烈性、冶炼等。利上官见贵、应举报书、出入远行、饮宴作乐。

九星的旺衰比较特殊，和五行的旺衰不一样，它的口诀是：我生之月诚为旺，与我同行即为相，废于父母休于财（生我者为父母，我克者为财），囚于鬼兮真不妄（克我者为鬼）。

例：天蓬星属水，它落三、四宫水生木为旺，落坎一宫二者同属水为相，落六、七宫金生水为废，落离九宫水克火为休，落二、五、八宫土克水为囚。

九星代表天上的星体，有着自己的固定方位，就好像自己的家。按顺时针来说，天蓬星五行属水在一宫，天任星五行属土在八宫，天冲星五行属木在三宫，天辅星五行属木在四宫，天英星五行属火在九宫，天芮星五行属土在二宫，天柱星五行属金在七宫，天心星五行属金在六宫。九星在每个时间段都有一颗星负责值班，它是天上值班的星，我们称之它为"大值符"。如图：

天辅星4（木）	天英星9（火）	天芮星2（土）
天冲星3（木）	天禽星5（土）	天柱星7（金）
天任星8（土）	天蓬星1（水）	天心星6（金）

在预测时它们在大值符的带领下按着固定的顺时针顺序移动到了时干所在的位置，其中天禽星是跟着天芮星一起移动的。九星为天盘，九星顺序永远不变，阳遁、阴遁均按顺时针排列。

(2) 八门

八门代表人和，主人事。一般情况下，八门中的开门、休门、生门为吉门，杜门、景门为平门，死门、惊门、伤门为凶门。八门的吉凶是以事情的性质决定的。八门的含义是：

开门：居乾六宫属金，旺于秋，相于四季末月，休于冬，囚于春，死于夏。代表单位、工厂、公司、商店、工作、官印、法官、开放、公开、同意、圆形物体、测人主漂亮。利上任、开店、求财、婚姻等。

休门：居坎一宫，属水，旺于冬季，相于秋，休于春，囚于夏，死于四季末月，代表公务员、机关科室人员、休闲。利接待、旅游、婚姻、家庭等，利退却、主漂亮。

生门：居艮八宫，属土，旺于四季月，相于夏，休于秋，囚于冬，死于春。代表财利、利润、房地产、养殖、主漂亮。利求财造屋、赴任、治病等。

伤门：居震三宫，属木，旺于春，相于冬，休于夏，囚于四季月，死于秋。代表车辆、竞争、博弈、主高，代表竞争力、伤害。利讨债、捕捉、赌博、泛猎等。

杜门：居巽四宫属木，旺于春季，相于冬，休于夏，囚于四季月，死于秋。代表保密、保密机关、技术、技术部门、检查机关、闭塞、躲藏方向。利躲灾避难、防洪筑堤。

景门：居离九宫，属火，旺于夏，相于春，休于四季月，囚于秋，死于冬。代表学校、信息、华丽、血光、闹市、道路、饭店、文化娱乐场所。利献策筹谋、选士荐贤、火攻杀戮。

死门：居坤二宫，属土，旺于四季月，相于夏，休于秋，囚于冬，死于春。代表公检法、地皮、死人、坟地、凶灾、不愉快、不同意、闭门之意。利吊死送丧、刑戮战争。

惊门：居兑二宫，属金，旺于秋，相于四季月，休于冬，囚于春，死于夏。代表口舌官司、担心、惊恐、律师、善说唱。利斗讼官司、抢捕盗贼、蛊惑乱众。

八门的吉凶口诀是：

> 吉门被克吉不就，凶门被克凶不起；
> 吉门相生有大利，凶门得生祸难避；
> 吉门克宫吉不就，凶门克宫事更凶。

在预测时要注意一点，任何事物都有两面性，门吉凶根据所测事物的性质而定。如伤门测讨债为吉门，测婚姻为凶门。

八门主人事，也像九星一样有着自己的家，按顺时针来看，开门五行属金在六宫，休门五行属水在一宫，生门五行属土在八宫，伤门五行属木在三宫，杜门五行属木在四宫，景门五行属火在九宫，死门五行属土在二宫，惊门五行属金在七宫。八门在每个时间段都有一个门负责值班，是地

上值班的门,我们称之它为"值使"。如图:

杜门4(木)	景门9(火)	死门2(土)
伤门3(木)	5(土)	惊门7(金)
生门8(土)	休门1(水)	开门6(金)

在预测时它们在值使门的带领下,按着固定的顺时针顺序移动到了时干所在的位置。八门为人盘,八门排列顺序阴遁、阳遁是一致的,阳遁、阴遁均按顺时针排列。

(3) 八神

八神是古人在天人感应中发现的与九宫八卦有对应性质的八种神秘力量,它们是直符、腾蛇、太阴、六合、白虎、玄武、九地、九天。八神为神盘,八神顺序不变,阳遁顺时针排列,阴遁逆时针排列。其代表含义如下:

直符:禀中央土,为天乙之神,诸神之首,所到之处百恶消散。代表领导、物体的源头、高级的、气宇轩昂、有管理能力。

腾蛇:禀南方火,为虚诈之神,性柔而口毒,可出惊恐怪异之事。代表虚假、变化、传染、疑虑。

太阴:禀西方金,为阴佑之神,性阴匿暗昧。代表密谋策划、周密、细腻、小人。

六合:禀东方木,为护卫之神,性平和,司婚姻、交易中间介绍之事。代表婚姻、家庭、合伙。

白虎：禀西方金，为凶恶刚猛之神，性好杀，司兵戈争斗杀伐病死。代表直爽、凶灾、公安、武状元、打斗。

玄武：禀北方水，为奸谗小盗之神，性好阴谋贼害，司盗贼逃亡、口舌之事。暧昧之神、偷摸、倒鬼、文状元、贪污、偷情、投机、昏厥、醉酒。

九地：坤土之象，万物之母，为坚牢之神，性柔好静。稳定、时间久、固执、资格老。

九天：乾金之象，万物之父，为威悍之神，性刚好动。宫中格局旺主远、大，格局衰主好高骛远。

奇门遁甲时空数理模型分为地盘、天盘、人盘、神盘四层，下面是八门、九星、八神在阳遁一局的位置图。

六合 杜门辛 天辅星辛 巽四宫　木	白虎 景门乙 天英星乙 离九宫　火	玄武 死门己 壬天（禽）芮星己 壬坤二宫　土
太阴 伤门庚 天冲星庚 震三宫　木	死门（寄二宫） 天禽星壬（寄二宫） 中五宫　土	九地 惊门丁 天柱星丁 兑七宫　金
螣蛇 生门丙 天任星丙 艮八宫　土	直符 休门戊 天蓬星戊 坎一宫　水	九天 开门癸 天心星癸 乾六宫　金

4. 纸上起局方法（摘自张志春著《神奇之门》）

第一步，先把阳历的年月日时换算成干支历。

第二步，根据节气和上中下三元的规律，确定求测日所用遁甲局数，是阳遁几局，或阴遁几局。

第三步，在纸上画一个井字形九宫格或者米字形八宫格，将一至九宫分别按奇门遁甲格局填在格内。

第四步，在纸上一至九宫格内，按遁甲几局三奇六仪的排布规律，即戊、己、庚、辛、壬、癸、丁、丙、乙这个永定例、永远不变的顺序，将六仪三奇布在一至九宫格内。

第五步，找出预测时辰的旬首。比如乙亥时，甲戌为旬首；辛亥时，甲辰为旬首；戊戌时，甲午为旬首；即预测时辰是六甲中哪一甲大将在地盘值班。同时根据该甲所隐的六仪，即知道地盘上该甲在几宫值班了。

第六步，根据地盘上六甲中值班一甲所在宫位，即可找出与它对应的天盘上值班的九星之一，这就是值符；人盘上值班的八门之一，这就是值使。这样把这个时辰内的值符和值使就找出来了，并一一写在纸上。

第七步，根据"值符随时干"的规律，看预测时辰的天干在地盘几宫，就将值符直接写在这个宫内，同时将它原在地盘宫内的六仪三奇也随之写在它如今运转到的宫内。

第八步，值符落宫确定了，将其余八星连同它们原来地盘内所携带的六仪三奇也一一写在运转到的宫内，这样用事时辰天盘运行的格局就确定了。

第九步，根据"值使随时宫"的规律，将值使的八门之一按时间和宫位运行的顺序，确定它所落宫位，然后把它写在该宫格内。同时，将其余七门按固定顺序，一一写在其他宫格之内。这样，八门运转到问事时辰的格局也就一目了然了。

第十步，根据阳遁顺时针运转，阴遁逆时针运转的规律和小值符永远追随大值符的规律，将神盘中的小直符首先写在大值符所落宫内，然后，将螣蛇、太阴、六合、白虎（勾陈）、玄武（朱雀）、九地、九天按顺序一一写在其他七个宫内。这样，八神盘在问事时辰运行的格局也就确定了。

详细操作步骤可参看我所著的《周易与婚姻》、《周易与商战》等书。

（五）格局

奇门遁甲中的符号按照时空形成的固定有序的排列次序，各种符号的搭配形成了一定的"格"。这种"格"按照五行旺衰的原理显示了事物发展的趋势，这种"格"的形成表明了事物的趋势和明朗化。格表述了事物发展的运行轨迹，这种运行轨迹的描述有特定的时空范畴，引起有关的无形因素的各方变化，遇到凶格事物就会向凶的方向发展，遇到吉格事情就会向吉的方向发展。格的作用在奇门遁甲局中是巨大的，奇门遁甲与三十六计结合中常用的格有九遁、三诈五假、伏吟、反吟、三奇得使、六仪击刑、庚加戊、戊加庚、辛加乙、乙加辛、庚加丙、丙加庚、辛加壬、壬加辛等。

1. 十干克应

(1) 乙

乙为三奇之一，乙为日奇，天盘乙奇加地盘天干形成的格局一般含义。

乙加乙为"日奇伏吟"：求名求利及进取事不可求，只宜安分守己。

乙加丙为"奇仪顺遂"：星代表一个人的先天秉性，遇吉星为迁官进职；遇凶星为夫妻离别，合作失败。

乙加丁为"奇仪相佐"：文书、考试事吉，百事皆可为。

乙加戊为"利阴害阳"：门逢凶迫，财破人伤，遇此局利暗地办事。

乙加己为"日奇入墓"：戊为乙之墓（甲戊己），乙被土暗昧，门凶必凶；得开门为地遁。

乙加庚为"日奇被刑"：争讼财产，夫妻怀私，合作有私念，办事有阻力。

乙加辛为"青龙逃走"：奴仆拐带，六畜皆伤，逢此格必有动向。

乙加壬为"日奇入地"：尊卑悖乱，官讼是非。

乙加癸为"日奇入网"：遁迹修道，隐匿藏形，躲灾避难为吉，不利进取，利淫秽之事。

(2) 丙

丙为三奇之一，丙为月奇，天盘丙奇加地盘天干形成的格局一般含义。

丙加乙为"日月并行"：公私事皆吉。

丙加丙为"月奇悖师"：文书逼迫，破耗遗失。丙为至阳之物，丙加丙，凡事过犹不及。

丙加丁为"星奇朱雀"：贵人文书吉利，常人平静。得生门为天遁。

丙加戊为"飞鸟跌穴"：谋为百事，吉顺洞彻，入墓则凶。

丙加己为"火悖入刑"：丙火入戊墓（甲戊己），囚人刑杖，文书不行。吉门得吉，凶门转凶。

丙加庚为"荧入太白"：门户破败，盗贼耗失，利退不利进。

丙加辛为"月奇相合"：格局旺相、遇吉门谋事可成，病人不凶。格局衰弱，遇凶门则易犯错误。

丙加壬为"火入天罗"：为客不利，是非颇多，主动做事不吉。

丙加癸为"月奇入网"：阴人害事，灾祸频生。

(3) 六丁

丁为三奇之一，丁为星奇，天盘丁奇加地盘天干形成的格局一般含义。

丁加乙为"人遁吉格"：贵人加官进爵，常人婚姻财喜。

丁加丙为"星随月转"：阴加阳上，阴阳失位，贵人越级高升，常人则乐极生悲，慎防物极必反。

丁加丁为"奇入太阴"：文书即至，喜事遂心。

丁加戊为"青龙转光"：贵人升迁，常人威昌。

丁加己为"火入勾陈"：奸私仇冤，事因女人、阴暗之事。

丁加庚为"星奇受阻"：文书阻隔，行人必归。

丁加辛为"朱雀入狱"：罪人释囚，官人失位，在其位不谋其政。

丁加壬为"奇仪相合"：贵人恩诏，讼狱公平。

丁加癸为"朱雀投江"：文书口舌是非，音信沉溺。

(4) 戊

戊为青龙，天盘戊加地盘天干形成的格局一般含义。

戊加乙为"青龙合会"：门吉事吉，门凶事凶。

戊加丙为"青龙返首"：动作大吉，可进可退，若逢门迫、入墓、击刑，吉事成凶。

戊加丁为"青龙耀明"：谒贵求名吉利；若逢入墓、门迫，惹是招非。

戊加戊为"伏吟"：凡事闭塞阻滞，静守为吉。

戊加己为"贵人入狱"：公私皆不利。

戊加庚为"值符飞宫"：主换地盘，吉事不吉，凶事更凶。

戊加辛为"青龙折足"：吉门生助，尚可谋为，若逢凶门，主招灾、失财、有足疾，做事半途而废。

戊加壬为"青龙入天牢"：凡阴阳事皆不吉利。

戊加癸为"青龙华盖"：门吉则吉，门凶招灾。

(5) 己

己为地户，天盘己加地盘天干形成的格局一般含义。

己加乙为"墓神不明"：地户逢星，宜遁迹隐形为利，不利进取。

己加丙为"火悖地户"：阳人冤冤相害，阴人必致淫污，这里的阴阳，主要是指公开的事情和私下的事情。

己加丁为"朱雀入墓"：文状词讼，先曲后直。

己加戊为"犬遇青龙"：门吉谋望遂意，上人见喜；门凶枉劳心机。

己加己为"地户逢鬼"：病者必死，百事不遂，凶事必凶。

己加庚为"刑格返名"：词讼先动者不利，凶星有谋害之情。

己加辛为"游魂入墓"：阴人作祟，惊怪之事。

己加壬为"地网高张"：狡童佚女，奸情伤杀，争斗之事。

己加癸为"地刑玄武"：男女疾病垂危，有词讼囚狱之灾。

(6) 庚

庚为白虎、阻力，天盘庚加地盘天干形成的格局一般含义。

庚加乙为"太白逢星"：逢合因事而绊，退则吉，进则凶。

庚加丙为"太白入荧"：占贼必来，为客进利，为主破财，利买不利卖，利进不利退。

庚加丁为"亭亭之格"：因私匿起官司，门吉有救。

庚加戊为"天乙伏宫"：主换地盘、换方法等，百事不可谋为，凶。

庚加己为"官符刑格"：官司被重刑，百事不利。

庚加庚为"太白同宫"，又名"战格"：官灾横祸，兄弟争斗，意见不一。

庚加辛为"白虎干格"：远行则凶，车折马死，时间越长越凶。

庚加壬为"小格"：远行失迷道路，男女音信难通，变动、外出。

庚加癸为"大格"：婚姻易鳏寡孤独，生产母子俱伤，凶。

(7) 辛

辛主错误，天盘辛加地盘天干形成的格局一般含义。

辛加乙为"白虎猖狂"：家败人亡（分家、婚散、破产），远行多殃，尊长不喜，车船俱伤。

辛加丙为"干合悖师"：荧惑出现，占雨无，占晴旱，占事必因财致讼。门吉则无事，门凶事凶。

辛加丁为"狱神得奇"：经商获倍利，囚人逢赦宥，被绊之事获释解。

辛加戊为"困龙被伤"：官司破败。屈抑守分吉，妄动则祸。

辛加己为"入狱自刑"：奴仆背主，诉讼难伸，有理难辨。

辛加庚为"白虎出力"：刀刃相交，主客相残。遇事退让则安，强进则祸。

辛加辛为"伏吟天庭"：公废私就，讼狱自罹罪名。

辛加壬为"凶蛇入狱"：两男争女，一货售两家，讼狱不息，先动失理，利主不利客。

辛加癸为"天牢华盖"：日月失明，误入天网，动止乖张。

(8) 壬

壬为小蛇，又主天罗，天盘壬加地盘天干形成的格局一般含义。

壬加乙为"小蛇得势"：女子柔顺，男人哀叹。占孕生子，禄马光华。

壬加丙为"水蛇入火"：官灾刑禁，络绎不绝。

壬加丁为"干合蛇刑"：文书牵连，贵人匆匆，男吉女凶，淫荡之合。

壬加戊为"小蛇化龙"：男人发达，女产婴童，做事防耗散。

壬加己为"反吟蛇刑"：大祸将至，顺守则吉，词讼理屈，利守不利进。

壬加庚为"太白擒蛇"：刑狱公平，立判邪正，做事有阻。

壬加辛为"螣蛇相缠"：纵得奇门，亦不能安。若有谋望，被人欺瞒。

壬加壬为"蛇入地罗"，又名"天狱自刑"：外事缠绕，内事索索，吉门吉星，庶免磋砣。

壬加癸为"幼女奸淫"：家有丑声，门吉星凶，反祸福隆。

(9) 癸

癸为天网、华盖，天盘癸加地盘天干形成的格局一般含义。

癸加乙为"华盖逢星"：贵人禄位，常人平安。

癸加丙为"华盖悖师"：贵贱逢之皆不利，唯上人见喜。

癸加丁为"腾蛇夭矫"：文书官司，火焚难逃。

癸加戊为"天乙会合"：吉门，婚姻财喜，吉人赞助成合。若门凶迫制，反招官非。

癸加己为"华盖地户"：男女占之，音信皆阻，躲灾避难为吉。

癸加庚为"太白入网"：以暴争讼，自罹罪责。

癸加辛为"网盖天牢"：占病占讼，罪人难逃。

癸加壬为"复见腾蛇"：嫁娶重婚，后嫁无子，不保年华，结局不利。

癸加癸为"天网四张"：行人失伴，病讼皆伤。

2. 八门克应

门加门格局，门加天盘天干格局的一般含义：

(1) 开门

开加开：主贵人宝物财喜。

开加休：主见贵人财喜及开张铺店，贸易大吉。

开加生：主见贵人，谋望所求遂意。

开加伤：主变动、更改、移徙，事皆不吉。

开加杜：主失脱刊印书契，小凶。

开加景：主见贵人，因文书事不利。

开加死：主官司惊扰，先忧后喜。

开加惊：主百事不利。

开加戊：财名俱得。

开加乙：小财可求。

开加丙：贵人印绶。

开加丁：远信必至。

开加己：事绪不定。

开加庚：道路词讼，谋为两歧。

开加辛：阴人道路。

开加壬：远行有失，注意破财。

开加癸：阴人失财，小凶。

(2) 休门

休加休：求财、进人口、谒贵吉，朝见、上官、修造亦大利。

休加生：主得阴人财物，谒贵谋望，虽迟也吉。

休加伤：主上官吉庆，求财不得。有亲戚分产，变动事不吉。

休加杜：主破财，失物难寻。

休加景：主求文书印信事不至，反招口舌小凶。

休加死：主求文书印信官司事，或远行，僧道事，不吉，占病凶。

休加惊：主损财、招非并疾病、惊恐事。

休加开：主开张店肆及见贵、求财等喜庆事，大吉。

休加戊：财物和合。

休加乙：求谋重，不得；求轻，可得。

休加丙：文书和合喜庆。

休加丁：百讼休歇。

休加己：暗昧不宁。

休加庚：文书词讼先结后解。

休加辛：疾病退愈，失物不得。

休加壬：阴人词讼牵连。

休加癸：阴人词讼牵连。

(3) 生门

生加生：主远行、求财、婚姻、生育吉。

生加伤：主亲友变动，道路不吉。

生加杜：主阴谋，阴人破财，不利。
生加景：主阴人、小口不宁及文书事，后吉。
生加死：主田宅官司，病主难救。
生加惊：主尊长财产、词讼，病迟愈，吉。
生加开：主见贵人，求财大发。
生加休：主阴人处求财谋利，吉。
生加戊：嫁娶、求财、谒贵皆吉。
生加乙：主阴人生产，迟吉。
生加丙：主贵人印绶、婚姻、书信喜事。
生加丁：主词讼、婚姻、财利大吉。
生加己：主得贵人维持，吉。
生加庚：主财产争讼破产，不利。
生加辛：主官事、产妇疾病，后吉。
生加壬：主遗失财后得，盗贼易获。
生加癸：主婚姻、合作不成，余事皆吉。

(4) 伤门

伤加伤：主变动、远行折伤，凶。
伤加杜：主变动、失脱、官司，桎梏，百事凶。
伤加景：主文书印信，口舌，惹是生非。
伤加死：主官司印信凶，出行大忌，占病凶。
伤加惊：主亲人疾病忧惊，媒伐不利，凶。
伤加开：主见贵人、开张、走失、变动之事，不利。
伤加休：主阳人变动或托人办事，财名不利。
伤加生：主房产、种植事业，凶。
伤加戊：主失脱难获。
伤加乙：主求谋不得，反防盗失财。

伤加丙：主道路损失。

伤加丁：主音信不实。

伤加己：主财散人病。

伤加庚：主讼狱被刑杖，凶。

伤加辛：主夫妻怀私恣怨，凡合作事各怀鬼胎。

伤加壬：主因盗牵连。

伤加癸：主讼狱被冤，有理难伸。

(5) 杜门

杜加杜：主因父母疾病，田宅出脱事，凶。

杜加景：主文书印信阻隔，阳人小口疾病。

杜加死：主田宅文书失落，官司破财，小凶。

杜加惊：主门户内忧疑惊恐，并有词讼事。

杜加开：主见贵人官长，谋事主先破己财，后吉。

杜加休：主求财有益。

杜加生：主阳人小口破财，田宅求财不利。

杜加伤：主兄弟相争田产，破财不利。

杜加戊：主谋事不成，密处求财得。

杜加乙：主宜暗求阳人财物，得主不明至讼。

杜加丙：主文契遗失。

杜加丁：主阳人讼狱。

杜加己：主私谋害人招非。

杜加庚：主因女人讼狱被刑。

杜加辛：主打伤人，词讼，阳人小口凶。

杜加壬：主奸盗事，凶。

杜加癸：主百事皆阻，病者不食。

(6) 景门

景加景：主文状未动有预先见之意，内有阳人小口忧患。

景加死：主官讼，因田宅事相争，惹麻烦。

景加惊：主官讼，阳人小口疾病事，凶。

景加开：主官人升迁，吉；求文印更吉。

景加休：主文书遗失，争讼不休。

景加生：主阴人生产大喜，更主求财旺利，行人皆吉。

景加伤：主姻亲小口口舌。

景加杜：主失脱文书，散财后平。

景加戊：主因财产词讼，远行吉。

景加乙：主讼事不成。

景加丙：主文书急迫，火速不利。

景加丁：主因文书印状招非。

景加己：主官事牵连。

景加庚：主讼人自讼。

景加辛：主阴人词讼。

景加壬：主因贼牵连。

景加癸：主因奴婢受刑。

(7) 死门

死加死：主官事稽留，印信无气，凶。

死加惊：主因官司不结，忧疑患病，凶。

死加开：主见贵人，求印信文书事大利。

死加休：主求财物事不吉，若问僧道求方吉。

死加生：主丧事，求财得，占病死而复生。

死加伤：主官司动而被刑杖，凶。

死加杜：主破财，妇人风疾，腹肿，阻绝凶。

死加景：主因文契印信财产事见官，先怒后喜，不凶。

死加戊：主作伪财。

死加乙：主求事不成。

死加丙：主信息忧疑。

死加丁：主老阳人疾病。

死加己：主病讼牵连不已，凶。

死加庚：主女人生产，母子俱凶。

死加辛：主盗贼失脱难获。

死加壬：主讼人自讼自招。

死加癸：主嫁娶、出售事凶。

(8) 惊门

惊加惊：主疾病、忧疑、惊疑。

惊加开：主官事忧疑，能见贵人不凶。

惊加休：主求财事或口舌事，迟吉。

惊加生：主因妇人生产或求财生忧惊，皆吉。

惊加伤：主因商议同谋害人，事泄惹讼，凶。

惊加杜：主因失脱破财惊恐，不凶。

惊加景：主词讼不息，小口疾病，凶。

惊加死：主因宅中怪异而生是非，凶。

惊加戊：主损财，信阻。

惊加乙：主谋财不得。

惊加丙：主文书印信惊恐。

惊加丁：主词讼牵连。

惊加己：主恶犬伤人成讼。

惊加庚：主道路损折，遇贼盗，凶。

惊加辛：主女人成讼，凶。

惊加壬：主官司囚禁，病者大凶。

惊加癸：主被盗，失物难获。

3. 常用吉凶格局

格局在奇门遁甲中占据重要的判断因素,如代表求测人的日干符号为丙,与地盘戊组合,做事极易成功,测病则凶;若与地盘庚组合,说明力量对比上暂不如对手,策略上应退守为吉。任何事物都有其两面性,格局也一样,应视事情的性质分为吉格和凶格,遇吉格则顺利,遇凶格则不利,使用中要认真对待。

(1) 吉格

青龙返首(戊加丙):除病以外百事吉,若遇入墓、击刑则变凶(戊落乾六宫为入墓,落震三宫为击刑)。

飞鸟跌穴(丙加戊):百事大吉,遇病、入墓、击刑则凶。

三奇得使:天盘三奇遇值使门,其中以乙在甲戌、甲午旬,丙在甲子、甲申旬,丁在甲辰、甲寅旬为最有用。

玉女守门:值使门加地盘丁奇,最吉利。

天显时格:甲己日的甲子、甲戌时,乙庚日甲申时,丙辛日甲午时,丁壬日甲辰时,戊癸日甲寅时。一般情况下,遇此格军事、工作、经商、出行皆吉。但因为天显时格又为伏吟局,故好坏参半,判断的时候应仔细分析。

(2) 凶格

伏吟:即门或星伏于本宫。遇伏吟利主不利客,破财伤人,唯宜收敛财货、讨债等。

反吟:九星八门落入对冲之宫,遇反吟利客不利主,采取策略应乱中取胜,遇事速度快,或半途而废,求财无利反蚀本,新病则愈,久病难愈。

青龙逃走(乙加辛):主客皆伤,也主出走、外出、离婚、调动等,一般百事不利。

白虎猖狂（辛加乙）：家败人亡，百事凶，如破产、分家、离家等。

腾蛇夭矫（癸加丁）：官非口舌，百事皆凶。

朱雀投江（丁加癸）：惊恐怪异，口舌官非。

荧入太白（丙加庚）：战宜回避，不可冲击，利主不利客。

太白入荧（庚加丙）：占凶必来，利客不利主，遇此策略应进攻。

大格（庚加癸）：图谋未遂，求人不见。

小格（庚加壬）：又称移荡格，遇事多有变动，不宜出师。

门迫：即门克宫，吉门被迫吉不就，凶门被迫祸重重。

年月日时格：庚加于年月日时上，主凶。

悖格：丙加六仪，六仪加丙（戊除外），或丙加年月日时之上，做事无序，求财尽早抽身。

天网四张（癸加癸）：此时不宜举事，举事则祸。

九遁格如下：

逢九遁格利于变换阵势或方法，利取得胜利。该九遁格是对照了若干奇门遁甲书后，根据实践经验归纳出来的，供易学爱好者参考。

格名	神盘	天盘	人盘	地盘	作用
天遁		丙奇	生门	丁奇	利竞争、策划、建议、晋职、隐蔽企图，生意、出行；往来此方大吉
地遁		乙奇	开门	己	利隐蔽企图、建立营业网点、造房、谋为百事皆吉
人遁	太阴	丁奇	休门		利调研、隐蔽企图、和谈、招聘、经营等均为吉利
神遁	九天	丙奇	生门		宜声东击西、策划、开路、塞河、培训等
鬼遁	九地	丁奇	杜		宜出奇不意、调研、设伏、攻虚等
风遁		乙奇	开、休、生	巽四宫	如风从西北方来，宜顺风击敌；如风从东南方来，敌在东南方，不可交战
云遁		乙奇	开、	坤二宫	在不墓破的情况下，宜隐蔽企图、设立营销网点、生产产品
龙遁		乙奇	休	坎一宫	宜掩捕敌人、水战、修桥、打井
虎遁		乙奇	生	艮八宫	最利隐蔽扩张

三诈五假格：

逢下列格，运筹时应制定计谋才可以求得胜利，利奇门与三十六计结合运用。

格名	神盘	天盘	人盘	地盘	作用
真诈	太阴	乙丙丁	开休生		宜表彰、隐藏、运筹机谋
重诈	九地	乙丙丁	开休生		宜招聘、取财、升迁、运筹机谋
休诈	六合	乙丙丁	开休生		宜合药治邪祈禳之事、运筹机谋
天假	九天	乙丙丁	景		宜竞争诉讼、见贵求官、建议、扬兵颁号、合作
地假	九地 六合 太阴	丁己癸	杜		宜潜藏埋伏、退却、谋探私事
鬼假（神假）	九地	丁己癸	死		利埋葬、索债、捕捉、伏藏、鼓励表彰
物假	六合 九地	丁己癸	伤		宜埋藏伏藏、经营
人假	九天	壬	惊		宜捕捉逃亡

为使读者便于理解，现将九遁格局详叙如下，仅供参考：

奇门遁甲四字分为名词和动词，奇、门、甲是名词，而遁是动词，遁是关键。奇门遁甲的模型中奇和门是事物吉凶的表示，加入遁则可以使事物发生变化，使事物发生吉凶转变。遁是藏、走、变化之意。

凡战争、商战、博弈等都需要根据符号吉凶情况，判定状态，决定进退策略。吉凶格中的九遁、三诈五假格尤为重要，通常情况下九遁为上吉，诈假为次吉。三诈五假要根据实际情况灵活运用。

九遁有天遁、地遁、人遁、神遁、鬼遁、风遁、云遁、龙遁、虎遁。九遁是天地人神四盘在特定空间上的搭配结果，九遁一般为吉格，遇此格利使用计谋做事。但最忌天盘入墓，八门被迫。

天遁：生门合天盘丙、地盘丁。九遁在古书中有多种论述，该格是《烟波钓叟赋》中认可的天遁格。

作用：丙为月奇，天遁是得月华之蔽。利策划、竞争、建议、晋职、隐蔽企图、生意、出行、征战、上书、修身、隐迹、逃亡、打黑除暴、百事俱吉；嫁娶入宅，往来此方大吉。下图灰色的框内是天遁的示意图。

如2009年07月10日08时49分

己丑年辛未月丙辰日壬辰时，阴二局，甲申旬，天英星值符，景门值使。

六合 开门辛 天任星丙	太阴 休门乙 天冲星庚	螣蛇 生门丙 天辅星戊
白虎 惊门己 天蓬星乙	丁	直符 伤门庚 天英星壬
玄武 死门癸 天心星辛	九地 景门壬 天柱星己	九天 丁杜门戊 天芮星癸

地遁： 开门合天盘乙、地盘己。

作用：地遁取己为地户，乙为日奇，地户得日精所蔽。可以隐蔽企图、建立营业网点、隐藏、造房、逃亡、休兵，埋葬，一切皆吉。下图灰色的框内是地遁的示意图。

2009年01月08日06时49分

戊子年癸丑月癸丑日乙卯时，阳二局，甲寅旬，天柱星值符，惊门值使。

六合 休门丁 天任星庚	白虎 生门己 天冲星丙	玄武 伤门庚 天辅星戊
太阴 开门乙 天蓬星己	辛	九地 杜门丙 天英星癸
螣蛇 惊门壬 天心星丁	直符 死门癸 天柱星乙	九天 景门戊 天芮星壬

人遁：太阴合休门、天盘丁。

作用：丁为星奇，为三奇之灵，为六甲之阴，奇门相合，太阴为阴暗之象，阴、星、吉门三者合，如华盖复体，得星精之蔽，所以宜于隐藏，而人不能见。利调研、改善人际关系、隐蔽企图、和谈、招聘、经营、百事皆利。下图灰色的框内是人遁的示意图。

2009 年 01 月 01 日 17 时 49 分

己丑年甲子月丙午日丁酉时，阳四局，甲午旬，天柱星值符，惊门值使。

六合 生门壬 天任星戊	白虎 伤门乙 天冲星癸	玄武 杜门戊 天辅星丙
太阴 休门丁 天蓬星乙	己	九地 景门癸 天英星辛
螣蛇 开门庚 天心星壬	直符 惊门辛 天柱星丁	九天 己死门丙 天芮星庚

天遁、地遁、人遁在奇门遁甲中又合称三遁。三遁之时，凡用事、兴兵、出入、施为、修造，万事吉利。

神遁： 九天合生门、天盘丙（乙）。

作用： 神遁得九天吉神所蔽，利虚张声势、阴谋密计、商业策划、开路、塞河、培训、攻虚等。下图灰色的框内是神遁的示意图。

2009年01月31日15时49分

戊子年癸月丙子日丙申时，阳六局，甲午旬，天英星值符，景门值使。

直符 伤门辛 天英星丙	螣蛇 乙杜门癸 天芮星辛	太阴 景门己 天柱星癸
九天 生门丙 天辅星丁	乙	六合 死门戊 天心星己
九地 休门丁 天冲星庚	玄武 开门庚 天任星壬	白虎 惊门壬 天蓬星戊

鬼遁：九地合杜门、天盘乙。

作用：鬼遁得鬼神隐伏之蔽，宜出奇不意、调研、设伏、攻虚、撬行、间谍、侦探、散布谣言、疑惑军心等。下图灰色的框内是鬼遁的示意图。

2008年07月14日12时00分

戊子年己未月乙卯日壬午时，阴二局，甲戌旬，天蓬星值符，休门值使。

六合 丁惊门戊 天芮星丙	太阴 开门壬 天柱星庚	螣蛇 休门癸 天心星戊
白虎 死门庚 天英星乙	丁	直符 生门己 天蓬星壬
玄武 景门丙 天辅星辛	九地 杜门乙 天冲星己	九天 伤门辛 天任星癸

风遁：开、休、生三吉门合天盘乙奇落巽四宫。

作用：利借势、扩展人际关系。下图灰色的框内是风遁的示意图。

2009年11月26日21时48分

己丑年乙亥月乙亥日丁亥时，阴二局，甲申旬，天英星值符，景门值使。

太阴 休门乙 天冲星丙	螣蛇 生门丙 天辅星庚	直符 伤门庚 天英星戊
六合 开门辛 天任星乙	丁	九天 丁杜门戊 天芮星壬
白虎 惊门己 天蓬星辛	玄武 死门癸 天心星己	九地 景门壬 天柱星癸

云遁：开、休、生三吉门合天盘乙、地盘辛。

作用：云遁主得云精之蔽，宜藏形，利隐蔽企图、设立营销网点、利农业。此遁有个附加条件，需不犯墓迫。下图灰色的框内是云遁的示意图。

2009年12月16日19时48分

己丑年甲子月乙未日丙戌时，阳一局，甲申旬，天冲星值符，伤门值使。

太阴 休门乙 天英星辛	六合 壬生门己 天芮星乙	白虎 伤门丁 天柱星己
螣蛇 开门辛 天辅星庚	 壬	玄武 杜门癸 天心星丁
直符 惊门庚 天冲星丙	九天 死门丙 天任星戊	九地 景门戊 天蓬星癸

龙遁：休门合乙落坎宫。

作用：龙遁以坎宫为水，休门亦为水，可得龙之蔽。此时此方，宜掩捕贼人，密计渡河，把守水口，设机伏谋，下船开江，填堤塞河，修桥穿井等事。下图灰色的框内是龙遁的示意图。

2009 年 11 月 16 日 13 时 48 分

己丑年乙亥月乙丑日癸未时，阴五局，甲戌旬，天辅星值符，杜门值使。

螣蛇 杜门庚 天冲星己	直符 景门己 天辅星癸	九天 死门癸 天英星辛
太阴 伤门丁 天任星庚	戊	九地 戊惊门辛 天芮星丙
六合 生门壬 天蓬星丁	白虎 休门乙 天心星壬	玄武 开门丙 天柱星乙

虎遁：休门合天盘乙、地盘辛落八宫；生门合天盘乙、地盘辛；开门合庚落七宫。

作用：辛为白虎，艮为山，虎在深山，得生门，其方其时才能得虎之蔽。利挖墙角、防守、藏兵用计。下图灰色的框内是虎遁的示意图。

2009年10月27日13时48分

己丑年甲戌月乙巳日癸未时，阴二局，甲戌旬，天蓬星值符，休门值使。

白虎	六合	太阴
杜门庚	丁景门戊	死门壬
天英星丙	天芮星庚	天柱星戊
玄武		螣蛇
伤门丙		惊门癸
天辅星乙	丁	天心星壬
九地	九天	直符
生门乙	休门辛	开门己
天冲星辛	天任星己	天蓬星癸

三诈五假：

八神盘也称为八诈盘，因为三诈以八神中的太阴、六合、九地为主，配以三奇、三吉门，故称为三诈。"诈"还带有计谋的含义，因为每一个诈格中均含有乙、丙、丁三奇，而三奇是贵人的体现，做事能否得贵人相助，主要看用神宫中有无三奇。三奇、三吉门与八神中的太阴、六合、九地相结合，构成了特殊的时空符号搭配格局。这种格局做事时利于运筹机谋，成功率较高。当然，首先应区分所求测事情的性质，若测病则以凶断。

真诈： 太阴加乙、丙、丁三奇加开、休、生三吉门。

作用： 宜表彰、隐藏、运筹机谋。下图灰色的框内是真诈的示意图。

2008年10月28日00时08分

戊子年壬戌月辛丑日戊子时，阴八局，甲申旬，天心星值符，开门值使。

九地 死门戊 天任星壬	玄武 惊门癸 天冲星乙	白虎 开门壬 天辅星丁
九天 景门丙 天蓬星癸	辛	六合 休门乙 天英星己
直符 杜门庚 天心星戊	螣蛇 伤门己 天柱星丙	太阴 辛生门丁 天芮星庚

重诈：九地加乙、丙、丁三奇加开、休、生三吉门。

作用：宜招聘、取财、升迁、运筹机谋。下图灰色的框内是重诈的示意图。

2008年10月12日22时18分

戊子年壬戌月乙酉日丁亥时，阴九局，甲申旬，天柱星值符，惊门值使。

九天 惊门辛 天心星癸	九地 开门乙 天蓬星戊	玄武 休门己 天任星丙
直符 死门庚 天柱星丁	壬	白虎 生门丁 天冲星庚
螣蛇 壬景门丙 天芮星己	太阴 杜门戊 天英星乙	六合 伤门癸 天辅星辛

休诈：六合加乙、丙、丁三奇加开、休、生三吉门。

作用：宜治病、整顿、处理邪事、棘手事、运筹机谋。下图灰色的框内是休诈的示意图。

2006年12月08日17时48分

丙戌年戊子月辛未日丁酉时，阴七局，甲午旬，天辅星值符，杜门为值使。

玄武 惊门戊 天柱星辛	白虎 开门己 天心星丙	六合 休门丁 天蓬星癸
九地 庚死门癸 天芮星壬	庚	太阴 生门乙 天任星戊
九天 景门丙 天英星乙	直符 杜门辛 天辅星丁	螣蛇 伤门壬 天冲星己

五假：

"假"在奇门遁甲里即隐瞒自己的真实企图，借助各种条件来实现自己的目的的意思。五假根据代表不同性质的八门配上奇仪和八神，形成了天假、地假、神假、物假、人假五个格局。三诈五假的格局里"三诈"优于"五假"，五假也是利于策划、设计谋的有利武器，但是在此要特别注意，五假也最忌墓迫，如天干癸落坤二宫为入墓，落巽四宫为击刑。

天假：九天加三奇加景门。

作用：宜竞争诉讼、签订合同、建议、誓师、合作、求官献策。下图灰色的框内是天假的示意图。

2009年05月30日19时25分

己丑年己巳月乙亥日丙戌时，阳八局，甲申旬，天蓬星值符，休门为值使。

白虎 生门己 天英星癸	玄武 丁伤门辛 天芮星己	九地 杜门乙 天柱星辛
六合 休门癸 天辅星壬	丁	九天 景门丙 天心星乙
太阴 开门壬 天冲星戊	螣蛇 惊门戊 天任星庚	直符 死门庚 天蓬星丙

地假： 太阴、六合、九地加丁、己、癸加杜门。

作用： 宜潜藏埋伏、躲灾、谋探私事。下图灰色的框内是地假的示意图。

2008年06月03日08时25分

戊子年丁巳月甲戌日戊辰时，阳八局，甲子旬，天任星值符，生门值使。

太阴 伤门癸 天辅星癸	六合 杜门己 天英星己	白虎 丁景门辛 天芮星辛
螣蛇 生门壬 天冲星壬	丁	玄武 死门乙 天柱星乙
直符 休门戊 天任星戊	九天 开门庚 天蓬星庚	九地 惊门丙 天心星丙

神假：九地加丁、己、癸加死门。

作用：利埋葬、捕捉、伏藏。下图灰色的框内是神假的示意图。

2009年03月23日17时48分

己丑年丁卯月丁卯日己酉时，阳三局，甲辰旬，天柱星值符，惊门值使。

直符 开门壬 天柱星己	腾蛇 休门辛 天心星丁	太阴 生门丙 天蓬星乙
九天 庚惊门乙 天芮星戊	庚	六合 伤门癸 天任星壬
九地 死门丁 天英星癸	玄武 景门己 天辅星丙	白虎 杜门戊 天冲星辛

注：五假忌墓破，现八宫的神假格局丁奇即是入墓，表示求测人不吉。

物假： 六合、九地加丁、己、癸加伤门。

作用： 宜埋藏、索取、捕捉、交易、伏藏。下图灰色的框内是物假的示意图。

2008年07月08日10时10分

戊子年己未月己酉日己巳时，阴八局，甲子旬，天任星值符，生门值使。

六合 伤门己 天柱星壬	太阴 杜门庚 天心星乙	螣蛇 景门丙 天蓬星丁
白虎 辛生门丁 天芮星癸	辛	直符 死门戊 天任星己
玄武 休门乙 天英星戊	九地 开门壬 天辅星丙	九天 惊门癸 天冲星庚

人假： 九天加壬加惊门。

作用： 宜捕捉逃亡之人。下图灰色的框内是人假的示意图。

1983年02月20日09时12分

癸亥年甲寅月己卯日己巳时，阳九局，甲子旬，天英星值符，景门为值使。

六合 伤门丁 天心星壬	白虎 杜门己 天蓬星戊	玄武 景门乙 天任星庚
太阴 生门丙 天柱星辛	癸	九地 死门辛 天冲星丙
螣蛇 癸休门庚 天芮星乙	直符 开门戊 天英星己	九天 惊门壬 天辅星丁

格局除上述内容外，在博弈中还常使用下列的一些格局，参考《玄机赋》，部分内容通俗解读如下：

凡有矛盾的地方就有博弈，奇门遁甲是博弈的最好武器。古代《玄机赋》中讲，凡博弈先分主客，守者为主，攻者为客，主客选择要视格局而定，从格局上先选择主客的安危，而后再定策略。八神分吉凶，八门看生克，天干占因素，宫分五行，生克决定胜负。

经过实践，我认为《玄机赋》是一部古代用于军事战争中的著作。而在当今和平年代，它是博弈的一种格局，在博弈中仍能起到重要作用，之所以选择此著作编入此书，是因为此著作有研究、参考价值，至于是否其作用真有那么大？还需请大家实践认可。

4. 八神作用

直符旺不可击。直符的旺——指值符所落之宫旺。博弈选择方向不可击旺的值符方向，如果值符休囚胜败各半。坐值符宫方向击对冲宫可大胜。星门伏吟或值符飞宫（戊加庚）利主方，用奇门遁甲指导时应慎重选择方向，本人在部队曾当过侦察排长，选择突破位置非常重要，不管你信不信，实践是检验真理的唯一标准。

螣蛇（符号）为虚耗之神，即使有吉门吉星吉格也只能半胜。

太阴是谋划之神，对方临之，我方应固守为宜。若我方临太阴，利于策划对敌。

六合利谈判和解，我方临之，应以和谈为主。对方临之，我应乘势进攻。若时干乘六合生日干，为对方在与我方博弈时想求和，应接纳，但不可重用。若时干乘六合克日干，主对手众多，我方应视奇门格局而采取策略。

白虎为凶悍之神，若我方临之，则应乘势进攻，若拖延则败。若对方乘之，应及时和谈，若不和谈，必成大祸。

玄武是暧昧、奸盗之神，也是走后门、投机的代表符号。对方临之为不讲道理，不遵守法律道德和游戏规则。我方临之欠缺道理，进退应视所测事情性质、格局、门、星所定。

九地为阴晦之神，讲韬略，利待机而动或慢。时干临之，我方不可轻易采取进攻策略。日干临之只可待机而动。

九天为扬兵之神，用神旺相利进攻，衰则好高骛远，判断事情吉凶与实际情况不符，以格局及门星定攻防策略。

5. 八门乘八神

（1）开门乘八神

开门乘值符：博弈分主客，若主方带三奇可开拓市场，无奇则不利进取。若做客方则不利。

开门乘螣蛇：主客均不利。

开门乘太阴：利进不利退，利客不利主。

开门乘六合：开拓市场宜用奇计，若有人出谋划策应重用。为主应防副手争权夺位，不宜进取。市场风云变幻，为客难以把握，只可守成，不可开拓新市场。

开门乘白虎：宜缓不宜速。主方做事均利；客方有朋友帮忙出谋划策，主方宜防之。

开门乘玄武：不利进取。得能人当委以重任。主方不利，客方不宜进取。

开门乘九地：利退不利进。

开门乘九天：利往西北方开拓进取。主管处事应冷静，勿盲干，客方不宜和对手争夺市场。

(2) 休门乘八神

休门乘值符：防止西南方的伏兵和诡计。

休门乘螣蛇：开拓进取需有经验的人为主管。主方宜对员工进行培训，而后利开拓市场。客方若无天英星则不利。

休门乘太阴：利守不利战。

休门乘六合：主方不利谋为，只利坚守。客方有人助。

休门乘白虎：如果随意开拓市场则宜中竞争对手之计，宜谨慎行事；如果有勇谋兼备的员工强烈要求则应允。利客不利主。

休门乘玄武：主方宜守不宜进，得三奇可以开拓进取，但成效不大。客方不可急功近利。

休门乘九地：利从西北方进取，否则有险阻。主方有升职之喜，客方与时俱进，发展现代化，有高科技，主方应防之。

休门乘九天：有虎马年生人跳槽来我方不可信之。主方宜至外省、市任职、开拓市场，有升迁或嘉奖之喜。客方不利，得三奇则无碍。

(3) 生门乘八神

生门乘值符：做事利南方，不利西北方。

生门乘螣蛇：利客不利主，宜从西北方攻之。

生门乘太阴：防小人谗言。宜退不宜进。

生门乘六合：利西南方。利主不利客，主方可进可退，利策划。客方员工不培训，善使阴谋诡计，主方可以用计谋攻破。

生门乘白虎：进取有险阻，可选东方打开突破口。不宜用他人之计。主方宜事前重谋划，不可盲目行事。客方宜防竞争对手在东南方抢占已方原材料市场。

生门乘玄武：做事多听取别人的建议，均有益。为主有利，为客则内部有矛盾。

生门乘九地，霖霪久不停。大水瀑淹军营兵。军发宜进退休轻，朝颁恩诏显光荣。主人震怒量非宏，客得坤人助我赢。捕捉近在问津。

生门乘九天：须迎难而上。主方不宜进取，宜副手坐镇公司。客方得其他企业相助，商战胜。

(4) 伤门乘八神

伤门乘值符：做事遇困难时应当速战速决。若有出卖产品，物资，公司，工厂者，利我方收购。

伤门乘螣蛇：利客不利主。主方有奇则无碍。

伤门乘太阴：领导想退，但下级不退，为客先喜后悲。

伤门乘六合：利西北方，主方应防火灾，应在卯戌日。客方众叛亲离，应加强团队精神。

伤门乘白虎：可抢占竞争对手市场。有从竞争对手公司跳槽过来之人应聘用。主方宜制定严明的赏罚制度。客方争强好胜，谋事难成。

伤门乘玄武：

1. 做事：防埋伏，不可轻进。若有对手消息，多准确。
2. 为主：子午日需防突发事件。
3. 为客：利涉大川，不利山谷。
4. 破案：贼人久去，不可捉。

伤门乘九地：做事宜守，利退不利进。

伤门乘九天：进取虽遇困难，但六月可渡过难关。主方进退皆利，客方有能人相助，不可与之抗衡。

(5) 杜门乘八神

杜门乘值符：主客不利，宜和解。

杜门乘螣蛇：利主不利客。为主得天英星则利，反之只可以守成。

杜门乘太阴：不利西南方，利东北方，有奇则有利。

杜门乘六合：做事虽有困难，但可成。做事方位应出天方，伏地方。客方不利。

杜门乘白虎：遇事有困难则不宜轻进。利主不利客，宜守不宜进，客方也可以小扰大。

杜门乘玄武：

1. 做事：谨防埋伏。
2. 为主：慎重策划，必成伟功。
3. 为客：谨防火灾、凶灾。
4. 破案：贼人逃逸外地，躲藏较深，不利捕捉。

杜门乘九地：主方防凶灾，客方利西方，不利东南方。

杜门乘九天：主方虽迟疑，但进取有利，客方诸事遂意。

(6) 景门乘八神

景门乘值符：利主不利客，需防小人。

景门乘螣蛇：为主得三奇则无灾，为客不利。

景门乘太阴：天候主风雷多雨少。慎防敌军火药伏埋、防火患。平洋地面实堪忧。克应：有三人同行来，心怀不轨，疑为奸细，需防备。主将利征西北方、不利东南方。敌军将有水厄，守宜不可动。捕捉：难获、由西北方逃逸。

景门乘六合：防西北方员工散布负面信息。利我方开拓市场，不利对方。为主防工伤事故，为客虽天时不顺，但员工团结，归属感强。

景门乘白虎：防对手施计暗算，做事则宜往北方。谨防身边小人。主方不思进取，部属需对其激将，方可进。客方亥、子、丑日进取有利。

景门乘玄武：利进取，无困难。利广开言路，得策则行。主方防疾病。

景门乘九地：主方求谋顺遂，有大功。客方为外商，得胜。

景门乘九天：利往南方开拓进取，不利东北方。主方有功且得褒奖，客方利进取，管理公司宜赏罚严明。

（7）死门乘八神

死门乘值符：如果谈判、进取则不利。只利小规模的活动，获小不获大。

死门乘螣蛇：利主不利客。逢天蓬星得人才。

死门乘太阴：主天时本日有雨，来日晴，有西风方晴。出兵则城西南有伏兵，可守不可攻，必候奇到方可破。有高才人可合诸侯连说客，但不可使敌人。主将利西南，不利东北方。客将有三日大利，两日不利，可于坎宫徐击之胜。捕捉则本人在东方进饭后即行，宜速图之可获。

死门乘六合：做事途中困难重重，他人议论不可取，虽有争斗，仍可成功。

死门乘白虎：竞争对手给自己制造困难，可迎难而上，对敌可胜。实施中的计划，不可中途更改。主方在丑未日需防己方市场被竞争对手占取；客方利做事，但不利争夺竞争对手市场。

死门乘玄武：可向西南方小规模进取。招聘人才，需分清谁为献策，谁为图利。主方利开拓，但要防产品供应链出现问题。客方用美人计不成，无大碍。

死门乘九地：困难当头，若宫中有奇，则有人来相助。为主想战也力不从心，宜反主为客，先发制人。

死门乘九天：须防公司中有小人排挤贤人。主方有奇方可进取。

(8) 惊门乘八神

惊门乘值符：利主不利客。主方得天英星吉，客方得奇则无碍。利市场调研及探听对手情况。

惊门乘螣蛇：为主则利用副手，逢天冲星可以进取。为客贪财好利，可以对其进行财利应对。

惊门乘太阴：利我方，不利对方。收购、应聘等有名无实。

惊门乘六合：部属献收购、兼并、撬行、抄后路的策略，可以实施。为主防有小人谋害；为客有进取之志，主方应防备。

惊门乘白虎：利主不利客，为主则得利，且不必大动干戈。

惊门乘玄武：前途困难重重，不利进取。利主不利客。

惊门乘九地：利破釜沉舟，背水一战，可胜，反之难胜。主方攻守皆利，客方多疑，举棋不定，不敢进取，若得三奇及阴则进取可胜。

惊门乘九天：做事居安思危，不可轻进，有朋友相助，日后将有褒奖。

(六) 判断原则

1. 主客论

奇门遁甲尤为重视主客，守为主，攻为客。运筹时应该是主动进攻还是待机而动，是先发制人还是后发制人，这就是为主还是为客的问题。用

奇门遁甲指导时应先在奇门局上分清分主客关系，明辨奇门局上是主能取胜还是客能取胜，再去运用奇门遁甲制定战略战术，不明辨主客，就无法选择战略战术，做事必败。

古人在《奇门遁甲秘笈大全》中对主客关系有精辟的论述。太公曰："凡主客动静不定，变化莫测，故主客不定之象，或以先动为客，后动为主，或以动为客，静为主，或以先声为客，或以天盘为客，地盘为主，诸事总有用诀。成败胜负皆贵乎主以宾之紧要也。如出兵动众，以我为客，至彼地为主，或贼巢及贼所侵之城郭为主，或以阳为客，阴为主，或反客为主反主为客。若选将求贤，招兵买马，干谒访友之类，是我为客，彼他彼人为主。如有人来求我，或通知我，而我未知，是彼为客，我为主。如在对阵，或不在此对敌，再又分主客也。或此时交锋，若利客，宜先耀武扬威，放炮呐喊；若利主，惟宜偃旗息鼓，禁声而敌，埋伏取胜。

凡发兵须看贼巢远近，如发兵时交战，或不同时交锋，不可以先动为客。待临敌取主客，到时而用之可也。如此时主客不利，只宜固守。倘若急迫，或被围困，宜以计胜，或运筹闭六戊，或乘天马等类亦可。如国事，都省府县乡事，家宅官讼，坟茔，求谋名利，婚姻，行人，失脱，逃走，捕捉，即以地盘为主人，天盘为客人事。是多不能细述。大凡天盘诸星生合地盘为上，地盘生合天盘次之。如客生主为称意美满，进益多端；主生客为耗散迟延；主客比和，行藏皆遂；主克客及半实半虚，自败，虚花事为不果；客克主则战败无成，求吉格凶。故善用奇门者，先分主客，然后再明占法。如此时利主，我即为主，比时利客，我即为客。或以进为客，不进为主，在我心——不可执一。为客为主，任我可也。"

当今社会力主和谐，凡事追求双方受益的最佳效果。不管人际、家庭、团体、自然界，很多情况下，事物双方关系不一定必须是此消彼长、你死我活的格局。每战必胜不一定是最佳方案，"不战而屈人之兵"为上策，耗费大量财力、人力战胜对手是中策，两败俱伤是下策。所以，如何既维护自身利益，达到既定目标，又兼顾对方利益和长远的合作与发展，找到二者最佳的切合点，有竞有合方为上策。从这个层面上看，古人的主客论在现代仍具有深远的指导意义，关于主客论的原则，我们应认真理解，全面考虑，灵活应用。

按照上述原则处事前应先把主客区分开来，区分主客大体把握下面几条：

先动为客，后动为主。

行动为客，静守为主。

先声为客，后声为主。

天盘为客，地盘为主。

在区分主客关系之后，再依据格局判断此次行动利主还是利客。若格局显示利主则选择为主的策略做事，若利客则选择为客的策略做事，是进还是退、为主还是为客任你选择。

在奇门格局上，天盘和地盘的奇仪一般是以五行生克的原理来确定的，天盘奇仪克地盘奇仪或地盘奇仪生天盘奇仪利客。如：癸加丙、丙加乙；地盘奇仪克天盘奇仪或天盘奇仪生地盘奇仪则利主，如壬加己、己加庚。但有一些特定的格局不一定依据奇仪的五行生克原理来确定。如庚加丙这一常用的格局，按五行生克原理，地盘丙火克天盘庚金，应利主方，但却利客；而丙加庚，天盘丙火克地盘庚金应利客方，但却利主方。这是古人长年总结的经验，我们在实践中应认真研读格局的论述和含义，仔细推敲后再去运用，万万不可轻易下断语，造成决策错误，从而导致失败。在八神中九天利客，九地利主，在八门中伤门利客，休门利主，九星中天冲星利客，天辅星利主，在格局中庚加丙利客，丙加庚利主等。

在八门、九星天地盘生克关系上，地盘宫生天盘星门者则利客，地盘宫克天盘星门者则利主；若天盘星、门克地盘宫者利客，天盘星、门生地盘宫者利主。天盘星、门与地盘宫比和主客皆有利。

在奇门局上分清了主客的胜败关系后，即可确定为主有利还是为客有利。如奇门局中显示有利主方，就应该选择为主的战略战术去进行活动，显示有利于客方，就应该选择为客的战略战术去进行活动，为客为主任我选用。

在选主客时，应首重八门，次重奇仪，再看八神。

奇门遁甲格局中八门、九星、九宫、八神、三奇六仪在一定的时空下相互搭配形成的固定格局，反映了事物发展的规律和必然结果，根据这些格局的含义可以在行动中采取趋吉避凶的战略战术。如：

反吟利客，遇事应先行动、先发制人，主进攻，宜乱中取胜，也主反复；

伏吟利主，遇事应后行动、后发制人，主不动，主待机而动，也主迟慢。

2. 定应期

确定具体时间，在预测中叫做定应期，它的基本原则有两点，一是断大的态势，二是断具体应期。

大的态势：

（1）伏吟主慢，八门九星伏吟时应期时间较长。

（2）反吟主快，八门九星反吟时应期时间较短。

（3）日干、时干均落内盘时间较快，一内一外较慢，均在外盘更慢。

（4）九天主快，用神上乘九天时间较快。

（5）九地主慢，用神上乘九地时间较慢。

具体应期：

（1）用神逢空亡，遇冲实、填实之时为应期。如用神落兑宫逢空亡，遇酉年、月、日为填实，逢卯年、月、日为冲实。

（2）时干、值使门落宫数为年月日数。若时干或值使门落坎一宫，坎主一、六数，旺取六数，衰取一数。时间长论年，一年、一年六个月，时间短论月、日。如1天、10天、6天、16天、60天。

（3）合逢冲，冲逢合。用神天干相合，如丁落震三宫与地盘壬相合，逢兑宫年月日当令为冲之时。如（甲午）辛落二宫与地盘（甲子）戊为子午相冲，逢丙年月日为丙辛相合。

（4）用神入墓，冲墓之时。如乙落坤二宫为入未墓，待丑年月日时形成丑未相冲。

（5）马星当令或逢冲之时为应期。用神落宫临马星，如庚落坤二宫临马星或逢马星冲时为应期。

3. 判断方法

奇门遁甲模型是一个符号系统，他不同于西方建立在实证基础上的的分析模式，而是依据时间、空间、数理组成的立体模型综合分析判断的，就好像一间半透明的房子，预测者只要奇门知识掌握得好，有一定的实践经验，就可以从不同的方位看到室内的布局。奇门用神很多，其基本用神就有64个，判断时可以多用神，多角度，依据象数理选择符号去分析模型中的生克关系，以求得正确的判断结果。有初研易者提出，什么时间预测呢？个人测个人，在偶然时间测最准，也可以在最想的时间测也准，最怕一会儿一测，每天都测同一个事肯定不准。还有人讲同样一个事，过几天我再测，格局不一样，结果一样吗？回答是肯定一样的，虽然格局不一样，但结果应是一样的。对所求事情的判断总原则有四条：

（1）分清性质，找准符号

区分性质。用奇门遁甲进行预测首先要区分性质。如测求财，是卖货还是买货，是开店还是投资，再如测房地产生意是买地还是售房，买地价格高还是低，谈判中策略是进攻还是防守策略，找准用神即代表符号就抓住了事物的主要矛盾。预测中一定要弄清所测事情的性质、目的，否则就

取不准符号,实战中不但测不准,可能判断失误,做出错误的决断。有很多初学者刚一看格局中有时干克日干,就觉得头蒙眼花,一头雾水,好像大祸临头,其实不然,时干克日干卖货是极好格局。务必要祥看格局,找出用神,找不对矛盾双方,甚至是多方,必然测错。

(2) 明确状态,知己知彼

竖看用神。一般是看用神双方宫中天盘、地盘、人盘与神盘之间符号的旺衰及生克关系。用神落宫的八门、九星、八神、奇仪及宫的旺衰、吉凶就代表了该用神所代表的事物的吉凶状态。测求财时应先细察日干落宫格局,了解其旺衰,旺则利求财,衰则不利求财;坐开休生吉门宫或相生比和利求财,凶门宫相反;格局好有财,格局凶无财。再看计划、合同、政府、办事机构、上级领导、竞争对手及地理环境等各自宫内的旺衰吉凶状况。若求测人和对自己相助的用神宫旺相、得奇、得吉门、吉星、吉格则吉,反之,对手和对自己不利的用神宫旺相、得奇、得吉门、吉星、吉格则凶。对预测人的影响,应尽力做到知己知彼,才能知进知退,百战不殆。很多人重生克,轻旺衰、轻格局是不能做到知己知彼的,要知道用神符号旺此事不成,以后还有机会成功,若用神符号处衰地成功的几率就会小好多。

(3) 五行生克,断其结果

横看生克。在找准代表符号后,一般就要以宫的五行看求测人与其他符号宫的生克关系即宫与宫的关系,但重大事情则要兼看求测人的年命(出生年的年干)落宫。代表符号为主线,五行生克决断吉凶成败。如日干或年命居震三宫克时干坤二宫时,则求测人伤对方;时干艮八宫生日干乾六宫,是对方来求我,事情易成;日干在兑七宫,时干在乾六宫,二者均属金,则公平相处,公平合理。其他代表符号的关系道理相同。

在生克问题上,有些研究者不太清楚矛盾的关系,我再重申一下生克关系:用神宫与宫、门与所落之宫的生克、九星与落宫的生克,不存在宫中的门、星与另一宫中的门、星的生克关系。如测事情日干与时干为一对矛盾,生克是两宫的五行生克,原则上克者胜,被克者败。测与领导关系,一般是日干代表求测人,值符为直接领导、太岁(当年年干)为领导的领导,关系好坏是宫与宫之间五行的关系。其它雷同。

(4) 环顾全局,决定策略

策略取用。预测结果明确后,我们还要以奇门格局选择正确的策略,指导我们处理事情应采取的措施。奇门遁甲局的九宫不是孤立的,它们是互相联系的,而且是运动的,如房地产:时干代表这个事,日干代表求测人,六合或时干代表群众,丁奇代表手续,戊代表资金,生门代表利润,值符代表直接上级,太岁代表最高领导,值使门代表办事机构等。哪一级有阻力,应分清楚。凡事都要仔细推敲各代表符号的格局,全面环顾九宫局象,权衡各方利弊关系。如日干逢诈格应设计谋取胜;时干逢遁格则应变换做事方法;时干空则有求事不成之可能;日干逢庚加戊格局应换地盘;日干逢休门或丙加庚退一步海阔天空,日干旺相此事暂时不成,以后可成。总之,要用互相联系的思维方法统观全局,依据实际情况,提出切合实际的建议,采取正确的计谋,指导预测人规避风险,运筹帷幄,决胜千里之外。

第三部分 奇门遁甲与三十六计结合实例

第一计 瞒天过海

【原文】备周则意怠，常见则不疑。阴在阳之内，不在阳之对。太阳、太阴。

【解文】防备周密则容易意识懈怠，常常见到则容易不加怀疑；机密之事隐含在光天化日的阳光下，而不被公开。这是因为太阳（公开）与太阴（隐蔽）之间的关系是相反相对的、辩证转化的。此计是言根据阴阳相互转化的原理，公开做的事也可不会被发现，这叫"瞒天过海"。

奇门遁甲和三十六计结合要点：

※奇门遁甲：

1. 格局里日干、时干逢诈假格时可使用，因为，日干代表的是求测人，时干代表的是求测的事，这两个符号遇诈假格有利于使用计谋或变换方法，这个模型反映隐瞒行动企图即"瞒天"，才能顺利"过海"。

2. 日干旺。因为，日干旺相时表明求测人状态好，做事极易成功，使用计谋也易成功。

3. 日、时逢杜门。杜门是保密性好，遇保密性强时，利于'瞒天'隐蔽行动企图。

※三十六计：

瞒天过海，目的是为了"过海"，而使用的手段是"瞒"，就如文中例子一样，我们的目的是拿到此地后获得更大的利润，但是这样就会受到有关部门的干涉，然而如果要是听有关部门的话，我们就很可能会损失利润，甚至遭受成本损失，那怎么办呢？就只能瞒有关部门这个"天"，而瞒的手段就是采取积极配合的态度，用正当的"环保"等手段拖延时间，实为借用有关部门之手到达"过海"获得利润的目的。

【实例】

"瞒天过海"施妙计，购置土地定升值

土地资源总量的有限性和可用量不断减少，而且从长远来看这种趋势不会改变，这是事实。尤其是大城市，随着改革开放的进展，国家城镇化规模的不断推进，人口数量和住房需求的不断增加，土地升值越来越迅速，市内的地价贵如金。

2006年年底，我因事前往某大城市，无意中朋友大华说："我的一位朋友想在市郊买块地，初步意向都谈好了，但他没那么多钱，就想让我买下来，我也不知道买好还是不买好？请杜老师帮忙给把把关。"

我当时正好有奇门格局，就答复他，这块地买了就盈利，要坚决买下来，不管是借钱还是走关系一定把这块地买下来，奇门显示这块地将来升值比较快，升值幅度也大。大华因为没思想准备，有些犹豫。据了解到的一些情况看，这块地附近虽然已修通了高速公路，也有世界五百强中的几个大企业正在建厂,但这块地周边的小企业还没有大开发,配套设施还跟不上,相对来说比较偏僻,略显荒凉。若繁华景象还没形成,买一块荒地放几年能升值吗?我再三阐明奇门遁甲局是客观反映事物发展规律的,今后这块地一定是有发展潜力的。盈利的机会难得,建议坚决买下。

大华听我说地块好,又请教一些朋友,他们也都说买了好。大华说干就干,立即以较便宜的每亩18万的价格,把那块面积为41.5亩的地买了下来,总共花了747万元。办手续时,土地局的工作人员说,这是该市最后一批协议转让的地块,由于大华购地迅速,所以赶上了大好机会。三个月后,近邻的地块就升到了40万元一亩。

购地手续办好后,有关人员催促土地使用权人迅速拿出土地建设实施方案,上报有关部门。大华此时又没了主意,不知是立即建设还是缓建为好。于是又请我用奇门遁甲指导如何办才好。

2007年5月11日上午,大华和我一同到土地现场进行勘测和策划。9点30分,他拿出事先准备好的设计图纸,这是一张木材加工厂的厂房设计图。当时,为买这块地,暂报了一个木材加工项目,准备自己做木材加工的生意。经过一番现场勘测后,我又进行了奇门遁甲策划,提出了以下几点建议:

第一、这块地中途不要卖,卖就亏了,要建厂房。

第二、建厂房后自己不要使用,要出租,出租盈利大,不要自己办公司,更不能搞木材加工业务。

第三、这块地的建设、使用要设计谋运作。具体操作时,要瞒天过海,阳奉阴违,建房过程越慢越好,不能让有关人员知道你的真正意图。有关人员肯定催促尽快施工,你表面上应答应快干,马上开工。当然,说的时候也要有一些具体理由,比如说环保问题、图纸问题,如图纸设计好了大家通不过而正在重新设计、或设计好了正在修改图纸等。实际上只说不动,想法拖延,为的是等将来周边都建设好了,形成气候,地块也就升值了，你具体再上什么项目，目的性就更清楚了。

第四、托关系走后门，让有关人员对你故意拖延施工之事，睁一只眼闭一只眼。

根据我的几条建议，大华立即行动起来。首先找有关部门，说经过市场调研，认为做木业加工噪音大，不环保，也难盈利，想改为投资公司。想先把厂房建好，招租几个外国公司进行产品加工，也没污染，这对当地、对我们的公司都有好处。这块土地我想重新设计，可能耽误一点时间，请你们谅解。政府有关部门觉得大华的理由比较充分，也就同意延迟一段时间动工。

时隔不久，2007年9月，国土资源部发布《关于加大闲置土地处置力度的通知》，提出土地闲置费原则上按出让或划拨土地价款的20%征收。随之而来的，便是全国各地展开的闲置土地整顿活动。由于大华工作到位，所以，不在被整顿之列。

2008年3月底，大华已经与美国和法国各一家公司谈妥租赁事宜，厂房完全按照承租方的需求设计建造，且没有污染。虽然是简易厂房，但租金却很高。按较低租金标准计算，一年收入最少500多万，不到两年就收回投资了，以后是净赚。

2009年2月底，厂房已经封顶，周边也全部建设完成，周边租赁方基本上也是没有污染的外资企业。大华心花怒放，脸上带着喜悦，憧憬着未来的巨大收益和美好生活……

真可谓：地产有风险，策划宜缓建。瞒天拖进度，两年把本还。

奇门遁甲格局：

2007 年 05 月 11 日 09 时 30 分

丁亥年乙巳月乙巳日辛巳时，阳七局，甲戌旬，天任星值符，生门值使。

六合 死门庚 天英星丁	白虎 丙惊门壬 天芮星庚	玄武　空 开门戊 天柱星壬
太阴 景门丁 天辅星癸	丙	九地　空 休门乙 天心星戊
螣蛇 杜门癸 天冲星己	直符 伤门己 天任星辛	九天　马 生门辛 天蓬星乙

分析依据：

1. 为什么说这块地不要卖，而要建厂房？

日干乙为求测人落兑七宫逢空，说明求测人心里没底，举棋不定，时干辛为地块、生门为利润落乾六宫，日、时、生门均比和说明此地有升值的潜力，日干乙上乘九地利囤积货物，在此为不卖地而建厂，等地皮升值。

2. 为什么说建厂后自己不要使用，要出租？

时干辛为求测的事、为修建的厂房，生门也代表房产，辛加乙虎猖狂主家破人亡，临马星主快，故应当把"家"——厂房尽快出租出去。

3. 为什么说建房过程要慢,要阳奉阴违,使用"瞒天过海"之计?

日干乙上乘九地主速度慢,日、时同落外盘也主慢。乙加戊利阴害阳,利搞阴谋诡计,应阳奉阴违,表面按有关部门的要求办,实际要以拖为主。日干宫中乙奇、九地、休门组成重诈格局,逢诈格当设计谋,此计关键在于示假隐真,通过战略伪装,以达到己方的目的,故结合实际应用瞒天过海之计。即通过种种方法拖延时限,隐瞒自己的真实意图,待地块形成商业规模,一来土地会升值,二来利出租厂房。

第二计　围魏救赵

【原文】 共敌不如分敌,敌阳不如敌阴。

【解文】 对付集中的敌人,不如对付分散的敌人。于易理,同类阳爻为友不为敌,阳爻动进不会敌入阳爻位,而是动入阴爻位、转阴为阳、消灭阴敌。阳入阴位、消灭阴爻,是一个爻位一个阴爻地分别进行,不是将众阴爻集中起来一次对付。一个卦时消灭一个阴爻,调动分散敌人力量,分而食之,史上"围魏救赵"是也。

奇门遁甲和三十六计结合要点:

※奇门遁甲:

1. 格局里遇有遁格时一般可使用此计,因为博弈时遇遁格应变换方法,变换阵势才利于取胜,遇事若一味的猛打猛冲或蛮干不讲策略,一条路走到底,俗称"一根筋",必然造成不必要的损失或久战不决。

2. 日干旺,有利使用此计。

3. 要分清年、月、日、时、值符、值使门等的生克关系,才可使用该计谋。日干为求测人,时干为对方,当时干克日干时,不应直接和对手正面交锋,而应去攻击生时干的宫,"围"其老巢,使其不得不回救而化解对我方的威胁。

※三十六计:

围魏救赵计谋,攻打集中而强大的敌人,不如攻打那些分散的敌人;与敌人正面交锋,就不如从侧面打他个措手不及。就是从表面上看来舍近求远的方法,绕开问题的表面现象,从根本上解决问题,达到一击制胜的效果。这里,"围"是手段,"救"是目的。首先分析掌握对手弱点,隐蔽自己企图,待时机成熟,逼其就范、出奇制胜。体现了政治哲学矛盾分析法中的"抓住主要矛盾"的方法论。

【实例】

买地开发陷泥潭,"围魏救赵"过难关

2007年房地产开发公司楚老板和某县供销社商定合伙开发原供销社的20多亩土地,供销社牛总说:"我已经和县里说好了,这块地可以开发经济适用房,土地不用招拍挂,15万一亩就可以拿下来。但你开发这20多亩土地,除了土地款之外,还要给我们供销社350万元的'税后利润'作为报酬。"楚老板这样下来可以比竞拍少出很多钱,于是就答应了,也和牛总签了合同。但在实施阶段,国家进一步加强对国有土地开发机制的监管,国土管理部门对房地产开发获得土地使用权的机制进一步严格,明令供销社的土地必须走招拍挂手续。无奈,楚老板参加了招拍挂竞标,以每亩50万的价格拍得这块土地,原来计划好的15万一亩地也没有弄成。这期间,供销社还有23亩土地,牛总也想独自搞一点儿开发,可是牛总没有房地产开发资质,于是就想借用楚老板的房地产开发资质,楚老板满口答应,并以楚老板公司的名义又拍得了23亩土地。

2010年4月份,楚老板一期开发的四座楼盘封了顶。牛总就向楚老板

索要350万元。楚老板说:"当初说15万一亩,我给你350万,但你没有办成,让我走了招拍挂,每一亩地我就多掏了35万,20多亩地,多出了近800万。你再要350万,显然不合理。"

牛总不依,仗着自己在当地的人脉广厚,是地头蛇,处处给楚老板的开发建设制造障碍,逼着楚老板给钱,并出言不逊:"我不管什么原因,这350万是合同中写着的,你不给我钱,二期工程你就不能动工,再不行我就到法院起诉你。"

楚老板惹不起他,也没什么好办法,于是找我帮忙用奇门遁甲排忧解难。

他说完事情的原委后,我深感同情,于是起局策划。格局里显示,牛总气势很旺也很凶,能克制楚老板,而楚老板却可以克制住土地使用证颁发部门。奇门局上显示土地使用证是假的,颁证部门又和牛总关系相生,这样就形成了牛总打楚老板,而楚老板制不住牛总却可以制住颁证部门,颁证部门又和牛总有紧密关系,私自给他办了假证。只要一打颁证部门,他们就要找牛总,牛总就不敢这么嚣张了,必然撤劲儿,楚老板自然就能解围。实际是这样一条线连接:牛总——楚总——颁证部门——牛总。

于是,根据这一格局,联系"三十六计",我思考了一会儿说:"我出的主意不一定正确,你可以参考,来个'围魏救赵'。具体办法是这样的:牛总逼着你要350万,你现在没钱,有钱也不应该给。你不用跟牛总硬拼,可以去进攻颁证部门,找他们的问题。人也不用去,给他们发一个律师函,写明供销社23亩土地是我公司公开竞标竞得的,你们不通过我们,私自给供销社办理了土地开发证件。如果你们不解决,我们将向上级纪检部门反映你们的违纪行为,请你们于十日内给予答复。颁证部门必然考虑到违纪被揭发的严重后果,肯定会私下找牛总协商,劝牛总不要再为难你,这样是不是就能解掉你的围呢?"

楚老板一听说:"牛总逼我350万,我为解围,不直接和牛总对拼,而是攻他的不正当后台，私下给他办证的人必然让他撤劲，好，好！妙计，妙计！不过，我担心对方会真起诉我。"

"不会，对方绝对不会起诉你，局上显示：法院不管。你也不会真去到上级部门告他，'围魏救赵'只是个计谋。"

事后，楚老板按计行事，第二天就给发证处发了律师函。

果然，国土管理局收到律师函后，非常惊恐，他们深知，土地使用权证私自进行过户变更，是严重的违法行为。作为国家机关工作人员，绝对承担不起这种可怕的罪名。于是，急忙将牛总召来臭骂一顿，让他向楚老板示好，协商合作开发供销社的土地。这样一来，楚老板在与牛总的谈判中，形势逆转，由劣势转为优势，协商与牛总合作开发供销社的土地，原来合同中牛总额外索要的350万元的所谓"税后利润"，也在协商中"免去"。

真可谓：横蛮为贪钱，解难靠指点。恍然如大悟，救己围证件。

奇门遁甲格局：

2010年04月18日08时01分

庚寅年庚辰月戊戌日丙辰时，阳五局，甲寅旬，天蓬星值符，休门值使。

螣蛇	太阴	六合
生门辛	伤门丙	杜门乙
天任星乙	天冲星壬	天辅星丁
直符		白虎
休门癸		景门壬
天蓬星丙	戊	天英星庚
马九天空	九地空	玄武
开门己	惊门庚	戊死门丁
天心星辛	天柱星癸	天芮星己

分析依据：

1. 为什么说牛总气势很凶克楚老板？

时干丙牛总落九宫，宫中伤门主不让步，丙为天威。丙壬相冲克主攻击，说明牛总气势很凶，日干戊落六宫，被时干所克，说明牛总克楚老板。

2. 为什么说楚老板不想给也没有钱给牛总？

资金戊落六宫入墓主没钱，宫中逢死门，说明不想给。

3. 为什么说楚老板制不住牛总但可以制住发证部门？

日干代表楚老板，时干代表牛总，值使休门代表发证部门。时干克日干，日干克值使休门，故楚老板制不住牛总但可以制住发证部门。

4. 为什么说牛总的土地开发手续证件是假的？

丁代表证件落乾六宫，丁处于胎养且上乘玄武，宫中天芮主证件有问题，证件丁下临己，己为阴沟，为不正当，死加戊为伪证，故说明手续证件不合法。

5. 为什么说发证部门和牛总之间关系要好且有问题？

休门代表发证部门在三宫，丙代表牛总在九宫，三宫生九宫，故说明发证部门和牛总之间的关系好。发证部门地盘临丙，丙又代表牛总，九宫中上乘太阴，也说明发证部门在办理证件上和牛总之间存在问题。

6. 为什么说要使用"围魏救赵"之计才能解围？

值使门发证部门生时干牛总，时干牛总克日干楚老板，日干楚老板克发证部门。楚老板不去理会牛总索要350万，而去"攻打"发证部门，发证部门必然劝说牛总不要再去激怒楚老板，故要用"围魏救赵"之计。

7. 为什么说牛总不会真的起诉楚老板，而楚老板也不会真去向上级反映情况？

开门代表法官落八宫逢空亡，说明不会打官司；庚为太岁为上级落坎

一宫空亡，庚空说明太岁不管或是不会向上级反映。

第三计　借刀杀人

【原文】敌已明，友未定，引友杀敌，不自出力，以《损》推演。

【解文】在敌人已经明确，而朋友仍未确定的情况下，应吸引、引导朋友站出来杀敌，不要自己去出力。这是以《周易》损卦（110 001）的爻动数理来推演出的道理，初九、九二爻时回蓄阳爻，已明确六五阴爻为转化对象，利用、引导上九动入六五爻位完成阳爻转化阴爻的任务。这是初九、九二爻时蓄阳借助上九动进之刀杀了六五阴爻之人，故曰"借刀杀人"。

奇门遁甲和三十六计结合要点：

※奇门遁甲：

1. 日干旺。求测人状态好时，才能更好地借助他人力量。

2. 太岁、值符、值使、月干、时干分别代表最高领导、直接上级、具体办事部门或人、同事、下级，这是外部力量，就是"刀"。其中某一方与日干相生或与日干比和时，而这一方又克对方时，说明可借助这一方即外部力量的"刀"去克制对方。

※三十六计：

借刀杀人，意思是说，借人家的刀去杀人。比喻自己不出面，借别人的手去去达到杀敌的目的，此计借刀是关键，自己赤手空拳去杀敌可能会吃大亏，那怎么办呢？去借把刀好了，就犹如文中事例一样，现实问题已经不是我方能够轻易解决的了，因为对方这个敌人不是我方能够轻易对付的，这时候为了解决问题就只好想办法了，借助有关部门"这把刀"成为了轻易解决这个问题的关键所在,"借"成为了运用此计解决问题的重中之重。

【实例】

面对敲诈怎生好?"借刀杀人"速了断

分管设备维护的霍副总经理急匆匆地冲进我的办公室:"厂长把咱们公司通信机房的电给停了,该怎么办啊?现在机房只好启用应急发电设备来保障通信设备的正常运行。要不,你出面找找他们厂长谈谈。"我当时没表态,劝霍总别生气,我再想想办法。运营部经理也担心长期用应急发电设备发电比较危险,害怕通信网络因断电而中断,一天找我好几次,催促我设法解决恢复用电的问题。

原来我联通石家庄分公司租了某厂三层厂房做通讯设备机房,双方签有租赁合同,合同规定双方使用一个变压器,电费每月按用电量结算,再由厂方向电业局统一结算。我公司按时支付每月3万多元的电费,几年来双方的合作一直不错。但天有不测风云,该厂近几年的生产经营迅速下滑,接着是持续亏损,最后连电费也交不起了,每月四万多元的电费从今年1月份就让我公司垫付,该厂的上级驻厂工作组答应新厂长来了就偿还垫付的电费。2000年底新厂长上任后,生产也组织不起来,电费的事根本不提,每月交电费时就把电业局的催款通知单向我们一递,所有的电费含其他租赁户的电费也让我公司垫付,到6月份我公司已垫付30多万,若不垫付就会造成停电。

公司领导班子研究了几次,也没好办法。当时,门前的大街正好改造,有关部门赔偿了该厂50万。我公司想,不能再垫付电费了,并要求厂方结算所欠电费,该厂领导不予理睬——反正我没钱,但你联通公司没电可不行。

6月7日电业局通知该厂，再不交电费9日就停电。我方是通讯公司，当然很着急，与厂方协商：先把以前的电费结清，今后的电费我公司还继续垫付，厂长不答应，我方问是什么理由，厂长说什么理由也没有，老账不还，新账还得垫着。我联通公司拒绝在以前代垫电费没结清的情况下再代垫电费，谈判不欢而散。该厂长于是就停止向我公司的通讯设备供电。

这种事有什么办法，对方依仗工厂处于破产状态，什么也不在乎了，这新来的厂长就是想赖住大户。我方怎么办？我出面能不能及时、有效的解决送电问题？还是以奇门预测指导吧。奇门局上显示如下信息：

1. 对方在电费上的做法是错误的，不合乎道理，而且是一贯性的；
2. 对方太贪，要价太高，我方不会答应对方的条件的；
3. 随着时间推移，会对厂长越来越不利；
4. 我方只是担心而已，不会有大的凶灾事；
5. 只有依靠政府才能管住该厂领导；

谈判也是商战，怎么个布阵？采取什么策略？格局显示：

1. 与对方谈判应采用为主的策略，待机而动，后发制人；
2. 此次谈判我本人不能出面，由同事出面应付；
3. 一面谈判寻求解决问题，另一方面向市政府写出紧急报告，需要依靠政府来管理对方，最终解决问题。

分析完后，我认为，如果让别人出面去谈判，不符合我的处事风格，但局上就是这么显示。又一深思，也对，我分管综合部，厂长心里非常清楚，交纳电费只要我签字，这20万就能给，当然他巴不得我出面呢。我呢，坚决以奇门作指导，就是不出面。"月干逢开门"，派一个不分管付钱的副总去对付，商战中这也是一种常用的策略。

决心下定，我请霍总带综合部经理面见该厂厂长，协商解决确保立即恢复送电和还款事宜。但是厂长依然是我行我素，说我不管你们的网络安全不安全，不拿20万，坚决不送电。

霍总再三讲：电费我们已垫付了好几十万了，再要垫付的话，公司管理制度也不允许，并阐明停电随时会给网络带来的危害，但厂长仍不理睬。无奈，霍总妥协了一步，说："要不先给10万行吗？"几经商讨，厂长总算松了口，答应10万到账就送电。这时霍总觉得这事有点憋气，站起来与厂长告别时，忍不住的说了一句："不过你们这样做实在是没有道理呀！"

这句话可惹急了厂长："没道理？不要啦！送客！"脸也沉下来了，手也不握了，早在门口等着的办事员进来就说："请吧。"把霍总和综合部经理给哄出来了。

霍总回到公司直奔我的办公室，气呼呼地说："杜总，我被厂长轰了出来，谈不成了，道理讲清，好话说尽，就是不给送电，你想别的办法吧。他们是亏损单位，豁出去了，谁也不怕了。"

"谈不成是预料之中的事，后发制人的办法也早已经开展了，只是工作要一步一步的做，要有章有节，而借刀杀人，绝对是最有效的办法。"

综合部经理问："怎么个借刀杀人？"我答："我讲理，他不听，那我只好借助制住他的人制服他了。根据奇门遁甲格局显示，政府可以制服他，那我们就用政府的力量制他，'借刀杀人'是解决问题的最好、最快的办法。"

我把该厂横蛮无理的做法和这种做法很可能造成我公司的通讯设施停电而造成通信网络不安全，以及长久持续下去极有可能造成130移动电话全网瘫痪而影响全市安定团结的情况报告给了市政府副秘书长，市领导随即很严肃地把报告批给了区政府，区政府领导亲自出面处理，第二天就解决了送电问题。

区政府领导事后了解了事情的原委后，感到厂长做事不顾大局，太没水平，没多长时间就把厂长撤了职，调离该厂，让他回原破产单位当工人去了。

实践证明，借政府之"刀"解决停电之事的策略是正确的。

真可谓：厂长没大体，愚顽害自己。依局来借刀，政府来管你。

奇门遁甲格局：

2001年6月11日13时20分

辛巳年甲午月乙巳日癸未时，阳九局，甲戌旬，天蓬星值符，休门值使。

九地 杜门丙 天柱星壬	九天 景门丁 天心星戊	直符 空 死门己 天蓬星庚
玄武 癸伤门庚 天芮星辛	癸	腾蛇 空 惊门乙 天任星丙
白虎 生门戊 天英星乙	六合 休门壬 天辅星己	太阴 马 开门辛 天冲星丁

分析依据：

1. 为什么说对方在电费上的做法是错误的，而且是一贯性的？

时干癸为对方，即厂长，现落震三宫，宫中癸下临辛，辛主错误，又上乘玄武，玄武乃暧昧之神，也主做事无理，玄武与辛同宫则表明该厂长做事经常不合道理。

2. 为什么说对方太贪，要价太高，我方不会答应对方的条件的？

时干癸落三宫为对方，宫中伤门主争斗，天芮主贪婪，宫中又上乘玄武和辛，说明对方太贪财。日干乙奇为我方，落兑七宫属金克时干三宫木，说明我方不会答应对方条件的。

3. 为什么随着时间的推移，会对厂长越来越不利？

时干癸为对方，三宫中有庚，庚也为闹事者，庚加辛为白虎干格，时间久了，必有凶灾受损；再者，开门为政府，落乾六宫，开门克时干和庚宫，对方极有可能遭上级批评或摘掉乌纱帽。

4. 为什么我方只是担心，不会有大的凶灾事？

乙奇为日干落兑七宫，宫中惊门伏吟主担心，上乘螣蛇主诡诈，乙下临丙，丙主天威临奇则吉，七宫正逢空亡，遇空亡凶事不凶。

5. 为什么要使用"借刀杀人"之计？

辛为年干、为太岁，落乾宫，乾为政府，开门也主政府，太岁、开门克时干宫，说明只有政府才能管住该厂领导。故我们必须向政府说明情由，借政府之"刀"制止该厂长的无理行为。

6. 为什么采取两条策略？

（1）我为什么不能出面，而让霍总去对付对方？

该局大局伏吟，在战术上利主不利客，利后发制人，伏吟又主待机而动，付电费是我分管的工作，我如去谈判，就没有退路了，故我不能去。辛为月干为同事霍总，落乾六宫，该宫逢开门，门开了主他应该去；另外，辛加丁也主同意去谈判。但大局伏吟，谁去也解决不了问题，故让霍总去对付一下。

（2）为什么要向上级政府写紧急报告，依靠政府压制对方？

从诉讼的角度讲，值符为原告，落坤二宫逢空亡主不进行法院起诉程序，天乙天芮星为被告落震三宫，开门为政府落乾宫，现开门克被告，说明政府能管住对方。景门为报告落离九宫，上乘九天，克六宫开门政府，说明只要写了报告，政府就会受理，所以要依靠政府处理此事。

第四计　以逸待劳

【原文】困敌之势，不以战，"损刚益柔"。

【解文】"损刚益柔"是《周易》困卦（010 110）象辞，困卦泽上水下，有三阳困陷阴中之象。阳爻解困之道是上体卦之九四爻时回蓄阳力，本卦时已蓄得九五阳爻，将由九五阳爻回蓄上六阴转阳。

故而九四阳爻处"困敌之势，不以战"，不向前入于六三阴爻位，而是"以逸待劳"，等待九五阳爻回蓄上六阴转阳，然后形成上位阳爻推动九五、九四一并动进于前。三阳并进，阳进阴退，虽损失了原有三阳刚，但却益助了三阴柔退现。

奇门遁甲和三十六计结合要点：

※奇门遁甲：

1. 格局里日干旺相即求测人状态好，成功概率高。

2. 遇大局伏吟。因为，伏吟局利主方、利防守方、利消耗对方力量。

3. 遇时干生日干，表明对方生我方，形势对我方有利。

4. 日干宫中逢杜门、上乘螣蛇时，杜门为不主动，螣蛇为虚假，二者结合利待机而动，以逸待劳。

5. 看日干、时干宫中的天、地盘天干，当地盘干克天盘干时为利主，有利于此计。但有些特定格局不一定依据奇仪的五行生克原理来确定。如庚加丙，按五行生克原理，地盘丙火克天盘庚金，应利主方，但却利客；而丙加庚，天盘丙火克地盘庚金应利客方，实际却利主。

6. 若格局利主时，如日干临休门等，也可使用此计。

※三十六计：

指在战争中做好充分准备，养精蓄锐，等疲乏的敌人来犯时给以迎头痛击。使用以逸待劳这种策略时，务必要沉着冷静，把自己和对方的环境、意图、彼此间的实力估计清楚，并随时注意事情的变化。军事上，让自己的军队养精蓄锐，以等候从远方赶来的敌军，以达到消灭敌人的目的，称为"以逸待劳"。总之，能够使对手"劳"而自己"逸"的关键就是能够像实例中一样了解对手的意图和底线，才能从容做到以"逸"制胜的目的。但不能把以逸待劳的"待"字理解为消极被动的等待。

【实例】

竞拍场上忌盲动，"以逸待劳"方取胜

关总经理为确保能成功购买一个即将出售的企业，私下里运作了很长时间。但是按照有关规定，该企业必须通过招投标的方式来出售，18日要公开竞价。为了保证竞价一举成功，关总决定由我以项目经理的身份代表公司出面竞价。

当天一大早，关总请我到他的办公室。他问："今天下午就要开始竞价了，一会儿我们就去送标书，我方准备填报720万元，是对方报的价格高，还是我方高？"

"格局显示：对方是小蛇化龙，本来是小蛇的价格，但他报的却是龙的价格。也就是说对方报的价格高。"我看着奇门格局说。

关总不太相信，带着疑惑的口气问："据我们私下了解，出售方的心理底价最高是800万元，一开始我方就出720万可能是高价格。我们准备一举拿下。对方应该报的价格比我们低。他能报高吗？……你看我们多少钱能买上？"

"局上显示他们报的价高,别麻痹,最终在 1400 万以内能买上。"我说。

关总又问我:"对方心里底价是多少?"

"对方心里底价是 960 万或 1100 万。"

"那么高啊?……这样吧,会场上价格由你决定吧。"显然关总对我是充分信任的。

我说 1400 万,与关总他们估计的价格差距太大,在场的三个人心里都认为我测得不对,但也没反驳我。

我琢磨着奇门局又说:"下午竞价,我们坐会场西边有利。策略应采取'以逸待劳'不能急于打压对方。"

财务科长说:"听你的,你让报多少我就报多少。"

中午,我们吃过饭,立即开车向该企业驶去。

竞拍会由出售方的两个律师和一个审计师主持,区公证处派公证人员来公证。我方参加竞价会的共三人,关总指定我负责现场全权定价,财务部经理负责举牌报价,律师负责竞拍的法律事务。对方也来了三人,据说一个总经理,两个副经理。

竞拍会场设在出让方的大会议室里,会场坐北朝南,U 字形布置。主席台上坐着三个主持人,主席台东侧坐着公证处的两位公证员,我们选择了西方的位置。我们的竞争对手坐在我们的下方即会议室西南方位置,出让方的员工坐满了会场。

竞拍就要开始了,大家都停止了走动和说话,会场里就静悄悄地了,没一点声音,气氛显得有点紧张。

13 点 30 分竞拍准时开始。出售方律师主持会议,宣布由我们两家公司参加竞标,竞标方均向公证处交了一百万保证金,竞拍开始后,竞价方须在三分钟内报出价格。13 点 32 分主持人打开密封的信封开标,标书上我方报价 720 万,对方报价 850 万,对手标书报价比我方报高了 130 万。

三分钟报价开始，我方在两分半时报出第一个价格855万，对方紧接着报了865万。我故意控制着节奏，每次都是在两分半左右才让财务部经理举牌报价，在这两分半内会场静悄悄的，没一点声响。竞争是激烈的，你来我往，互不相让。而我则以奇门遁甲指导，不紧不慢，总是报价只高出对方1万至5万。以下是报价一览表：

次数	对方报价（万元）	次数	我方报价（万元）
1	850	2	855
3	865	4	870
5	890	6	895
7	920	8	925
9	926	10	927
11	928	12	929
13	950	14	955
15	958	16	960
17	968	18	970
19	980	20	985
21	995	22	1000
23	1100	24	1105
25	1106	26	1107
27	1108	28	1109
29	1120	30	1150
31	1151	32	1200

当我方报到 1000 万的时候，全场股东给以热烈掌声，我丈二和尚摸不着头脑，为什么响起了掌声？稍一冷静才反应过来，原来是 1000 万大大超出了股东的心理底价，竞价高了，股东们因为高兴才响起了掌声。竞买对手由于心慌意乱，本想报 1010 万，却报成了 1100 万，话刚出口就急忙说："我报错了，我报错了，应该是 1010 万。"

主持人说："报出的数额不能改变！"

我心里明白，对方的心里承受能力最高就是 1100 万左右，不会高出太多。

对方在第 29 轮刚报出 1120 万时，我觉得时机成熟了，突然高出对方 30 万，报出了 1150 万。对方仍不放弃，又报出 1151 万，我立即决定再打他一下，以高出对方 49 万的价格报出 1200 万。对方立即说了"结束"两字，不再报价。

主持人看着表，依次说到："一分钟结束。"

"两分钟计时已到。"

"现在三分钟倒计时读秒。10、9、8、7、6、5、4、3、2、1。我现在宣布，竞价结束，最后报价是 1200 万。本次 XX 公司所报 1200 万为最终报价，竞买成功。请公证处公证员发言。"

公证员庄重的宣布："本次竞拍符合竞拍程序，现场报价均真实有效。XX 公司以 1200 万取得 XXX 厂的股权转让权。"

我心里直纳闷，我测的 1400 万才能买上，怎么 1200 万就结束了？事实是后来在办购买手续的过程中出了点麻烦，关总又加了 200 万。

真可谓：竞价最心焦，以逸去待劳。把握成交价，冲刺时夺标。

奇门遁甲格局：

2006年12月18日08时10分

丙戌年庚子月辛巳日壬辰时，阳一局，甲申旬，天冲星值符，伤门值使。

九地 休门戊 天蓬星辛	九天 空 生门丙 天任星乙	直符 空 伤门庚 天冲星己
玄武 开门癸 天心星庚	壬	螣蛇 杜门辛 天辅星丁
白虎 马 惊门丁 天柱星丙	六合 壬死门己 天芮星戊	太阴 景门乙 天英星癸

分析依据：

1. 为什么说对方投标报价就比我方高？

时干壬为对方落坎一宫处旺相，该宫的符号就代表对方的状态和其投标报价。宫中壬加戊为小蛇化龙格局，即小蛇的价格对方却报成龙的价格，故对方投标报价比我方高。

2. 对方心理承受价是怎么测出来的？

时干壬落坎一宫，下临甲子戊为其心理承受价，因戊为资本、为钱数，坎宫中含有1、6数，因为第一条分析对方投标报价会比我方高，故结合实际而断，对方的心里承受价格应为960万或1100万。

3. 为什么说1400万才能购买上？

天盘甲子戊为最终成交价落巽四宫处旺相，巽四宫含有3、4、5、8

数，结合实际，我方需花 1400 万才能最终买上。

4. 为什么要坐在会场西边？

值使伤门为招标具体负责人落坤二宫，其落宫生乾、兑二宫，若坐在这两宫对竞标有利。乾宫中乙入墓，乙加癸利退不利进；兑宫中辛、丁均旺相，辛加丁利经商、竞争。二者对比，坐兑宫位置即会场西边对竞标更有利。

5. 为什么要采取以逸待劳之计？

（1）日干辛落兑七宫，宫中地盘丁奇克天盘辛，利主不利客。时干壬落坎一宫，宫中地盘戊克天盘壬，也为利主不利客。即我方在此事上不可主动进攻对方，应稳，越拖越好。而对方上乘六合，在博弈时六合代表的是和解、投降。

（2）《玄机赋》里论述：螣蛇会杜门，可以伏兵，利守城，不宜进。即此事利主不利客，我方不可主动进攻，应缓缓而动才有利。

（3）日干宫中逢杜门主保密，天辅星主文雅，文质彬彬，螣蛇主缠绕，故我方应做好保密工作，不能让对方知道我方的心理底价，然后在竞标过程中文质彬彬的缠绕着对方，不紧不慢的报价，最后再看准时机，如蛇一般突然发动进攻，才能取得决定性的胜利。

（4）综上所述，我方应后发制人，采取"以逸待劳"之计方能成功。

第五计　趁火打劫

【原文】敌之害大，就势取利，"刚夬柔也"。

【解文】"刚夬柔也"是《周易》夬卦（111 110）象辞，夬卦上泽下天，有五阳刚决其一阴柔之象。夬卦虽仅乘一阴（敌），但一阴却拖住了五阳动进，其害可大，故而五阳就（顺）其回蓄之势，夬决上六阴转阳而获取全胜,是谓五阳共蓄、"趁火打劫"。

奇门遁甲和三十六计结合要点:

※奇门遁甲:

1. 日干旺相或日干克时干时或日干上乘九天,因为九天主扬兵,主主动。
2. 大局遇反吟局,利乱中取胜。
3. 日干、时干宫中有庚加丙、辛加丁、壬加戊等进攻才能取胜的格局。
4. 日干、时干遇遁格、三诈五假格时。

※三十六计:

趁火打劫,乱中取胜,趁对方有需求、混乱之时,夺取对方的利益,达到我方目的。使用此计,无非包括两种情况好好把握,从而待价而沽取得巨大胜利,一是对方自乱了阵脚,出现了失误;另外一种就是对方有求于自己。虽然趁火打劫不一定是所谓的君子行径,但如果能够向下例子中那样把握好机会,却也能够在困境中为自己争取到更大的优势。

【实例】

痛失地块不足惜,"趁火打劫"得便宜

茶院是一家具有苏州园林风格的清茶馆。初冬的一个夜晚,大约7时多,房地产黄老板约我到该茶院喝茶,我如约而至。在服务人员的亲切引导下,我们信步走进一间名为"淡雅"的茶室。茶室两边的对联是:欲把西湖比西子,从来佳茗似佳人。室内装饰果然淡雅脱俗,屏风前斜插着的一枝含苞微开的腊梅,散发出淡淡纯香。刚落座,黄老板告诉我一会儿他要和一位领导单独在其他房间里谈会儿话,所以过会儿要走开一段时间,我点头表示理解。

　　我们一边品茶,一边聊天。不久,黄老板就走出茶室去会那位领导去了。

　　约九点多,黄老板返回了茶室。落座后就问我道:"我有一块面积为40亩的地块,让给别人行吗?"我让黄老板说说这块地的由来。

　　原来黄老板在某地拟开发两块地,一块地面积40亩,另一块地面积80亩。四年前就开始运作面积为40亩的地块,上级有关部门规划该地块的用途为住宅用地。某村村委会早就想进行城中村改造,经多次洽谈,黄老板已和该村委会签订了合作开发协议,但还没办理国家正式的土地开发手续。在洽谈赔偿的过程中,老百姓和开发商一直是矛盾重重,口舌是非频发。村民想多得赔偿费,黄老板想开发又想少赔偿,一年多的时间总共才拆迁了30多户合20多亩地。2008年9月份,房屋正在拆迁改造中,当地村民怀疑村干部以前在土地出让时有猫腻,一致要求村干部把以前村里的土地收支账目公示,让大家明白村里的收支情况。为此还引发了数百名群众集体向上级部门反映问题的事件,从而使管片干部和个别村干部受到了处分。虽然黄老板与这件事情没什么牵连,但村民围堵道路所造成的影响颇大。事件发生后,城中村改造项目被迫暂时停了下来,这一停就是一年多。期间黄老板又在该地块的附近运作了更大的地块,面积共80亩,也和另一个村签订了合作开发协议。黄老板吸取了上一块地的教训,特地在协议中明确了违约责任,哪方违约哪方就要给对方进行赔偿。

　　开发这两块地能否盈利,未来有否发展?黄老板凭着多年在商海里练就的敏锐眼光,看好这两块地的潜在商机,于是想尽办法,采取跑马圈地的策略,从最关键的村委会着手,先行占住了这两块地。黄老板把地块是占住了,可遇到的困难是:

　　一、自己缺乏启动资金,一时也无法筹到启动资金,因为开发这40亩地也要一大笔资金。

二、这两块地正在纳入政府统一规划，项目规划正处于审批阶段。

黄老板正犯难时，领导也看出他实力小，缺资金。如果不转给别人他一时半会儿也开发不了。但鉴于黄老板已与村委会签了合作开发协议，且协议中还有违约条款，领导也不能强制不让黄老板做此项目，于是就亲自找黄老板，劝其把资金占用大、拟建高层的40亩地让给有实力的房地产开发商去做。

领导跟他谈让出40亩地块的事情以后，他立即找我预测下步该怎么办？但领导和他的谈话内容没告诉我。我依局分析：

1. 领导是按照太岁（上级）意图找你让出地块的，格局显示利卖出，不利自己开发。你让出地块儿有利，从格局上看，你还能得到很大的利润；

2. 想接手地块的一方已找了太岁（上级）领导，太岁和对方意见一致；

3. 你没钱，真让你干你也干不成，领导也不会等你筹到钱再让你干。太岁愿意让你把项目转给他人。

建议：

1. 你应该听从领导的意见，让出地块；

2. 就坡下驴，顺势转出，你还可以得一部分利润；

策略：劝你采用"趁火打劫"的策略，要从两个方向去做：

第一是"打劫"政府的政策。你现在运作的第一块地40亩，第二块地80亩。领导意思让你让出第一块40亩地，但第二块80亩地规划还没批下来，你可以听领导的意见，把40亩地块让给有钱的集团去开发，但要以让地为由，乘机催促领导尽快批准那80亩地的规划，以确保你来做投入80亩的地块。

第二是"打劫"接手的地产商。40亩的开发项目让给他了，就等于把利润让给他了，他必须给一定的利润。若与对方合作开发也行，对方必须先行给你一定的资金，用这部分资金开发80亩地。这样80亩地的启动资金就解决了一部分。在操作时，要采取欲擒故纵的策略，乱中取胜，才能达到趁火打劫的目的。我说的欲擒故纵意思是故意摆出一副不愿让地的态度，要让对方觉得这块地你已经运作了很长时间，并且解决了拆迁中的很多棘手事，而且可获得的利润很大，若现在让出去亏损就太大了。表面上虽这样说，但实际是为了调起对方的胃口，让对方先行付一部分资金，从而使得80亩地有了另一部分资金启动。

黄老板听后说："和你说的一样，刚才领导找我谈的内容主要是，认为我实力小，资金不足，想叫我把40亩地块让出来。你说让出去好，行，那我就按着你的建议办。"

事后的发展与预测基本一致。

真可谓：茶院品香茗，人曲神交融。妙计涤烦恩，打劫退让中。

奇门遁甲格局：

2009年12月07日21时19分

己丑年甲子月丙戌日己亥时，阴七局，甲午旬，天辅星值符，杜门值使。

白虎　空 死门 己 天心星 辛	六合 惊门 丁 天蓬星 丙	太阴 开门 乙 天任星 癸
玄武 景门 戊 天柱星 壬	庚	螣蛇 休门 壬 天冲星 戊
九地 庚 杜门 癸 天芮星 乙	九天 伤门 丙 天英星 丁	直符　马 生门 辛 天辅星 己

· 分析依据:

1. 为什么说利卖出,不利自己开发?

时干己为事体落巽四宫空亡,奇门有时逢空,事不成之说,另甲子戊为资金落三宫为缺资金。现九星反吟显示此事半途而废利卖出,故断资金缺乏,开发不成,卖出好。

2. 为什么说让出60亩地还能得很大的利润?

生门代表利润落乾六宫生日干丙坎一宫,利润生日干必得大利润。

3. 为什么说上级和受让方意见一致?

年干庚为太岁大领导落艮八宫,宫中杜门、庚宫克日干宫主领导不同意求测人开发,也不认识求测人,更不出面,九地主久远。庚宫生值符宫,说明大领导已和现领导沟通,值符宫生日干丙宫,日干丙宫生月干戊宫,也表明,求测人听领导的,要把40亩地块让给同行来开发。

4. 为什么说要采取"趁火打劫"的策略?

(1) 此格局九星反吟,利乱中取胜,趁火打劫。

(2) 日干丙为求测人落坎一宫,宫中并下临丁,有贵人相助,上乘九天主好高骛远,伤门加丙中途损失,日干生时干,但时干空亡,想干干不成。

第六计 声东击西

【原文】敌志乱萃,不虞,坤下兑上之象,利其不自主而取之。

【解文】"坤下兑上"是言《周易》萃(000 110)之卦象,其两阳似草根扎于土下,上阴犹草叶出于地上,萃之卦名取之于此。

九五、九四两阳爻虽有向前杀敌之志,但不能向前动进,因为其身后

有上六阴草作乱拖后腿。然"不虞"、无可忧，这种形势因上六阴爻不能自主命运，而利于九四、九五两阳回蓄而"取之"上六阴转阳。这是欲进于下而取于上，可谓"声东击西"。

奇门遁甲和三十六计结合要点：

※奇门遁甲：

1. 日干旺代表自身旺、状态佳。
2. 日干临杜门便于隐蔽自己的行动。
3. 反吟局利乱中取胜可使用此计。
4. 时干、景门乘螣蛇或落巽四宫时。时干代表该事，景门主战术，螣蛇主变化、主此事要诡诈，事情、战术变化才可取胜。巽四宫为杜门的本宫位，利隐蔽企图。
5. 日干、时干逢遁格、诈假格时也利声东击西。

※三十六计：

声东击西，其本意在于告诉运用此计策的人们一定要学会变通的方法来解决自己所面对的问题，不要只盯着一个方向或者一个问题点不放下，让自己陷入到了这个问题根本没有办法解决的境地里面。德军也是从后方攻破最坚固的马奇诺防线的，犹如上文一样，与其和客户僵持在价格的高低上，不如声东击西把客户的视线转移到产品的性价比上来，从而出现而皆大欢喜的局面。

【实例】

（1）僵持之下转视线，"声东击西"售楼盘

轿车平稳的在高速公路上行使，我和金老板坐在车上，正在从北京返

回石家庄的途中。金老板接着电话。

不一会儿，刚挂掉电话的金老板就对我说，杜总，刚才我公司来个电话，他们说前几天来了一家购楼客户，想要买我公司的大楼，准备买一层，面积2000多平米，对方老总下午要来和我见面。你给看看以下几个方面的问题：

 1. 对方有没有诚意？这事能谈成吗？
 2. 现在楼市价格这么低迷，我现在卖了好不好？
 3. 成交价格是多少？
 4. 下午谈判时我该怎么运作？

金老板是位房地产开发商，目前开发的一个楼盘建筑面积近七万平方米，不巧赶上世界范围内的经济危机，房地产形势也不好，销售状况和价格不容乐观，金老板是进退两难。现在由于整个房地产市场不景气，金老板在资金周转上出现了巨大的压力，现在好不容易有个客户要买一个楼层，当然不能放跑这条大鱼，而且必须要抓住他。

我起了奇门遁甲局，看着局说："对方有诚意，他们已经了解了你公司售楼的状况，有人给他们出主意，让他们出低价购买你们公司的楼盘，不轻易让步。但是从局上看，对方仍有让价的余地，你们在具体的操作过程中必须使用计谋。"

"你价格上准备要多少钱？"我问。

"我想要8000多元一平米。对方给多少？最后成交价是多少？"金老板连答带问。

"你随意报个数字吧。"

因为我常给金老板预测，金老板知道报数是怎么回事，他脱口而出："16"。

"我把16换成空间符号，对方给出的价格应看七宫，你卖不到8000元一平米，对方给出的价格是7000元。"

"你说的对,人家不管你报的价是多少,他就按照现在的市场价买,我公司的销售经理和他们谈了几次,但他们透过来的话只能接受 7000 元一平米,超过 7000 元就不买了。"

金总又问,"你看我卖给他们好不好?价格还能涨点儿不?"看来,金老板对于这笔交易是否能卖到最高价有所疑虑。

"卖了好,要坚决卖出,因为世界经济形势不好,楼市还要跌。从奇门遁甲局上看,成交价和 4 数有关,即 7400 元一平方米,以奇门格局看,最终成交价为 7400 元的可能性最大,你和对方老板谈能长点儿。"我分析道。

"你和买方的心理价格总共差多少?"

"我和买方的价格总体上差 180 万。"

"根据上边的局来看,7000 元你不会卖,7500 元他不买。要是能卖到 7400 元,那就差不了 180 万了,才差几十万元,如果因为这几十万元你压着不卖,你测算一下,你一年贷款的利息也需要几十万,这样算的话你就不如早卖。卖得越晚,你利润越少。"

金总听后马上说:"即使对方不涨价的话,这种形势我也只好卖了。那我们谈判的时候应该如何做才好呢?"

"你派出的谈判人员要唱黑脸,你唱红脸,但记住,千万不要谈崩。和他们谈判的时候要采取具体否定整体的策略,从三十六计角度来说就是要'声东击西'。

'声东'是手段,转移对方注意力,把对方的注意力由价格上转移到综合的性价比上来。让你的谈判人员准备好楼盘的的开发成本内部报表、楼盘品质和价格评估等详实资料作为转移注意力的重要工具,通过这些资料,让他们自己去思考。这样有利于坚定他们的购买信心,因为他们会实实在在的体会到物超所值,从而动摇他们不涨价的决心。当然,你们准备的开发成本资料,要符合建造时的物价情况,要让对方感到你们提供的开发成本是真实的；

'击西'则是目的——在对方感到最优性价比的基础上达到你卖个高价的目的。"

下午，双方谈判开始，金老板这边由金老板和公司的一位副总参加。按事先的策划，谈判时副总先上阵。这位副总很有条理的拿出了事先准备好的该楼盘的开发成本明细表递给对方看。等对方刚看完，这位副总就说："你们要买的这层楼，我们的销售价格是7800元一平米。"对方老总一听急了，坚持说7000元一平米。就这样，谈判暂时陷入僵局。

过了一会，对方的老总答应可以付到7300元/㎡。金总一直没说话，最后冲着对方老总说："这样吧，我们也不要7800了，你也不要坚持7300了，我们就按7500成交吧。"

对方老总笑着发话了："算了，我们也涨一点，你们也落一点，7400成交吧。以后打交道时间长着呢，我们相互之间做个朋友吧。"

谈判最终以7400元/㎡定价，谈判确定于12月5日正式签合同。合同签订后的当日对方先付100万定金，余款一周内付清。

第二天上午双方签订了购房协议，对方当即支付了100万的定金。余款也在规定的时间内付清了。

以奇门遁甲作为商业策划的依据和先导，然后根据奇门格局选用"声东击西"的计策，二者的合理结合，结果使这次的销售谈判非常的成功，这说明奇门遁甲和三十六计的完美结合，达到了 1+1>2 的效果，是将优秀的高级预测科学与优秀的战争计谋巧妙结合运用于当代商战的最新创造。

真可谓：谈判亦商战，易数当导演。成本去声东，迷惑把钱赚。

奇门遁甲格局：

2008年12月04日10时03分

戊子年癸亥月戊寅日丁巳时，阴二局，甲寅旬，天心星为值符，开门为值使。

太阴 丁休门戊 天芮星丙	螣蛇 生门壬 天柱星庚	直符 伤门癸 天心星戊
六合 开门庚 天英星乙	丁	九天 杜门己 天蓬星壬
白虎　空 惊门丙 天辅星辛	玄武 死门乙 天冲星己	九地　马 景门辛 天任星癸

分析依据：

1. 为什么说对方有诚意？

时干丁代表对方落巽四宫旺相，逢太阴吉神、天禽吉星、休门吉门，故对方此次来谈判有诚意，无欺诈行为。时干上乘太阴说明有人在暗地里给他出谋划策。宫中太阴、休门、丁奇组成人遁吉格，逢人遁格利调研，故对方对我方的楼盘销售情况做过调研，了如指掌。丁下临丙，丙为天威，宫中又逢诈格，说明对方在价格上表面不让步，实际是对方的谈判策略，因临休门仍有让步的余地。

2. 为什么大的经济形势不好，楼层应卖出？

值符为大的经济形势，宫中伤门门迫，天盘癸入墓，又逢癸加丁凶格，主大的经济形势不好。戊癸逢合，短时间内不会回暖，楼市还要继续下跌。从卖楼求财来看，值符为卖主，生门为楼盘，生门落离九宫生值符坤二宫卖出有利，故应坚决卖出。从买货卖货角度来分析，日干戊为卖主，时干丁为货物为楼盘，二者同宫比和，应卖出，卖出有利。

3. 为什么要派骨干人员去谈判？让其唱黑脸，自己唱红脸？

值使开门为直接谈判人员落震三宫，上乘六合利谈判，值使与时干丁落宫比和，故可派公司的骨干人员去主谈。开加庚主双方意见有分歧，即应让主谈人员把价格抬得稍高点，但时干丁又代表谈判的事，逢丁加丙格局谨防乐极生悲，故表面上虽把价格抬高但千万不能谈崩。日干戊为求测人落巽四宫旺相，宫中逢休门主在价格上应稍退让，与对方同宫比和也表明能谈成，戊加丙一战成功说明在主谈人员和对方谈得差不多的情况下，求测人再把价格让一让，今天便可最终谈定此事。

4. 为什么最终以7400元/㎡的价格成交？

封总报数为16，用16除以9余数为7，故七宫代表此次对方开出的价格，七宫有2、4、7、9四数，即7000元/㎡，或7400元/㎡，戊为资金落巽四宫，综合判断，最终会以7400元/㎡成交。

5. 为什么说此事要采取"声东击西"的计谋？

声东击西隐蔽的是攻击点，它的关键在于虚张声势，制造假象，转移对方注意力，进一步造成对方的错觉，诱使对方做出错误判断，从而出其不意的一举制胜。该局中时干逢人遁格和真诈格，逢遁格应变换谈判方法，逢诈格应设计谋，结合实际，应采取具体否定整体的策略（隐蔽攻击点），对方的注意力本来只集中在价格上，我方应把他的注意力转移到具体成本价格上来（转移对方注意力），格局中地盘戊为成本，处衰弱主成本低，天盘戊为给出的价格处旺相主出价高，故我方应在成本价上做手脚（制造假象），抬高成本价格（虚张声势），让对方感觉我方获利确实不多（造成对方错觉），才会同意抬高价格（做出错误判断）。

（2）欲成功购买地皮，宜采取"声东击西"

2010年5月，我受邀参加长春首届易经与经济社会发展论坛。与会期间，房地产商董老板请我预测购买地产的事情。

董老板说："我前几年搞房地产，积累了一些资金。我有一个儿子，我拿出一部分资金给他，让他单独成立了一个公司，目的是为了锻炼、发展他。现在有一个事情我有些迷茫，想请教一下杜老师。事情是这样的，最近我儿子的公司想在当地拿下三块地，不知能否成功取得。"

"三块地具体多少亩？"

"三块地一块80亩，一块90亩，还有一块是20亩。"

"80亩的地块你儿子得不到，20亩的地块太小不能形成一个独立的小区，不好管理，唯独90亩的地块对你比较合适。但你儿子的拿地策略不正确，他有点儿好高骛远，必须让他改变策略。"

"年轻人气盛，没受过什么挫折。他是想三块地全拿下来。"

"那是不可能的，还有别人要竞争，而且抬得价格很高。从格局上，必须改变策略，以计谋取胜。在经济运作当中，应该集中有限的财力、物力、人力做一件事，不能分散自己有限的力量，你就是有再多的钱财，也只能在一个时期突出一个重点，开发一块地，集中优势兵力打歼灭战。"

"以什么计谋取胜？"

"格局显示，不改变策略则败。应虚张声势，采用'声东击西'的计谋取胜。因为有多个竞争对手，80亩和90亩这两块地比较好，大家都想取得，所以价格抬得比较高。你可以让你儿子对内对外放风说，这三块地他是志在必得。三块地的保证金都要交，外表的声势比谁的都要大，目的就是要把水搅浑，声东击西，吓唬对手，给对手造成心理压力。若对手真想要地，竞标前他就会找我们，请我们放弃部分地块的竞争，到时我们就可以就坡下驴，还可以得到一部分利润。90亩地块我们一定要拿到，拿到后能盈利。"

"哦，你这样说我就明白了。三块地就拿一块地，其它的只造声势，表面是三块地全要拿，但实际上只拿90亩的。好！回去我就跟我儿子说说。"

实际情况和预测的基本一致，董老板的儿子果然只拿到了90亩的那块地。

真可谓：房地产赚钱，争地也艰难。依计出豪言，击西保重点。

奇门遁甲格局：

2010年05月27日16时31分

庚寅年辛巳月丁丑日戊申时，阳八局，甲辰旬，天冲星值符，伤门值使

太阴 开门己 天英星癸	六合 丁休门辛 天芮星己	白虎 生门乙 天柱星辛
螣蛇空 惊门癸 天辅星壬	丁	玄武 伤门丙 天心星乙
马直符空 死门壬 天冲星戊	九天 景门戊 天任星庚	九地 杜门庚 天蓬星丙

分析依据：

1. 为什么说董老板的儿子好高骛远，须改变竞争策略？

时干戊为该事件也为其小孩落坎一宫处胎地不旺，上乘九天说明小孩

好高骛远。时干与景门同宫，景门为策略，戊下临庚，主改变策略。这和董老板所确认的情况接近。

2. 为什么说三块地只应取面积为90亩的地块？

董老板报的三块地的面积分别是：80亩、90亩、20亩，我则以八宫代表80亩的地块，九宫代表90亩的地块，二宫代表20亩的地块，与日干丁落离九宫、时干戊落坎一宫相比较。

八宫中受日干丁相生，表明董老板想得到此80亩的地块，但该宫中壬加戊为"小蛇化龙"，表明"小蛇"的价格会炒到"龙"的价格，宫中死加壬主讼人自讼自招，是竞价者自己抬高的价格。但该宫空亡，想得却得不到。

九宫中日干丁临禄地旺相，与90亩的地块同宫，必得之势。辛为月干也落九宫，但辛落九宫为病地也为自刑，说明参加竞标也得不到。

二宫代表20亩的地块，宫中有生门，日干丁宫生二宫，但宫中乙奇入墓，地盘辛为同行，乙加辛龙逃走表明地块逃走，综断小公司通过竞争可得到。

上述三块地段，断董老板经过激烈竞标可得到90亩的地块。

3. 为什么说拿了地能盈利？

丁落离九宫处禄地，丁下临己，己也为禄地，日干丁生利润生门，故断拿地后能盈利。

4. 为什么要采用声东击西计谋取胜？

（1）日干丁奇落离九宫，与休门六合构成休诈格，做事遇诈格应设计谋。时干戊加庚临景门也主应换策略取胜。

（2）时干戊落坎宫克日干丁、大局八门反吟主不顺，说明此次拿地不顺，但遇大局反吟应采用虚张声势、乱中取胜之策略，结合实际情况，应采用声东击西之计谋。

5. 为什么别人来协商就可以"就坡下驴"让出部分地块?

(1) 日干丁同辛月干同落离九宫,表明同行也想争得地块。

(2) 时干戊克日干丁,地块克日干,时干宫中戊加庚应让出一部分地块。

(3) 该局八门反吟,应虚张声势、乱中取胜,声东击西。以计谋让出部分竞标地块,获得一部分利润为上策。

第七计 无中生有

【原文】诳也,非诳也,实其所诳也。少阴、太阴、太阳。

【解文】诳者,欺也。既诳又非诳,这本身就是一种诳,其实质还是诳。"少阴",既非纯阴之"太阴",更非纯阳之"太阳",但"少阴"却是由"无"之"太阴"向"有"之"太阳"转化的中间环节。正是:非也是也,是也非也,"无中生有"有还无。

奇门遁甲和三十六计结合要点:

※奇门遁甲:

1. 日、时相生、比和,但不能处于入墓状态,因入墓则无力实施此计。

2. 遇有诈格、假格时利于谋划、使用计策。

3. 日干乘腾蛇表明我方诡诈、时干壬加辛说明对方被人欺瞒。

4. 景门乘腾蛇、玄武、逢空亡、壬加辛、庚加壬等格局,可放出虚假消息,利实施此计。

※三十六计:

无中生有,就是真真假假,虚虚实实,真中有假,假中有真。虚实互变,扰乱对手,使对手造成判断、行动失误。若对手性格多疑,过于谨慎,此计更为奏效。还要抓住对方思想已乱迷惑不解之机,迅速变虚为实,变假为真,变无为有,出其不意地攻击对方,此计策的关键所在就是迷惑对手,使其分不清真假,看不出有无,就达到了像文中避实击虚的目的,既避免了正面的冲突,又得到了自身想要的利益。

【实例】

"无中生有"放烟幕,化解冲突巧为安

"一天损失这么多钱,你给看看到底什么时候才能垒围墙啊?"某市房地产开发商盛总5月初又来找我。

"目前时机不成熟,若强行垒围墙必然激化矛盾,弄不好就和村民打起来了,耐心等待时机吧,大概要到11月份才行。"之后盛总每隔几天都找我预测,我的答复均是暂不能施工,急的盛总吃不下饭睡不着觉。

原来,早在2001年,盛总拟在市郊买几百亩地搞房地产开发,当时问我能否开发商品住宅(见《周易与商战》一书第59例《好事需多磨,成功靠执着》)。我用奇门预测,建议他坚决买下了400多亩地,并指导盛总进行该商品住宅项目的一期和二期开发,让盛总赚了不少钱。该商品住宅项目的第三期工程的所有开发手续也早已办齐了,按计划在2005年年初开工,开工前要先把征地的边沿围起围墙。但村民们看到,原来的废弃砖窑地到了开发商的手里,就变成了抢手的黄金地。于是部分村民就犯了"红眼病",以种种理由阻止该商品住宅项目的第三期工程的围墙施工。盛总曾多次和村民们进行谈判,但村民就是不同意他们施工。乡政府、区政府也曾对村民们做过大量的工作,但收效甚微。

2005年春的一天,盛总在和村民们协商无果的情况下,凭着齐全的征

地手续，下令开始垒围墙。但八百米长的围墙刚垒完，村干部就带着村民们找来门来了。

村民们讲："我们不同意你们圈地，围墙不能垒！"

盛总讲："地是我征的，手续又齐全，你不让我垒围墙又没有理由，我们每天损失几千元，谁负责？你们不同意垒，就到法院告我去吧！"

话不投机半句多，村民们才不去告状呢，一轰而上，就要推倒围墙。开发商和施工队也不是吃素的，争吵很快发展成了斗殴，双方棍棒乱舞，砖头横飞，相互都伤了几个人，伤人了就构成了犯罪。指挥斗殴的村干部和另一名村民被刑事拘留，后被判处有期徒刑三年。村干部被判了刑，使双方之间的矛盾激化了。被判刑的村干部家属组织村民到区、乡政府哭闹，就是不让开发商垒围墙，各级政府一时工作难以做通，也不敢答应开发商施工，只是说把老百姓的思想工作做通了才可以施工。

经多次协商，老百姓还是不同意垒墙，政府也反复明确表态：现在不能施工，若强行施工，发生群殴事件，开发商要负全部责任！

据内部消息，村民们已私下串联，做好了和开发商拼命的准备。有些人说：就是死也不能让开发商垒围墙。看来，只要开发商一垒围墙，肯定会激化矛盾，只有让老百姓懈怠了，才能够成功围墙，不出群殴事件。

有关部门也怕引起斗殴，规定其下属晚上不准关手机，周六、周日不休息，老百姓来问，一致答复：政府绝对不会让开发商施工的！

10月份盛总又让我预测，奇门格局上显示出垒墙的时机已经到了，但垒围墙需要使用计策，不能急于求成，否则欲速则不达。

我的意见是：为了确保施工的顺利进行，应采用"无中生有"的计策，即在各种场合都要造'坚决施工'的势头，而且摆出'马上'要进行施工的架势。一次次的放出口信：明天就开工！让有关部门和村民误以为开发商会立即施工，但故意食言，不断的推延开工时间，使村民们疲于应付。多次喊叫"狼来了"，使村民们的心理产生错觉和疑惑，使他们的斗志由一鼓作气，变成再而衰，衰而竭。

于是，开发商根据我的策划计策，紧锣密鼓的开始了围墙施工前的准备工作。

在一个月的时间里，盛总他们通过向主管部门汇报、与村干部和个别村民进行沟通、给中间人做工作以及张贴公告、送达通知等各种方式表明：明天就要施工！但故意食言不施工。一次次的"无中生有"，老百姓渐渐放松了警惕，认为开发商只是说说而已，因为老百姓没吐口，政府部门没答应，老百姓们认为开发商是后老婆接闺女——干嚷嚷，不敢动真的。

2005年11月10日上午，盛总又把我请到公司，表情有些焦虑的求测三个问题：

1. 800米长的围墙能否垒起来？
2. 如果围墙施工，村民们会不会到现场捣乱？
3. 最终和村民能发生打斗吗？

盛总当时既焦虑又激动接着说："前一段你预测我们可以垒墙了，可我和有关部门多次沟通，他们一再表态：在没有解决开发商和村民的矛盾之前，不准垒围墙！出了事你们要负全部责任！如果这次垒墙，再和老百姓打起来，我就要进去了（进监狱），只要一打起来，我就全完了。杜总，你好好给看看。"

预测需要综合分析，全面考虑。我根据奇门局，预测出相关各方的态度，并提出了我个人的意见，共计10点：

1. 市有关部门的态度：

为了安定大局，领导光说好听话，但不切实际、不解决问题。

2. 区有关部门的态度：

只要老百姓和开发商闹事他们就脱不了干系，但他们又提不出阻止开发商施工的理由，每次表态只好反对立即施工。

3. 乡有关部门和村干部态度：

固执己见，偏向老百姓，由于担心老百姓闹事，一直反对开发商施工。

4. 公安态度：

公安当天不会出动，这也说明垒围墙时不会引发斗殴事件。

5. 老百姓态度：

施工时，老百姓必来寻衅闹事，但在打架的问题上犹豫不决，虽到现场闹事，但不会打起来。

6. 制止老百姓闹事的人态度：

制止老百姓闹事的人是施工队，他们也怕打起来，奇门格局上显示，他们处事得当，不会因他们阻止老百姓闹事而引发斗殴事件。

7. 开发商状况：

不高兴、虚诈、做虚假财产状况汇报。垒围墙应采用进攻之策略，坚持己见，到时换地方幕后指挥施工。

8. 施工不会发生斗殴事件。

9. 虽施工不顺利，但最终围墙能垒起来。

10. 建议策略：

A、此次施工不会发生斗殴，不要听信任何人的阻挡意见，要不失时机，坚决施工。

B、施工前再正式约见政府有关人员和村干部一次，采用"打草惊蛇"的策略，虚张声势，逼迫有关部门出面干涉老百姓无理闹事，谨慎防范。

C、擒贼先擒王，对我们掌握的可能闹事的骨干要做好思想工作，专人负责，施工那天要设法把他们稳在家里，绝不能让他们出来煽动群众闹事。

D、要预备足够多的制止老百姓闹事的安保人员，做好宣传工作。

E、要换地盘在幕后指挥，老总可对外放风说到外地办事去了；施工行动的前一天关闭手机,即使村干部阻止施工也可推卸责任;事前要新办理三个手机号码,施工现场一部,正副总经理各一部,以便施工现场真的发生意外事件时及时指挥。

F、开发商在老百姓的赔偿问题上要额外多出点钱,双方的矛盾最终可以解决。

盛总采纳了我根据奇门遁甲做出的分析意见,开始认真的准备施工工作。

实际情况是:盛总先和政府有关人员谈,但政府有关人员明确表态不能施工。

施工的前几天,公司派人开始对可能闹事的村民骨干份子做工作,反复讲解法律政策,阻止其出面闹事,这一招从垒墙当日的实际情况来看,确实发挥了很大的作用。

垒墙的前一天,盛总又通知了政府有关部门及当地公安,并关闭了自己的手机,开通了新手机号。当然,公司内部就指挥、通信、施工、防暴等各种情况都作了详细的部署。

垒围墙选在了11月15日,为什么选15日?因为12、13日是周六、周日,在市里上班的一些年轻人回到村里,年轻人好激动,也有一些是闹事的骨干份子,必须避开这些人员。14日是周一,老百姓警惕性比较高,也不能动。周二是15日,年轻人都离开村子去上班了,老百姓也疏忽了,这一天,天文上是黄道日,习俗上是吉日,所以就选在这一天施工。

星期二一大早,盛总就在远离现场的市内宾馆开了房间,进行远程指挥。上午9时前施工队伍、制止闹事的人员均按时进入了隐蔽的出发地。9时6分一声令下,制止闹事的人员率先进入围墙地基的外围,紧接着推土机进入现场,开始推平施工场地,依次拉砖车、灰浆车、施工队随之开进现场。800米的围墙分成三段由三个施工队抢垒围墙。

整个上午,施工进展都很顺利,没人来闹事。中午,我也赶到宾馆与远程指挥的盛总会合,盛总坐卧不安的问我:"今天老百姓还闹事吗?"

"闹!"我肯定的答。

"几点来?"

"下午一点至三点。"

我回答完盛总的问话,房间里包括我在内的四个人面无表情,谁都无言,静悄悄的,可见大家的心理压力有多大。

村干部也怕发生聚众闹事,把村里的广播喇叭的电闸关掉了。公安局得到施工消息,也在当地派出所聚集了七十多名警察,时刻准备出警,以防双方发生斗殴。

随后,现场的公司员工电话报告:13时30分村里响了三声"二踢脚"炮响,老百姓聚集到了村委会,不久约七、八十个闹事的老百姓就蜂拥冲出村庄。这时盛总布置在村口第一道防线的20多人,边发宣传单边说:"我们用地是有合法手续的,谁闹事,谁负法律责任",劝阻村民依法行事。村民们根本不予理睬,向刚垒到半截的围墙前奔去,意图很明显:推墙、阻止施工!

第二道防线的人员一看闹事的老百姓突破了第一道防线,知道出击的时刻到了,立即向闹事村民来的方向迎头汇集,这闹事的村民一看这次施工队早有准备,加之之前各级部门的思想工作的影响以及法律的震慑,他们在距施工地前的几十米处停了下来。双方对峙了两小时,老百姓也自感缺理,三三两两的散去,围墙施工也于17时10分完工。二期围墙成功垒起,令人担心的斗殴事件没有发生。

在赔偿问题上,开发商对个别用户多赔偿了一些经济损失,加上各级的不懈工作,僵持半年多的土地纠纷事件平安解决。

真可谓:功能结构定,智慧比孔明。透彻众人心,炉火最纯青!

奇门遁甲格局：

第一个奇门格局：

2005年10月06日16时04分

　　乙酉年乙酉月癸亥日庚申时，阴四局，甲寅旬，天任星值符，生门值使。

太阴 开门丙 天心星戊	螣蛇 休门辛 天蓬星壬	直符 生门癸 天任星庚
六合 惊门丁 天柱星己	 乙	九天 伤门己 天冲星丁
马白虎空 乙死门庚 天芮星癸	玄武　空 景门壬 天英星辛	九地 杜门戊 天辅星丙

分析依据：

1. 为什么说垒围墙的时机已经到了？

　　庚为闹事者落艮八宫逢空，阴遁局八宫为外盘，庚落外盘逢空，虽临马星，只能说明老百姓来闹事但闹事不成，故此时是垒围墙的最佳时机。

2. 为什么采用"无中生有"的计策？

　　无中生有是先反复以假象迷惑对方，故意让对方相信假象，放松警惕后，再以真代假打败对方。奇门格局里景门逢空、临玄武、壬加辛格局，说明要放出可以欺瞒对方的假消息。日干癸入墓主无作为，我方应暂时不行动，只放消息并暗中观察。大局反吟，主此消息要反复释放，让对方以为我方只说不做，放松警惕，反吟利进攻，我方最后再突然袭击，让他们措手不及，故采用"无中生有"之计策。

3. 为什么放假消息的计策可以成功？

放假消息又叫行诈，在奇门格局里，丙为行诈方，庚为敌方，为要阻止我方垒围墙的群众，朱雀（玄武）为消息。丙落宫克庚落宫，行诈可以成功。朱雀（玄武）落坎宫，酉月坎宫旺，主消息传播快而广，故此假消息必然会很快传遍该村及相关部门。

第二个奇门格局：

2005年11月10日09时50分

乙酉年丁亥月戊戌日丁巳时，阴遁六局，甲寅旬，天蓬值符，休门值使。

螣蛇 死门戊 天心星庚	直符 惊门癸 天蓬星丁	九天 开门丙 天任星壬
太阴 景门乙 天柱辛	 己	九地 休门辛 天冲星乙
六合 空 己杜门壬 天星芮丙	白虎 空 伤门丁 天英星癸	玄武 马 生门庚 天辅星戊

分析依据：

1. 市有关部门态度分析：

乙奇为太岁为市有关部门落震三宫，处临官之地旺象，上乘太阴主早已谋划好，景门主策略、方案、主意，宫中有辛主错误，断有关部门为了当地的社会治安稳定，采取压制开发商，停止施工的态度；太岁和日干比合，宫中太阴、景门、天柱、辛说明有关部门早已订出村民不同意就不准施工的意见，所以光说不切实际的好听话。

2. 区有关部门态度分析：

值符为区有关部门领导落离九宫，宫中乘惊门，主担心老百姓闹事，癸加丁主只要老百姓和开发商闹事他们就脱不了关系，大局反吟，与日干相生说明他们提不出阻止开发商的理由，但是每次表态都提出禁止开发商施工。

3. 乡有关部门和村干部态度分析：

直使休门是直接出面管事的部门，代表乡有关部门和村干部，落兑七宫，宫中辛加乙凶格，上乘九地主固执己见，直使门宫克日干宫生时干老百姓丁落宫，说明乡有关部门和村干部偏向老百姓，担心老百姓闹事，坚决反对开发商施工。

4. 公安部门态度分析：

伤门为公安落坎一宫，伤门落坎宫受生旺象主有处理突发事件的准备，但宫中逢空亡主公安不会插手此事，侧面说明垒墙时开发商不会和老百姓打起来。

5. 闹事者的态度分析：

庚为闹事老百姓落乾六宫，上乘玄武主不讲理，庚落内盘，且庚加戊主换地盘，说明必来寻衅。但宫中逢生门吉门、天辅吉星，庚下的戊落乾宫为入墓，主犹豫不决，说明闹事者虽有闹事的想法，但不至于打起来。

6. 制服闹事的人员的态度分析：

九宫天蓬星为制服仇人庚的符号，离火宫克乾金六宫，宫中临惊门及癸加丁，他们也担心和闹事的老百姓打起来，但上乘直符主处事得当，故断不会斗殴。

7. 开发商的态度分析：

戊为开发商落巽四宫，处禄地主旺象。大局反吟应坚决施工垒围墙；戊加庚需防坠入他人计谋，逢死门主不高兴，逢天心星主动脑筋，腾蛇主事情缠绕。综合分析，各级部门人员找开发商做工作，开发商应心中有数和有关部门人员讲开发手续的合法性和自己的损失，要求有关部门出面解决老百姓不让施工的问题。死门加戊做伪财，需要把自己的损失说大一点，不要坠入他人之计，要按照自己的设想去行动，戊加庚施工时要换地盘指挥，上乘腾蛇主声东击西，虚诈行事，景门主电话，宫中乙加辛龙逃走应更改电话号码。

8. 施工不会发生斗殴事件

庚为斗殴方为老百姓，落乾六宫，丙为斗殴的防守方为开发商落坤二宫。现庚、丙二宫相生，故不会发生斗殴事件。

9. 为什么断围墙能垒起来？

时干丁为围墙之事落坎一宫，日干戊为预测人落巽四宫，垒围墙事宫生预测人宫，故断围墙能垒起来。

10. 依据上述综合分析得出以下建议策略：

A、不要听信任何人的阻挡意见坚决施工。

B、在施工行动前要通知政府和执法部门，请有关部门做好处理老百姓闹事的准备。

C、要准备足够的制止老百姓闹事的人员。

D、要换地盘做幕后指挥；要告诉有关人员总经理外出到北京办事去了；施工行动的前一天要关闭手机，新办理三个手机号码，施工现场一部，正副总经理各一部，进行幕后指挥，以防施工现场发生意外。

日干戊加庚主换地盘，宫中临死门，坐死击生不利博弈，应坐生击死，到生门宫去坐阵指挥，现生门落乾六宫主大城市，应换地盘到市内去指挥。

E、最终开发商和老百姓的矛盾能解决。

庚为矛盾的主动方为老百姓，落乾六宫，丙为矛盾的防守方为开发商落坤二宫。庚宫逢生门、戊、乘玄武，说明老白姓想多要钱，丙宫逢天任星主宽容，逢开门主同意，乘九天想尽快解决，丙落宫生庚落宫，说明开发商在老百姓的赔偿问题上额外多出点钱，最终双方的矛盾可以解决。

第八计　暗渡陈仓

【原文】示之以动，利其静而有主，"益动而巽"。

【解文】"益动而巽"，是《周易》益卦（100 011）象辞。"益"者，溢也，言其益卦上九、九五两阳爻由上盈溢而巽下入于六五阴爻位。但两阳之动巽，实为初九底阳回蓄所为，是初九回蓄之"示之以动"；初九蓄阳，自身静而不动，而由上九、九五主动溢巽，正是暗中渡之也。

奇门遁甲和三十六计结合要点：

※奇门遁甲：

1. 日、时相生，但不是处于入墓状态。

2. 时干逢开门落巽四宫（杜门），构成反吟局或临杜门。

3. 逢诈假格有利使计谋，尤其是诈格中的真诈格局，此为"暗"渡陈仓，而太阴正好是利暗中智慧策划。

※三十六计：

暗渡陈仓比喻表面上用明显的行为迷惑对方，暗中却乘人不备而另作他图的策略。暗渡陈仓总是和明修栈道联系在一起，因为不明修栈道就很难达到暗渡陈仓的目的，而其和声东击西或者无中生有最大的区别就在于其所做的每一步看起来都是实招，而不像前两者那样总得有一点是虚招，用虚实来迷惑对方，后者只是用计划的主次，或者难易来迷惑对方，因为即使是修栈道也能够达到最终的目的，只不过相对修栈道，度陈仓更现实而且实现起来更容易。

巧妙"暴露"我军意图，使敌方信以为真，而我方则暗地迂回，乘虚而入，一举破敌。

【实例】

"明修栈道"为拖延，"暗渡陈仓"待时机

2002年，从全国寻呼业的形势来看，各寻呼台的前景都不乐观。按照总部指示精神，在计算成本的基础上，如果条件成熟，可以收购部分地方寻呼台。9月26日，我公司寻呼业务部刘经理向我报告说，他刚得到消息，某大寻呼台因业务下滑，不想再经营下去了，欲出让自己的寻呼用户及其相关设备，并且正在与另一家寻呼台洽谈有关出让事宜。刘经理的意思是想收购这家寻呼台的用户，这样也许可以增加用户和收入。对此，我一时也拿不定主意。因为当前的寻呼市场的形势变幻莫测，一不小心就会赔本赚吆喝，入不敷出。另外，令我不解的是，上半年我曾与该寻呼台表示过收购其用户的意向，条件是：20万用户我方接受，改频费每户18元我方出，对方的设备无偿赠送给我方，该台当时没有答应。怎么刚过半年就不想经营了呢？这其中肯定另有原因。于是我告诉刘经理再进一步摸摸情况，搞清他们的真正目的。另外，每逢遇到这种举棋不定的大事时，我都会用奇门预测一下，为经营决策提供参考。预测结果是这样的：

1. 对方愿意把寻呼用户及其设备无偿转让给我。
2. 其目的是甩掉自己的寻呼包袱，然后在其他方面与我们的竞争对手合作。
3. 我方如果接受该寻呼台，不仅不会盈利，反而会亏损，后患无穷。

根据预测结果，我决定不能与其合作。但是如果明确表态，他们会加速同我们的竞争对手合作。与其这样，不如先拖住对方，"明修栈道，暗渡陈仓"，隐蔽自己的行动企图，当然，表面上要摆出积极合作的姿态，主动出击，反复谈判，拖延时间。

作为一个企业的副总经理，不能把周易预测作为决策的唯一依据。我立即召集有关人员研究此事，大家提出，该台移交寻呼用户的真正目的，一是当前寻呼业不盈利；二是想和我方的竞争对手联手做其它业务。如果我方接受了该台的用户，首先要付出200万元以上的改频费，将来能否收回来成本谁也没把握；其次，用户的寻呼机频点不一、型号杂乱，且生产厂家早已不复存在，改频零件短缺，为用户免费更换新机则成本更高，后果可能还会招来用户的大量投诉；更重要的是，如果该台同我们的竞争对手合作，即使我们收购用户赢利，也弥补不了他们的合作给公司带来的损失。大家的看法和我的预测一致，我当场做出决定：不能接受该寻呼台用户。但是为了防止其和我们的对手顺利合作，我们表面又要做出合作的姿态，积极谈判，牵制对方。谈判是在我的谋划下，由下属具体与对方进行的。

对方说，因他们的业务要转型，才急于脱手。设备价值20万元，还有近20万用户，我方出10万元的转让费即可成交。谈归谈，奇门早设计好路子了，继续谈下去。

几天以后，我方又向对方索要有关资料，表示要对资料进行一下研究，并需要向上级汇报。这些做法实际上只是"明修栈道"，目的是要拖住对方"暗渡陈仓"。同时，我也向上级据实汇报了我的想法以及策略，领导表示支持。于是，我们的假戏继续演了下去。

又过了些时日，我方人员按计划又提出了几方面的问题：如搬迁发射塔的费用、客户BP机改频费用以及改频零件的采购等一系列问题，并且向对方表示，经我方测算，仅客户改频入网费一项就有几百万，费用太大。对方对此表示理解，可以把相关设备等无偿移交给我方。我们"研究"后，又提出 BP 机生产厂家有的已不复存在，改频没零件等，谈判陷于僵持状态。

经过和对方几个月的周旋，转眼到了 12 月份。对方再也拖不下去了，于是主动向我表示，转让寻呼用户一事停止运作，谈判宣告终止。

后来，由于该寻呼台网上的用户不退网，使他们背着包袱难以脱身，只好用提高服务费的办法来逼用户退网，还引来了不少投诉。

最终结果，我方非但没有接受这项赔本生意，而且在相当长的时间里拖住了对方，使我们的竞争对手也难于插手和从中得利。古老的传统文化助了我一臂之力，使我得以正确判断、果断决策！

几年后的市场发展变化情况证明我们的这一决策是正确的。

真可谓：商海多引诱，肉饵藏锋钩。周旋为拖延，同抵两对手。

奇门遁甲格局：

2002 年 9 月 26 日 17 点 30 分

壬午年己酉月丁酉日己酉时，阴七局，甲辰旬，天冲星值符，伤门值使。

白虎 开门戊 天柱星辛	六合 休门己 天心星丙	太阴 生门丁 天蓬星癸
玄武　空 庚惊门癸 天芮星壬	 庚	螣蛇 伤门乙 天任星戊
九地　空 死门丙 天英星乙	九天 景门辛 天辅星丁	直符　马 杜门壬 天冲星己

分析依据：

1. 为什么说对方愿意把寻呼用户和设备转让给我方？

日干、时干为谈判双方，日干丁奇为我方落坤二宫，时干己为某寻呼台落离九宫，时干又代表用户和设备，六合代表众多，现离火生坤土，对方必然想把用户和设备转交给我方。

2. 为什么说其目的是甩寻呼包袱与我的竞争对手合作，且对我方不利？

时干为对方临休门，休门主休息，主退缩，所以断对方不想做寻呼了。但离宫中己为地户又处禄位，且上乘六合断其要寻求其他赚钱路子。月干己为竞争对手与时干同宫，说明某寻呼台要与我方的竞争对手合作，某寻呼台把寻呼用户甩给我，他再去和我的竞争对手合作，对我方肯定不利。

3. 为什么说我方如果接受该台不能盈利反而会亏损，后患无穷？

该局大局反吟，反吟主有宝难留反蚀米，说明接受该台用户是赔本生意。宫中日干丁加癸为"朱雀投江"，加庚为"飞干格"，凡求财皆为凶格，还会产生官司。反吟也主该事半途而废。

4. 为什么采取的策略是：隐蔽自己的行动企图，摆出积极姿态，主动出击，反复谈判，拖住对方，以三十六计中的"明修栈道，暗渡陈仓"行事？

以日干丁为用神，日干坤宫中：丁奇生门共太阴为真诈格，逢诈格应设计谋达到目的，商战中遇到该局，必须设计谋来应对，该局反吟主做事应主动出击，反复来做。故综合判断须施"明修栈道，暗渡陈仓"之计，方对我方有利。

第九计 隔岸观火

【原文】 阳乖序乱，阴以待逆。暴戾恣睢，其势自毙。"顺以动豫，豫顺以动"。

【解文】 "顺以动豫，豫顺以动"，是《周易》豫卦（000 100）彖辞，言其动入九四爻位之阳豫将顺其动进回蓄之道回蓄于上爻位。

阳爻动入九四爻位之后不能直接再次前进，于是阳爻乖张而回，原向前动进之序也乱，而上六阴爻正等待着阳爻逆蓄而来。这对于下体卦之六三阴爻而言，是隔着上下卦体之"岸"，在观看着九四阳爻回蓄上六阴转阳，从而使上体卦形成两阳夹一阴的离火卦象。但若阳爻"暴戾恣睢"、过分回蓄，即九四爻时蓄阳满位以后，则上体卦之三阳便会倚势溢泻而下，使"隔岸观火"之六三阴爻"自毙"而转阳。

奇门遁甲和三十六计结合要点：

※奇门遁甲：

1. 伏吟局利伏藏，遇博弈事策略上不宜出击，只宜伏而不动，利观火。

2. 日干旺说明求测人理直或状态好，时干、月干遇刑、悖格时表明对方将有凶事或处事混乱。

3. 日干克时干、月干表明求测人可以制住对方，日干临休门利于观火。

4. 年干克月干，年干、月干克制时干时宜运用此计谋。

※三十六计：

隔岸观火，比喻见危不救而在一旁看热闹，也比喻见旁人有难却采取旁观的态度。坐观其内部恶变，时机一到而我即坐收其利，一举成功。运用隔岸观火之计关键是沉得住气，不急不躁。实施时不是消极等待、观望，而是要充分掌握竞争对手的矛盾，促进对方内部的分化瓦解，取得成功。

【实例】

人事纠纷出内鬼，"隔岸观火"火自熄

某公司前些年经营不景气，允许工人可以"停薪留职"自谋出路，档案可由公司保管，但同时又规定："停薪留职"必须办理正式手续，不办手续离岗的，一年后视为自动辞职。

一天，某科长着急的求见了我，表情焦急的问："有个小子，拿了一个盖有我们公司公章的，大体内容是可以延迟办理离岗手续的假信函，并且说是我们公司发给他的，公司不可能给他发这个函。可这小子这两天总到我的主管副总办公室，非让副总认可这个函件，然后他好去走下一个程序。"

副总怀疑函件有假，把我叫去，问我函件从哪里发的？我第一眼就认为函件是伪造的，为什么这么说呢？第一、这个函件上写的是2006年4月份发的，但我们的这个函件已在2005年底就被废除了。第二、函件的编号不对，他现在持的函件是六位数编号，实际上我们的函件是四位数编号。第三、我们的函件都是一式两联，他这个函件找不到底联。第四、函件上的字（我看过复印件）写得歪歪扭扭，我们科的人写的字都比这些字强百倍，而且所有函件我们是固定一个人书写，科里哪有写这么次的字的人，一看就是假的，可现在这个人一直缠着我们的主管副总，非让我们的主管副总表态认可，说这个函就是我们科发的，问他是哪个人发给他的？

他不讲,我们说你再闹,我们可要报公安局了,他不怕。你看看这个事情怎么办?"

我起局分析后答复他:"第一、这个证件是真证件,但是过期的。第二,这个人的证件是花3数或8数买来的,比如3000元、8000元、30000元等。第三、函件是您们内部人给他的,是谁?你可以任意报几位数字,我再从格局上来看看是内部人还是外部人干的。"

科长随口就说:"629。"

我讲:"这个人是内部的人员,但不是你们科里的人干的,是其他科里的人干的,持函闹事的人花了钱没办成事才急了,这人心眼挺多,会多次找总经理、逼着总经理认可信函内容,只是闹事,但不愿意报案,他报案会得罪中间介绍人,不报案钱花出去了,心里不平衡,所以就闹。反正他和你公司的内鬼只是一般关系。闹,是给内鬼看的,拿钱不办事,内鬼更怕事闹大了,内鬼最终既得不到钱,还会损坏他的名声。"

她又问:"这个内鬼有什么特点。"

"是个男性,科员,没担任职务,长得比较白,爱说,平时喜欢搞阴谋诡计,和大领导关系还可以。"

她说:"你说的这个内鬼和我们估计的不相上下,我们已经了解了,这个人曾经带着持假证的人,到另外一个科室去办下一道手续的时候,人家不给办,但我们怀疑的内鬼本人不承认认识这个持假证的人。这个证件流出去和我们也有关系,因为是过期没用的证件,放在科里边也没上锁,所以,只要能进到屋里的人都能拿到这个证件。哎——,你看我们报案好吗?"

"不好!这个事我提供一个策略供你们参考:

第一、不妄动,就是不报案,不大张旗鼓搞,声势大了对你和你的直接领导有影响。丢失报废材料与你们保管不善有责任。

第二、让买证人和内鬼去斗。从局上看,持假证的人掏了钱,但没办成事，着急了，对提供假证的人非常不满意。供证的人又没办法，最终办不成事还得把钱退了。让他俩相斗，你在旁边看着，这叫"隔岸观火"，你不用着急，事情自然就解决了，如果你去和他理论或调查，闹得越大你们吃亏越大。

第三、你们单位一方不要上持假证的人的当，他闹、逼你们，目的是让单位出面，承认证件是单位发的。再一个目的，是逼中间人，办不成事赶紧给他退钱，要不闹大了就把内鬼给扯出来了。你不要理睬他，要闹让他俩闹去，最终会退款私了。"

事情果如所测，那持假证的人突然不来了，估计是内部解决了。

真可谓：自己本有短，报案也牵连。测明诸事端，观火在对岸。

奇门遁甲格局：

2009 年 06 月 05 日 20 时 20 分

己丑年己巳月辛巳日戊戌时，阳六局，甲午旬，天英星值符，景门值使。

白虎　空 景门壬 天蓬星丙	玄武 死门庚 天任星辛	九地　马 惊门丁 天冲星癸
六合 杜门戊 天心星丁	乙	九天 开门丙 天辅星己
太阴 伤门己 天柱星庚	螣蛇 乙生门癸 天芮星壬	直符 休门辛 天英星戊

分析依据：

1. 为什么说证件是过期的？

丁奇为证件落坤二宫，下临乙奇，宫中不带螣蛇、玄武等虚假符号，说明此证件为真证件。宫中上乘九地主久远，故该证件为老证件。时干戊也代表证件落震三宫，逢丁奇，亦不带虚假符号，为真证件。上乘六合为多个，逢杜门为阻塞，说明多个方面不能使用，为过期证件。

2. 为什么说这个证件是花3000元买来的？

时干戊下临丁，丁为证件，戊为钱财，断此证是花钱办理的。时干上乘六合，说明有中间人介绍，持证人和提供证件的人不是直接熟悉关系。戊为资金落震三宫处击刑为破财，三宫含3、8数，格局不旺应取小数，故断对方花了3000元办理该证件，也可能是花30000元办理的。

3. 为什么说提供证件的人是内部人员？

求测者报数629，除以9余数为8，八宫则为提供证件之人。八宫为内盘，应是内部人员，宫中含月干己，为相邻科室人员。八宫中不乘值符，为一般工作人员，艮主阳，为男性。八宫为白，长相比较白，逢天柱星主其爱说，上乘太阴为爱搞阴谋诡计。宫中逢太岁己，和大领导关系不错，己入墓，上级领导不清楚此事。

4. 为什么提供证件的人急了？

时干戊为持证人处击刑，说明其急躁。时干克八宫之提供证件人员，持证人对提供的证件不满意，八宫中逢伤门、下临庚处击刑，说明提供证件的人也急了，宫中己入墓，即使着急也无计可施。

5. 为什么我们要采用"隔岸观火"的策略？

该局中时干戊代表持证人处击刑，戊落宫克八宫提供证件人，八宫中地盘庚逢击刑，说明双方已有矛盾，均不开心。日干辛为求测人落乾六宫，逢辛加戊格局表明不可妄动，否则会有倒霉事。临休门主退、静观其

变,故既不认可,也不报案,"隔岸观火",让对方内斗,自行私了。

6. 为什么说最终私了?

景门为诉状落巽四宫逢空,说明不会起诉至法院。景门又为值使管事人员,逢空表明无人管事。八宫为提供证件之人,宫中伤门加己,主财散人死,己加庚又上乘太阴,说明持证人不会放过卖与他证件的人,提供证件人落八宫被对方所克,最终会赔偿对方所付金额私了此事。

第十计　笑里藏刀

【原文】信而安之,阴以图之;备而后动,勿使有变。"刚中柔外"也。

【解文】《周易》兑卦象曰"兑者,说也,刚中而柔外",是指兑卦(110 110)之动爻九五阳刚在中、在内,而上六阴柔之爻在外;兑之为说,是言九五回蓄、劝说上六阴转阳。

九四、九五信守爻动数理而安止不进,上六之阴却在图谋九五阳爻回蓄过来;九五劝说而蓄阳、说笑回蓄之后便备(藏)动进之刀,但刀勿出鞘,否则动进则变,阳进阴退而刀亡也。兑为说,说为笑,阳爻笑而回蓄,蓄而备进,故曰"笑里藏刀"。

奇门遁甲和三十六计结合要点:

※奇门遁甲:

1. 日干、时干逢诈假、遁格宜设此计谋。

2. 日干克时干,求测人可以克制对方。六合为八面玲珑,博弈中只利智取,不宜硬拼,日干或时干上乘六合,且日干克时干落宫时利"笑里藏刀"。

3. 用神逢杜门乘腾蛇等可使用此计。

4. 时干、月干为对手，逢壬加辛格局主被人欺瞒，上乘玄武时主昏头，容易中计。

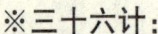

※三十六计：

笑是为了取得对方的信任，稳住敌人，但关键是要刀，刀是指能够妥善解决问题的方法或者措施。为了避免事态扩大化或者问题出现后更严重，就要先把复杂问题简单化，然后在妥善的解决。刀不但是解决问题的关键，而且也是问题的症结所在，上述例子就巧妙的运用了笑里藏刀的精髓。

【实例】

貌似柔弱实则刚，"笑里藏刀"获赔偿

电话声急促地响起来，我拿起手机一看电话是长途。

"杜总，您好，我是湖南的顾某，我这里有个急事，请您赶紧给出出主意。租我楼的某公司太不像话了，他们趁星期天大厦里没人，叫了四十多个人，非要在大厦裙楼上装一个十多米长的标志牌。我的六名保安上去阻拦，他们把保安阻拦在施工场地外。保安队长赶到现场，与他们理论，结果从一米高的台阶上被拽下来打了一顿，保安队长被打伤，下边人急了。现在公司正在召集人员，准备打他们，你看我们的人打他们行不行？"。

根据我以前了解到的情况，该大厦是顾总建设的，大厦的物业归顾总管理。

"装标志牌你同意过没有？"格局上显示顾老板有做事不在理的地方。

"从来没同意他们装过，装标志牌是要收费的，不想拿钱又想占地方，他们趁星期天我们不上班强行安装，太不像话了。"我心里有些纳闷儿，

装标志牌的人这样猖狂？

我一边接着电话一边依手上起的奇门格局劝说："坚决不能打，局上显示，宜伏不宜动，动则祸。不轻举妄动反倒会有意想不到的收获。千万别打，就现实情况来说你想想，大厦是你的，物业是你管理的，在你的大厦里打人，等于是用屎盆子往自己头上扣，你的大厦还有三层没有卖完，打了人名声就不好听了，人家会说这个大厦管理不好，大厦里边有黑势力，谁还敢租你的楼？你的大厦还有二十多家业主，虽然你打他当时出了气，但是影响可就大了，不是十天半月能挽回的。"

"这家公司经常给我们闹事，我这回非把他打服了不行，我就说我不在湖南，我在外地，打了他们我不知情。"顾总执意要打。

"不行不行，不是说你在不在，你还管理着物业公司，你打业主就没理，让其他业主怎么看，你打了人，他们会认为大楼里不安全，谁还敢租你的大楼？打人的后果实际上是倒霉的前奏，千万别打，而且你打伤了人是要负法律责任的。"显然，顾总是气坏了，非理智情绪下做出的决策一般是错误的。

经再三劝导，顾老板情绪平定了，也不再说要打人的事了。

接着，我又给顾总出主意说："凡事要讲智慧，这事他们办的没理，你可以这样做，对方是国有单位，他们爱面子，抓住他这个弱点，当着外人的面出他的丑。给他来个'笑里藏刀'。"

"怎么个笑里藏刀？"顾老板急着问道。

"就是不正面和他斗，针对他们爱面子的弱点，用软刀子来解决这件事情，不断在外人面前出他们的丑，让他们丢面子。具体办法是你让保安队长每天上班在楼道里等着他，只要他办公室一进其他人，保安队长就随后进去，当着外人的面，也不多说，就说：你们打了人，得给我看病，给我报医疗费，我是打工的，也没钱。只是哭丧着脸，不要吵也不要闹，损他，不说标志牌的事，只说看病的事，不正面和他斗。进了办公室，有生人就说话，没生人就别说话，这样就把他制服了，使他以后不敢在标志牌的问题上胡闹。"

第二天老总让保安队长如法炮制，正好该公司各地下属来开会，保安队长趁着人多，找到对方老总说要看病，对方老总说："我现在要开会，没时间说你的事。"

保安队长说："你开会我不干扰，你开会我在外边等着。你们违法还打人，要不解决，我就把老婆孩子都叫来，天天在你办公室门前边坐着。"保安队长不急不躁地说。

老总一看，当着这么多下属，保安队长说打架的事，在下属面前好像丢他人了，面子上过不去，赶紧让副总处理，最后赔偿给保安队长四万元钱了事。

感情用事"理直气粗"不吉，动用智慧"理直气和"有利。

真可谓：报复难省心，反击宜用阴。避实攻软肋，笑里藏利刃。

奇门遁甲格局：

2009 年 04 月 12 日 10 时 40 分

己丑年戊辰月丁亥日乙巳时，阳一局，甲辰旬，天禽星值符，死门值使。

九天 生门乙 天英星辛	直符 壬伤门己 天禽星乙	螣蛇 杜门丁 天柱星己
九地　空 休门辛 天辅星庚	壬	太阴 景门癸 天心星丁
玄武　空 开门庚 天冲星丙	白虎 惊门丙 天任星戊	六合　马 死门戊 天蓬星癸

分析依据：

1. 为什么说坚决不能打人？

时干乙为对方落四宫克求测人二宫丁，首先，打人这件事就对顾总不利；其次，丁落二宫为沐浴状态，宫中丁壬相合，逢合不宜动，动则不利；第三，庚为闹事之人，落内盘，宫中庚加丙为进攻，又逢开门，说明若我方打人，闹事者必来报复。庚落八宫为击刑，上乘玄武，说明闹事者不讲理，且有动手行为。

2. 为什么说顾总有做事不在理的地方？

日干丁壬相合为淫荡之合，且丁下临己，己为地户、为阴沟，均说明顾总有做事不在理的地方，逢杜门主保密，说明顾总没说实话。宫中又上乘腾蛇主变化、心眼小，说明顾总在打人这件事想打对方，这个决定是错误的，必须变化。

3. 为什么要使用"笑里藏刀"计？

奇门局中逢云遁：生门、乙加辛，遇事宜变换策略，应该改变硬碰硬的打人策略。

时干乙奇宫中状态较弱，生门受克，天英星废，地盘辛也在入墓状态，虽克庚宫，但庚宫落艮八宫为空亡，不受乙奇之克，所以，硬打不行，需改变策略，宜"笑里藏刀"。

4. 为什么说不轻举妄动反倒会有意想不到的收获？

时干乙为事体，也为顾总部下，逢生门为得财，说明改变策略会因此而得财。

第十一计　李代桃僵

【原文】势必有损，损阴以益阳。

【解文】《周易》损卦（110 001）是山上泽下，其去向数理为上九阳爻动入六五阴爻位，转其六五阴为阳，同时由于阳进阴退，上九也由阳转阴。上九阳爻居上爻位势必动进入下，这既是阳动而损减阴爻、转其阴为阳，又是阳爻盈溢而下、从上爻位流动到六五爻位。益者，溢也。上九阳爻舍身而作，使得六五阴转阳，可谓"李代桃僵"。"僵"者，仆倒而毙也，喻上九之"李"仆而倒入六五爻位，"毙"而杀身以成仁，换来下卦时九五新阳爻之"桃"。

奇门遁甲和三十六计结合要点：

※奇门遁甲：

1. 逢三诈格可以使计谋，逢五假格可以变战术，变方法，宜实施李代桃僵之计。

2. 时干生日干主事情生我，办事顺利。日干克时干，我方能克制对方，事情也能办成。但日干不能处于入墓状态。

※三十六计：

李代桃僵：用来比喻互相顶替或代人受过。全计的重点就在于一个"代"字，在博弈中，舍车保帅，牺牲局部保全整体；生活中，不要为小利所诱惑，也不要为小害所影响，不能事事寸步不让，应以全局优劣势对比，争取胜利。

【实例】

竞拍中丢卒保车，争地块"李代桃僵"

2007年2月，房地产商邱总请我到他的办公室商量点事，办公室里除了邱总外还有老板的助理孙某，孙助理说他老家是县里的，县城中心有25亩地要拍卖，政府已经挂牌，想去参加竞拍，不知道行不行？邱总请我用奇门来进行指导。

我起好奇门局后分析道：

"先说价格，第一、开始对方报价510元/㎡或560元/㎡，我方报价550元/㎡或600元/㎡，我方的心里底价是600元/㎡。

第二、将有三家房地产公司和我们竞争。

第三、这块地我们买不上，除非变换方法才能成功，奇门上叫'变阵'，变方法就可以用小的代价换大回报，这叫'李代桃僵'，是三十六计中的一计。具体做法是：我们可以和其他三家地产商事先沟通，谁拍到这块地谁就给未拍到地一方的几十万作为补偿，这样只要参加竞拍都可以得利。经销商拿的地价格低了，房价售得低，老百姓也受益。"

孙助理听完，马上对邱总说："这种方法在我们老家叫'吃喜'，也就是一家竞标，三家陪标，事先商量好谁是竞标者，谁是陪标者。陪标者报最低价500元/㎡，谁想买地，谁报510元/㎡，其他的陪标者不再当场向上竞价。这个方法可行，但是有个难点，就是实际买地的必须事先给不买地的那几家一部分现金，这样算下来谁买地谁沾光，不买地的也得到一部分高息，也不吃亏，实际上老百姓也得便宜。"

"对，就是这个意思。变阵就是变换方法，李代桃僵就是以小的损失换取大的利益。"我紧接着说。

邱总说:"买地的几家公司劲头都挺大,能说到一起吗?竞标的给不竞标的多少钱呢?"

孙助理说:"我认为给每家50万,这样可能就有退出的,三家才150万嘛。起拍价是500元/㎡,25亩地合计每平方米加90元就是150万。如果几家竞争起来,肯定比150万要多得多。"

邱总说:"行,试试吧,看看这几家能不能凑到一起。"

邱总和我在竞拍会的头一天到了县里,拍卖会是在第二天下午举行,这期间有足够和其他竞拍人沟通的时间。但其他三家经销商过分的自信,总认为自己有足够的实力能竞拍到这块地,只要拿到地就能赚大钱。经过沟通只有两家同意这种"李代桃僵"的办法,剩下的一家坚决不同意,认为自己实力比其他三家强,就是拼,也要拼个你死我活,最后拿下地块。

竞拍是在县招待所会议室举行的,从500元/㎡开始起拍,10元一次向上叫价,第一家报价510元/㎡,然后三家公司一次次加价,我方到了600元/㎡就不再向上报了。而另三家公司谁也不让谁,继续加价,一直报到1050元/㎡,地价翻了一翻,在一个县城里,这种价格当时就是天价。最后,竞拍方刘总拍得该地块。

竞拍会后,我问拍得地块的刘总:"1050元一平方米,你开发地块后能赚钱吗?"

刘总答:"我拍上了可能不赔不赚,别人拍上了就得赔。"

"为什么?"我问。

"这块地的旁边我还有一块地,我两块合一块,一起开发,还能赚钱。如果别人单拍这一块地,就得赔。"刘总无奈的说,"这块地我必须要,因为我的另一块地只有四十亩也太小,两块地合起来才能形成规模开发。这块地价这么高在县里是不赚钱的。"

"那为什么不按'吃喜'的办法来?"

"咱们这里边有一家死拧头,就是会上最后和我竞争的那家,他太高估自己了，他总认为他能拍上，本来事先想协商一下，协商不成，我也没办法，不争也不行。"

"哎，那人目光太短浅，这么做就是四败俱伤，他自己和其他两家公司没拍上，都白忙活一场；你拍上了，但地价远远高出预期目标，还不知道将来能不能赚回来；羊毛出在羊身上，你竞到的地价高，楼房售价也高，最终倒霉的还是老百姓。假如他当时能够让一让，同意'吃喜'的办法，那现在就会皆大欢喜了。"我感慨道。

后来县里的部门领导也说："我们也不愿意让地价拍太高了，太高的地价是虚价，老百姓买不起，怨气还得发到政府上来。"

真可谓：自负好逞强，李不代桃僵。变换乃智慧，合作是力量。

奇门遁甲格局：

2007年02月13日09时30分

丁亥年壬寅月戊寅日丁巳时，阳二局，甲寅旬，天柱星值符，惊门值使。

太阴 生门乙 天蓬星庚	六合 伤门丁 天任星丙	白虎 杜门己 天冲星戊
螣蛇 休门壬 天心星己	 辛	玄武 景门庚 天辅星癸
直符 空 开门癸 天柱星丁	九天 空 辛惊门戊 天芮星乙	九地 马 死门丙 天英星壬

分析依据:

1. 对方与我方的报价如何分析?

天盘戊代表对方的报价落坎一宫,宫中包含 1、6 数,结合实际而断,对方应报 510 元/㎡ 或 560 元/㎡。地盘戊代表我方的报价落坤二宫,宫中包含 2、5、8、10 数,按理而断,我方报价应为 550 元/㎡ 或 600 元/㎡,我方的心里底价是 600 元/㎡。

2. 为什么说有三家房地产公司和我们竞争?

时干丁代表与我方竞标的房地产公司,现丁落离九宫,上乘六合主有多家公司和我们竞争。月干壬为同行,也是参加竞标的公司,现壬落三宫,应有三家与我竞标的公司。

3. 为什么这块地我们买不上,除非变阵才能成功,可以"李代桃僵",以小的代价换大回报?

日干戊代表我方落坎一宫,宫中辛加乙家败人亡主竞标不利,逢空亡竞标难成。时干主该事,时干丁奇、伤门、六合组成物假格局,逢五假变阵才能成功,如何变阵?时干丁奇为对方处禄地,我方不能实实在在去竞标,应给对方一些好处,采取"吃喜"的办法,即"李代桃僵",给对方一点好处,以小的代价换取竞标成功这个大的胜利,只有这么做我方才能竞标成功。

但时干宫中逢伤门主竞争,互不相让,故竞标方可能有人不同意我方的建议,自以为是,非要拼个你死我活不可。宫中丁加丙乐极生悲主此事想的好,但实施过程中可能半途而废,空忙活一场。

第十二计 顺手牵羊

【原文】微隙在所必乘,微利在所必得。少阴,少阳。

【解文】"隙"喻阴爻,阴爻在阳之上为"乘",谓"少阴(10)";"利"喻阳爻动进所得,阳在阴之上必进,谓"少阳(01)";"微"言"少"。"少阴"之时,阴在上,牵动阳爻回蓄于上;"少阳"之时,阴在下,又引动阳爻动进于下。阴爻牵着阳爻走,可谓"顺手牵羊"。"羊"者,阳也。

奇门遁甲和三十六计结合要点:

※奇门遁甲:

1. 时干或月干处于沐浴状态或上乘玄武或下临辛、己、癸时,这说明对方有"漏洞"。
2. 遇反吟局利于我方乱中取胜,顺手牵羊。
3. 时干或月干生日干,对方顺从我方,宜于我方行动。
4. 时干或月干上乘六合,因六合在博弈时易投降。

※三十六计:

顺手牵羊:比喻趁势将敌手捉住或乘机利用别人。现比喻乘机拿走别人的东西。作为一种计谋,顺手牵羊常常不是等"羊"自动找上门来,而是着意寻找对方的空子,或诱使对方出现漏洞并进一步利用漏洞,从而使自己牵羊时很"顺手"。

【实例】

办医疗和气生财,获收益"顺手牵羊"

刚策划完牛医生交回社区服务站的事,又出来个马医生,也是收回社区服务站的事。

某区医院的院长问:"东山小区的社区医疗服务站是私人办的,一个叫马医生的经营着,现在国家要把服务站纳入编制,我想把东山小区的社区服务站收回来由我们经营,请杜老师给看看,我怎样才能顺利收回来?这事怎么操作才好?"

"第一、你这个医疗许可证还要用原来的证;第二、从格局上看,一个证分两家使用,这个我不太理解,一会儿需要你解释一下;第三、这个马医生开办服务站赚钱很多,也会搞关系;第四、主管领导和上级领导在你收回服务站的问题上,嘴上支持,心里并不支持你,原因是他们有关系;第五、你要是自己办医疗服务站,你办不起来。"我先在纸上写了几条然后说。

我刚说完,院长马上接过话来说道:"医疗许可证是我们发的,我是服务站的法人代表,所以证件不用变更,但是你说一个医疗证分两家使用,可能是这个意思,我和有关领导沟通过,领导说现在国家对服务站要定编,上级让撤一部分站,不同意我办服务站,让我现在和服务站的站长各办一个诊所(诊所比医疗服务站低一个档次),还用一个证就算了。领导说让办诊所,我也没去反对他,我也知道,领导和现任站长有关系。刚才你说我办站办不成是怎么回事?"

"从局上看,对方能够办成医疗站,你办不成。"

"那我应该怎么做?"

"建议你采用三十六计中'顺手牵羊'之计,顺手牵羊就是顺势得利,羊,在古代就代表利益,比如美字就是羊大,羊加大就是美,用这一计就要趁着漏洞顺势拿走别人的东西,或是趁机利用别人。"

"您能再说具体一点吗?"

"你自己办站的目的也是为了盈利,但现在的情况是你若自己办站不能赢利,如果交给对方经营,你反倒能盈利。从局上看,原先的服务站站长比较重财,可以利用他这个弱点,顺势还让他办这个站。这样,服务站不用撤销,对方办站可获利,让他办站,你既可以增加定编名额,又可以收他的管理费，还可以派你的人员到他的服务站去工作，这样就可以双赢，从而达到得利的最终目的。"

"可是我前些日子收站的态度挺硬，给对方谈了，坚决要求把服务站收回来，对方提出给我们合作，我一口回绝了，以后怎么办？"

我明白院长以前说了硬话，再主动去找对方，下不了台，于是我指着奇门局说："对方肯定愿意合作，他是个重利之人，有好处一定不会放过，这正是你的可乘之机。即使你不找他，他还会再来找你。因为他也知道，办诊所短时间内可以，但长期来看，不如办医疗站的效果好，因为站比较大，又是公家的，这块肥肉他是不会轻易让掉的，所以你只要耐心等上一两天就会有结果的。"

"你说的有道理，我也回想起来了，对方还想和我们合作。说实在的，我若用医院的人去开医疗站或诊所，真没骨干，医疗站也办不起来。你今天讲的这一番话我受益匪浅，我来这以前只是想如何把站收回来，根本没想合作的事，现在你一说，哎呀，我得改变主意，还是和为贵，按你的话说就是'顺手牵羊'，顺势得利呗。"

"易经讲的是阴阳，当然你有医疗证你能当家，你为阳，对方承包你的站，归你管，他属阴。但阴阳应相对平衡，差距太大，会产生矛盾，你再让点，他再进点，你俩相对平衡了，就能双赢。"

院长点头称是。

过了三天，院长电话说："哎呀，杜老师你真绝了。第二天对方真找我来了，见面就说好话，直讲：今后要多汇报，服从院的领导，加强服务，还想继续办站。我顺水推舟，答应了他的要求，让他继续办站，我不投入，干收管理费，给社区居民服务比我直接干还好，何乐而不为呢。由于服务站存在，今后人员编制肯定给我定，这是一举两得的事啊！"

真可谓：大智有不明，收回不可行。慧眼求高招，牵羊求共赢。

奇门遁甲格局：

2009年06月02日15时58分

己丑年己巳月戊寅日庚申时，阳八局，甲寅旬，天辅星值符，杜门值使。

六合 惊门乙 天柱星癸	白虎 开门丙 天心星己	玄武 休门庚 天蓬星辛
太阴 丁死门辛 天芮星壬	丁	九地 生门戊 天任星乙
马腾蛇空 景门己 天英星戊	直符 空 杜门癸 天辅星庚	九天 伤门壬 天冲星丙

分析依据：

1. 为什么说这个医疗许可证还要用原来的证？

丁为证件落震三宫，宫中逢丁壬合为证件被合住，说明还要用原来的证件，无法换新。

2. 为什么说一个证件两家使用？

丁证件落宫中逢辛加壬格局，辛加壬在经营上主一货卖两家，在此为一个证件给两家使用。

3. 为什么说对方开站赚钱多，会搞关系？

时干庚为对方落坤二宫，开门为服务站落离九宫，开门落宫生庚落宫，说明对方开服务站则有利。庚处临官禄地，主其收入高，即开店赚钱多。庚下临辛主办事不当，上乘玄武主暧昧，临天蓬为胆大，故其善于走后门，搞关系。

4. 为什么说上级嘴上支持，心里却不同意？

太岁己为上级落艮八宫，日干戊为求测人落兑七宫，太岁己虽生日干戊，但太岁己入墓逢空，且宫中上乘虚诈之神螣蛇，说明上级只是表面上答应求测人，但心里却不同意，也无实际行动。

5. 为什么说求测人办不起来服务站？

开门为服务站，戊为求测人，开门落宫克求测人落宫，说明办站不利，即使勉强办起来，也经营不好。

6. 为什么要采用"顺手牵羊"之计？

"顺手牵羊"即当对方有漏洞、有需求时趁机利用他，以轻松的为我方获取利益。在该局中，时干庚为对方落坤二宫，临天蓬星主胆大，上乘玄武主贪财，逢辛为错误，玄武加辛为一贯性的，从这可以得出，对方的弱点是贪财和想继续办服务站，故我方应当抓住对方这个弱点趁机利用他。时干庚落宫生日干戊落宫，表明若我方能够给对方带来一定的利益，对方还会主动来找我方，此时便可顺水推舟，顺手牵羊，趁机利用对方来办站。日干戊落宫逢生门为管理费，对方办站后我方可干收管理费。

第十三计　打草惊蛇

【原文】疑以叩实，察而后动；复者，阴之媒也。

【解文】《周易》复卦（100 000）是地上雷下，其数理为初九阳爻入于底爻位，震而回蓄于上。复卦由姤（011 111）卦而来，姤之五个阳爻并进，一跃而过五个爻位，路遥而生疑，疑之目的地何在，"疑以叩实"而入于底爻位，察实而后动，动而震回蓄上。初九阳爻回复蓄阳于上六阴爻位，是上六阴爻意欲纳阳之媒说引诱结果。姤卦五阳并作一阳动入底爻位，阳进阴退而有五阴退现而来，似一阳爻直击阴爻草丛而惊起底阳之蛇回头，所谓"打草惊蛇"是也。"蛇"喻阳爻。

奇门遁甲和三十六计结合要点：

※奇门遁甲：

1. 遇反吟局，可乱中取胜。
2. 日干遇诈假格利设计谋行事。
3. 时干乘螣蛇可虚张声势、以假乱真，逢诈假格也可设计谋等。
4. 景门为消息，上乘螣蛇、玄武、逢空亡、逢壬加辛、庚加壬等格局，我方可放出虚假消息，以虚假消息打草惊蛇。

※三十六计：

打草惊蛇：处事时要时刻谨慎，不可麻痹大意，应以佯攻等方法反复探查敌方虚实，以防误中敌人埋伏。

此计的前提是你不知道蛇到底在哪里？敌人隐藏的很深，随时随地都有可能会受到攻击，这时候应该怎么办呢？只有使对手感到恐慌，摸不清自己的手法，从而解决这个躲在暗处的敌人，在实例中也是这种情况，根本不知道自己什么时候受到威胁，只能采取此种计策解决自己所面临的困境。

【实例】

网恋招来复仇火，"打草惊蛇"灭邪念

一条短信随着手机轻快的音乐提示声，翩然而至，玉良满怀疑问地打开了手机："良，你换了车，如果想给你砸了很容易，你最好别开那车出来，我也不去找你，别让我看到那车牌号，过年时一家人都等着烧纸吧。我离不开你，死也死一起，让你明白死人是什么也带不走的。你可以再花钱请人帮忙，我一条命换好几条，值，会有你好看的！"看到这样的威胁短信，玉良不寒而栗：太吓人了！

玉良立即想起为什么这几天自己的右眼皮总是跳呢，总有种不详的感觉。看来俗语说的"左眼跳财，右眼跳灾"是真的啊！果然是该来的还是来了，这条短信是他刚离婚的妻子岚岚给他发来的。

那到底又是为什么会收到这样的恐吓短信呢？原来都是网络惹的祸，这里是一个真实而又离奇的"闪婚"、"闪离"故事：年轻人都爱上网，玉良和岚岚两个人只经过两次网聊就见面了，感情飞跃式发展，接着就同居了，三个月不到就在亲朋好友的反对声中步入了婚姻的殿堂。婚后时间不长，岚岚就以出乎玉良意料的形象登场了，整天泼妇作风，吵骂当饭吃，没两天竟然还和玉良动起手来。这时候的玉良是哑巴吃黄连——有苦说不出，这样整天打闹今后怎么过啊？随着时间的推移，玉良听到风言风语：岚岚以前先后和两个男人同居过，都没结成婚，这原因非常简单，脾气太暴，人家都避而远之了，谁也不敢和这个"母夜叉"结婚。玉良和岚岚同样也过不到一块儿，最后，还是离了婚。可刚一离婚，回家就被父母一顿臭骂。岚岚一想，这是和第三个男人分手了，出门上街，街坊邻居看自己眼光都不一样，自己脸面不好看，老人老脸也挂不住。不行，必须复婚。但好话说尽，玉良就是不复婚，软的不行，就来硬的，岚岚的拿手好戏登场了。

玉良收到这短信，心里既怕又慌，不知所措。最后实在没办法了，经熟人介绍找到了我，请我指点，看有没有凶险，怎么应付？

我以奇门局分析后认为，对方可能要找黑社会的人伤害玉良，于是发短信答复玉良："你有凶灾。1. 女方会不止一次要报复。2. 方法是她会花钱托黑社会。3. 后果会伤及胳膊或腿部，但无生命危险。策略：速报警。"

玉良一看短信，有凶灾！电话马上就打了过来："杜老师，能有解决办法吗？这快过年了，家里有老有小，可别出什么事情啊！"

"有，方法也很简单，从局上来看，只能用'打草惊蛇'之计，才能做到一劳永逸。她就像趴在深草里的一条毒蛇，你走在草地上，她随时都有可能攻击你，让你根本就没办法防范，要想摆脱这种不利的处境，只能当机立断的报警，通过警方的正式渠道才能避免你自己被伤害，结果对她对你都有好处。"

"她真敢找黑社会吗？她不会就是吓唬吓唬我吧，我现在生意这么忙，报案就耽误生意啊。"

"别为了钱伤着身体，狗急了还跳墙呢，她什么事都会做出来，你还是报案，公安能镇住她，省得她做出什么凶事来，就算公安局会惩罚她，可受罪的还是你自己啊。"

玉良按我的意见立即写了书面报案材料，并把恐吓他的短信拍了照，一并送到派出所。派出所也很重视，所长亲自找他了解了情况，觉得这事宜速不宜迟，当即和岚岚居住地的派出所进行了联系，并口头传唤岚岚到派出所，所长用了一个多小时的时间给她进行了法制教育和训诫。顿时，岚岚头脑清醒了，头也低下了，见派出所动真格的，岚岚再也没敢轻举妄动。

幸亏玉良及时报案，公安措施得力，可能发生的凶灾被消灭在了萌芽状态，要不可真的要出大凶事。

真可谓：举国创和谐，复仇甚卑劣。防咬先打草，报警来化解。

奇门遁甲格局：

2008年11月18日18时43分

戊子年癸亥月壬戌日己酉时，阴三局，甲辰旬，天任星值符，生门值使。

太阴 伤门丁 天心星乙	螣蛇 杜门庚 天蓬星辛	直符 景门壬 天任星己
六合　空 生门癸 天柱戊	丙	九天 死门戊 天冲星癸
白虎　空 丙休门己 天芮星壬	玄武 开门辛 天英星庚	九地　马 惊门乙 天辅星丁

分析依据：

1. 为什么说求测人有凶灾？

庚为仇人、凶灾落离九宫，阴遁局九宫为内盘，庚在内盘仇人必来，故求测人有凶灾。日干壬为求测人落坤二宫，临景门主有血光之灾，地盘己逢六仪击刑说明有凶灾之事，壬加己，大祸将至，顺守者吉，不该去的地方不要乱去。比如说娱乐场所（景门）。但日干落宫旺相，上乘值符，虽有凶灾而不会有生命危险。

2. 为什么说女方会不止一次的报复？

大局九星反吟主反复、多次，故女方会多次报复。庚为凶灾，上乘螣蛇主缠绕，即被凶灾缠绕，会不止一次的被女方报复、骚扰。

3. 为什么说对方花钱托黑社会?

庚为仇人落离九宫处沐浴状态,沐浴即讨要好处,宫中逢杜门主秘密,天蓬星为黑社会,庚与天蓬星同宫为惯犯,下临辛主尖锐利器和采取不正当手段,故对方会秘密的花钱找黑社会对求测人动刀子。

4. 为什么要通过公安,采取"打草惊蛇"的计谋?

庚为仇人,谁能制服庚? 开门落坎一宫克庚落宫,开门落坎宫为公门人,这里可以把开门看成是公安机关,即公安机关能制服仇人庚。景门为文章落坤二宫克开门落宫,大局反吟主反复,故应书面、多次、多条路找公安。开门逢庚为立判,公安会很快的处理此事。我方通过公安采取一定的措施"打草惊蛇",使对方不敢轻举妄动,从而避免被"蛇"咬的危险。

第十四计　借尸还魂

【原文】有用者不可借,不能用者求借;借不能用者而用之,"匪我求童蒙,童蒙求我"。

【解文】"匪我求童蒙,童蒙求我",是《周易》蒙卦(010 001)卦辞,其义是言不是我九二父爻求上九子阳之"童蒙",而是上九子阳"童蒙"求我九二父爻回蓄之力。九二阳爻只可回蓄,不可动进;只可用之以力,不可动身借出。上九阳爻不能用之以蓄阳,但可用之于动进,故而九二阳爻"借"之。九二之"借",乃上九动进入中于六五爻位,由于阳进阴退,实际上只能上九动而逝之"尸"(上六阴爻),而原上九动入六五爻位,转其阴为阳,事实上上九之阳魂还现于六五爻位,形成新卦时坎(010 010)之九五阳爻。阳进阴退,"借尸还魂"也。

奇门遁甲和三十六计结合要点：

※奇门遁甲：

1. 年干、值符、值使、月干或时干其中一方生日干，可利用该方的名义来达到我方的目的。

2. 我方落巽四宫或者临杜门或上乘九地，可达到隐蔽企图的作用，更好的实施"借尸还魂"之计。

※三十六计：

借尸还魂：借用他人名义、势力，达到自己的目的。

别人没有用的东西，拿到自己手里却成为了宝贝，这样和别人借东西别人会很轻易的借给你，这正是此计的妙处所在，既招人喜欢，自己也得到实惠，达到双赢利人利己或者是利己不损人的局面。犹如例子中为了达到更好的目的，变换一下表达方式，反而更能让人接受，即实现了自己的愿望，也帮助达到了最好的效果。

【实例】

官场难提风水事，"借尸还魂"把理陈

某市拟进行河道综合整治工程，该市有关部门的某领导深知中国传统建筑风水文化的博大精深，并得知我是建设部中国建筑文化中心建筑风水文化专家委员会的委员，于是相关负责人把我请到该市，拿出某大学设计院设计完成的某河流的综合整治规划图，向我进行了详细介绍，以便于我提出风水建议。

经过分析研究，我发现该规划设计存在一些问题，主要是行政中心选址的规划上不符合风水学"天人合一"的原理。有人会说：什么年代了，还讲风水，一定是在搞迷信。我认为：中国的传统建筑文化就是天人合一，即人和大自然应当和谐统一。在建筑上，天人合一的核心就是风水文

化。风水学不是迷信,它是古人长期与大自然的斗争实践中总结出来的适合人类生存的经验,完全的否定是违背自然规律的。例如,北方的房子为什么盖北屋,为什么北屋的后窗小或不设窗,这主要是为了低于寒风。古人早就总结出了这种经验,谁家也不会只盖南屋去喝西北风。再如,过分地砍伐森林,使水土流失严重,洪水泛滥。恩格斯曾就此告诫过人们:"不要过分陶醉于我们对自然界的胜利。对于每一次这样的胜利,自然界都报复了我们。"所以在建筑选址的问题上我们更应当遵循"天人合一"的原则。

一个城市的行政中心选址是个重要问题,这种事情一定要有书面文字说明,于是我写出了题为《某河道综合整治工程风水建议》的建议书共四页纸,其主要内容是围绕"天人合一"的原则来阐述、建议的。

原规划里市行政中心拟建在两条铁路(其中一条是高速铁路,另一条是普通铁路)的中间地带,我依据风水原理提出了一些建议:"高速铁路带来高频气流的吹袭会引起环境污染,例如:风噪、声噪污染,会导致人的身体不适。常在这种环境下办公,容易心神不定,办事效率低,易出差错、上下级关系紧张,单位则政绩平平等,建议行政中心向现规划地址的东边迁移。"

建议书还建议行政中心应设在河的内弓处,即河的北岸,因为这样符合古代风水学的理论。

该风水建议书写好后,我习惯性的起出奇门局进行分析。以局看,此事应隐蔽,不宜张扬,且我考虑到这是公益事业,所以写完后并不署上自己的名字。同时,局上还显示,让市领导接受我的风水建议,公开提及"风水"二字,直接把风水理念融入到设计当中是不可能的,可这是关系到该市今后发展的大问题,我必须说出来,怎么样才能让对方接受?

经过对奇门格局的详细分析,我认为采取三十六计中的"借尸还魂"之计较好。即私下向负责这项工作的人员直接陈述、递交自己的风水建议，并让他们与大学设计院的设计人员沟通，让设计人员看到我的风水建议，吸取古代风水的理念，通过设计院的人将风水理念之"魂"——"天人合一"的思想贯穿到河道综合工程设计之中，以改变现在的设计。再由设计人员向市领导陈述他们的设计理念，使市领导接受设计人员的设计理念并得到审批。这一计谋就是借设计院的"尸"还天人合一之"魂"。

事情的发展与预测完全一致，相关部门领导与设计人员看完我的风水建议后，完全赞成该建议，最终通过大学设计人员向市高层领导陈述，他们在陈述的过程中，未提及"风水"二字。市高层领导经过认真的研究，于第二年改变了原规划设计中市行政中心的位置，市行政中心向东边迁移了数里。

看到市规划依照我的建议做了改变，我心里得到了一些慰藉，总算让优秀的传统建筑风水文化为当代城市的规划做出了一点贡献。

真可谓：意见提得好，风水如何表？政府多忌讳，借口巧传到。

奇门遁甲格局：

2008年08月04日09时06分

戊子年己未月丙子日癸巳时，阴四局，甲申旬，天芮星值符，死门值使。

九地 杜门丙 天心星戊	玄武　空 景门辛 天蓬星壬	白虎　空 死门癸 天任星庚
九天 伤门丁 天柱星己	乙	六合 惊门己 天冲星丁
直符 乙生门庚 天芮星癸	螣蛇 休门壬 天英星辛	太阴　马 开门戊 天辅星丙

分析依据:

1. 为什么说此事利策划,应以主动"进攻"为主?

大局八门伏吟利运筹、策划,九星反吟应以主动"进攻"为主,主动采取必要措施。但伏吟又反吟此事不顺利。

2. 为什么说市领导不会直接采取我们的建议?

时干癸为该事,值使死门为该大学设计院均落坤二宫入墓逢空,宫中逢死门主不同意,下临乙入墓主犹豫,逢庚为有阻力,故我直接向对方建议,对方不会采纳我的建意。景门也为设计图纸或风水建议,上乘玄武主此建议有些不适合当前形式,辛加壬此建议要送给两个单位,分析认为:一是送给有关部门,二是送给大学设计院,日干丙旺,丙加戊格局好说明我的行为正确,会一战成功。戊为太岁为市领导落乾六宫入墓,太岁入墓是大领导直接听取我的风水建议会有麻烦,上乘太阴为耳根软或有小人进言,太岁下丙入墓说明对我建议犹豫,戊太岁克日干丙,市领导不会公开同意我的建议。

3. 为什么采用"借尸还魂"之计?

"借尸还魂"是借用他人的名义来办事,以达到师出有名的目的。此局中日干丙为我方落巽四宫旺相,逢杜门主私下,九地为潜藏,丙加戊格局做事易成功,八门伏吟、丙加戊均利策划,故我不应公开出面,而应私下策划此事。

时干癸为事体,值使死门为大学设计院生太岁落宫,日干丙又旺,格局利我,故应"借尸还魂"把风水建议通过大学设计院之口传给市领导,改变规划设计图。时干空亡恐设计院也不会提及风水建议,可能吸取一些风水理念变为时髦的语言说出来,改变原规划设计。

综合分析,此建议不能顺利被有关领导接受。应借设计院把我们的风水理念渗透到他们的规划设计之中去比较可行。

第十五计　调虎离山

【原文】 待天以困之，用人以诱之，"往蹇来连"。

【解文】 "往蹇来连"，是《周易》蹇卦（001 010）六四爻辞，是言若阳动爻动往蹇行于六四爻位，需九五阳动爻回蓄阳爻于上爻位，而形成上九、九五两阳爻相连，才能直接往蹇于六四爻位。对于六四阴爻而言，等待着从上面的阳爻动进而来，但上爻却是阴爻，九五阳爻因"困"于阴中而不能从"山"上动下，于是六四阴爻用九五之人回蓄上六阴转阳，以"诱"导二阳"离山"而下，正所谓"调虎离山"。

奇门遁甲和三十六计结合要点：

※奇门遁甲：

1. 年干、值符、值使、月干或时干其中一方生日干，可利用该方的名义来达到我方的目的。

2. 时干、月干逢壬加辛，对手易被欺瞒，利于实施此计谋。

3. 用神逢冲时宜实施此计：乙加辛、辛加乙、丁加癸、癸加丁、戊加辛、辛加戊、庚加戊、戊加庚、壬加丙、丙加壬。

4. 用神逢如下格局时也宜实施调虎离山之计谋：庚加壬、庚加癸。

※三十六计：

调虎离山：将对手引诱至对其不利的环境中，再一举将其击败。

此计在于使用计策或者方法让对手脱离本身自有的优势，在敌人处于不利的情况下（包括时间上和空间上等各个方面的劣势），用自己的优势来攻击对手的劣势，绝对可以取得胜利。在实例中就是运用了此计策在时间上的优势，来攻击竞选对手的劣势而取得竞选胜利的。

【实例】

斥对手蛊惑谣言,择时机"调虎离山"

某村今年村委会又要改选了。全村 3000 多张选票,按照选举规定,第一轮选出八个候选人;第二轮从八人中选出五名村委,超过半数者可竞选村长,直接进入第四轮选举;第三轮超过三分之一票者当选村委,超过半数者可竞选村长;第四轮有两名村委候选人竞选村长,票数最多者可当选村长。

刘某已担任村长三年,今年又参加了下一届村长竞选,按选举程序,先选村委。第一轮刘某得票数最多,但第二轮票数还没超过半数,可有一个人得票已超过半数,直接参加第四轮竞选村长选举了。刘某对能否选上村长有些担心,于是让我用奇门指导竞选。果然第三轮选举战中他胜了其他七个候选人,得票最多。但第四轮选举中能不能战胜竞争对手,选上村长,还是心里没底。于是,又向我咨询如何才能战胜对手?

我以奇门局为依据答复:"你们两个候选人当前状态是这样的,竞争对手极想当村长,采用的手段是在群众中造你的谣言,在经济上给参选的老百姓承诺好处。此人是一贯说话不算数,属于虎头蛇尾、有始无终之人。区里领导对他不支持,村里党支部也不支持他,他的主要支持者是他的家族成员和被他哄骗的一部分村民。局上显示你也想当村长,这次竞选中你的贵人多,贵人来自于区里领导,党支部,还有一部分群众。村里因为是直选,你必须要多争取群众投你的票,你们两个竞争对手基本上是势均力敌。"

刘某问:"昨天第三轮选举结束了,选举委员会征求我的意见,是下周日选还是再晚一周选举?"

"天时、地利、人和缺一不可，格局上看，再晚一周最好，原因是对方靠谣言惑众拉了一部分村民，谣言能够蒙蔽群众一时，不能蒙蔽一世，时间一长，谣言就会不攻自破。局上显示越晚越好，你在这段时间里要依靠区里领导做一部分骨干、村党支部成员的工作，让这些骨干做村民的工作，在竞选中支持你。这种做法就是三十六计中的调虎离山之计。"

刘某不太理解，让我详细说说怎么算调虎离山？

我解释道："鱼不能离开水，虎不能离开山，调虎离山就是将竞争对手引诱至对其不利的环境中，再一举将其拿下。我们现在不是说从空间上把他调到其他地方，而是在时间上将竞选时间调整到对他不利的时机去选举。因为他依靠的是谣言惑众，煽动一些不明真相的村民投你的反对票，所以你在时间上要拖，给你和领导腾出澄清谣言的时间，时间越长，对你越有利。时间越短，谣言越得不到澄清，这样对他就有利了。所以你要用调虎离山之计，让他处于最不利的时间和你竞选，你就能竞选上。"

有关上级领导考虑到刘某在任村长期间，为村民发放了养老金，给每位村民办理了城镇居民医疗保险，改善了村里的教学环境，是个为老百姓做事的人，所以支持刘某竞选下一任村长。党支部成员考虑到刘某在上一任期中发挥的作用，积极开展工作，支持其竞选。选民在比较两个人的为人后，刘某诚信待人，为村里边做了几件大好事，是个值得村民信任的人，应该投他的票。而另一名村长候选人光说大话，请吃请喝，自私自利，又爱搞小帮派，大部分村民不支持投他的票。

实际情况是选举延迟了两周，选举那一天，为了验证预测的准确性，早晨5点半我也赶到了选举场地，选举点上是人山人海，村民手握发挥着自己民主权利的一票，投给了自己可信任的候选人。

经过点票，刘某领先对手1000多票当选该村村长。

真可谓：拖延除谣言，续任心里欢。择时亦调虎，研易新发现。

奇门遁甲格局：

2009年04月06日10时05分

己丑年戊辰月辛巳日癸巳时，阳四局，甲申旬，天心星值符，开门值使。

九天 杜门辛 天柱星戊	直符　空 景门庚 天心星癸	螣蛇　空 死门丁 天蓬星丙
九地 己伤门丙 天芮星乙	己	太阴 惊门壬 天任星辛
玄武 生门癸 天英星壬	白虎 休门戊 天辅星丁	六合　马 开门乙 天冲星庚

分析依据：

1. 为什么说对方极想当村长，并采用一些不良手段？

时干癸为对方落艮八宫处沐浴状态，沐浴主想美事，说明其非常想当村长。上乘玄武，玄武为暧昧、奸谗小盗之神，表明他会采取造谣的手段来攻击我方。宫中逢生门主钱财，上乘玄武主贿赂，故对方会采取贿选的手段拉拢选票。

2. 为什么说此人一贯说话不算数，属于虎头蛇尾、有始无终之人？

时干癸为对方，落宫中玄武逢壬、癸罗网主其说话办事一贯暧昧、不算数。癸加壬为复见螣蛇，易变化，说明他是一个虎头蛇尾、有始无终之人。

3. 为什么说区里、村里主要领导不支持竞争对手？

己为太岁、区里领导落震三宫，己太岁落宫克时干癸落宫，说明区里领导对竞争对手不支持。天辅星为党派组织，月干戊为村党支部成员，二者均落坎一宫，与时干癸落宫相克，表明村里党支部也不支持他。时干癸也代表村民，处沐浴临生门主在财利上想美事，上乘玄武主晕了头，不明真相，被哄骗，这部分村民是其主要支持者。但癸加壬为复见螣蛇，易变化，这部分村民如果明白了真相，就会转而支持求测人刘某竞选村长。

4. 为什么说刘某也想当村长，且竞选中贵人多？

日干辛为求测人落巽四宫，宫中甲子戊和甲午辛子午相冲，上乘九天，说明刘某也积极活动，也极想当村长。己为太岁落震三宫，与日干比和，天辅星为村党支部落坎一宫，宫中临休门和丁奇，生日干落宫，说明贵人多，故断区里领导和村党支部都支持刘某竞选。

5. 为什么说双方势均力敌？

日干辛落巽四宫入墓，时干癸落艮八宫处沐浴，二者都不处最佳状态，且两宫中吉凶符号对比差别不大，故若此时竞选，双方势均力敌，难分胜负。

6. 为什么要采用"调虎离山"之计？

"调虎离山"就是将竞争对手引诱至对其不利的环境中，再一举将其歼灭。什么是对对方不利的环境？该局八门伏吟，伏吟利主不利客，在时间上应拖延，越晚越好。如果很快竞选，则谣言得不到澄清，对我方不利。谣言是经不住时间考验的，时间一长，便会不攻自破。另外，日干辛为我方，时干癸为对方，日干克时干，我方可以克制住对方，让对方不得不服从我方在时间上的安排，故从时间上"调虎离山"才能更好的取得最后的胜利。

第十六计　欲擒故纵

【原文】逼则反兵，走则减势。紧随勿迫，累其气力，消其斗志。散而后擒，兵不血刃。"需，有孚光"。

【解文】"需，有孚光"，是《周易》需卦（111 010）之卦辞，是言需卦之时，有上六阴爻意欲纳阳、孵阳、阴转阳。"孚"为孵孕；"光"喻阳爻。从卦象看，九五阳爻有"逼"进六四阴爻位之意，但蓄阳未满，应"反兵"蓄上，因为阳爻向前"走"进，便减弱其动进之势。九五回蓄之上九阳爻，"紧随"于九五身后，切勿急迫九五向前动进，因为二阳一旦"散而"动进，便会劳累其动进之"气力"，"消其"动进之"斗志"。二阳一旦动进，阳进阴退，动进于前的阳爻又将回头蓄阳、擒阳；阳爻回头蓄阳，则阳兵不入阴位、不见阴血。总之，阳爻虽欲动进于前，但先放而纵之，等待回蓄阳力以后再进，故曰"欲擒故纵"。

奇门遁甲和三十六计结合要点：

※奇门遁甲：

1. 日干克时干或时干生日干状态时，时干状态比日干状态弱，利实施此计。

2. 时干或月干逢悖格时，对方容易失去理智，妄动则祸。

3. 时干或月干上乘玄武，宫中逢伤门或天冲星，格局中又带壬、癸、辛者宜实施欲擒故纵。因为乘玄武主无理、理智差，理智差时又逢伤门、天冲星代表"动"的符号，则为"妄动"，而壬、癸、辛为天罗、地网、天狱的代表符号，即使"纵"了对方，最终也能擒获。

三十六计：

欲擒故纵：要想擒住对手，可故意放纵对手，使他放松戒备，再将其制服。"擒"与"纵"是一对矛盾，"擒"是目的，"纵"是方法。"上帝欲其灭亡，必先使其疯狂"就是此计的关键之处，与其正面对抗自己遭受损失，不如顺应其需求和欲望找到解决问题的答案。同样是要解决问题，从自己的意志去解决，不如换个角度从别人的意志方面去解决，就如上述情况下一样，总是一味的纠结在走不走正门上？不如把客户的注意力转移到这件事情能不能成交上来，对自己解决问题更具实际效果和意义。

【实例】

（1）租房者条件苛刻，换鱼饵"欲擒故纵"

开发商严老板来的电话："杜总，我正在给一家公司谈出租楼房的事情。部下已经谈了好几次，我这是第一次接触，谈的非常艰苦，双方在出入哪个门上争得很厉害。对方坚持要走大楼的正门，也就是南大门。我想让他们走西偏门，因为他们办的是外语教学培训班，楼里大部分租户都是金融界的，不分开走会很吵闹，显着环境不是很好。他要再开培训班，学生更多，乱哄哄的，那怎么行啊？可他们租楼的条件是必须要走正门，不然就不租了。现在全市楼市销售一直处于低迷状态，尤其是楼层出租更是困难，现在让金融危机闹的楼盘还剩一万多平米没有售出，租也租不出去。如果这次租不出去，算下来每月可损失不少钱，我心里也很着急，双方谈判的人正在外屋等着呢，我进里屋偷偷给您打个电话，您看这事还能谈成吗？"

"好，你先挂了，几分钟后我给你电话。"

"我急等着您的意见，可快一点呀！"

刚过了一会儿，严老板又来了电话。我答复："你别急，租房的事能谈成。对方如果要是办学，学生们上下课秩序有点乱，会使物业不好管理。从局上看，对方提的条件苛刻不在理，你不要答应他们的条件。如果他们要走正门，乱哄哄的，其他租户会有意见，但是你现在这种情况，楼还是要出租的，对方的条件还不愿意改变，我建议你采取'欲擒故纵'的策略，你主观上想出租给他，但是你表面上要摆出不愁出租的架势来，坚持你的条件，不走偏门就不租，以退为进。你不用担心对方不租，局上显示对方肯定还要来找你，你给他们讲，若要走正门，整个楼的管理就太乱了，楼里还有很多其他租户，要从整体考虑。最后，你要故意拿出你不租还会有人来租的口气说："这样吧，租还是不租，你们回去再商量商量吧！"

严老板听了我的意见后如法炮制，回去后就对对方谈判的人讲："咱们今天先谈到这，这样吧，我们再商量商量，你也给你们领导汇报一下。"言外之意，你非要坚持你的意见，就不出租了。

对方租楼谈判的人还坚持："我们不敢给领导汇报，领导交代过，租楼的条件就是要走正门。"

严总心里明白，要想达到自己的目的，必须"欲擒故纵"以退为进，于是装着为难的样子说道："那你们看着办吧，要是租，只能走西门，南门实在没法答应你，楼里还有好多其他租户呢，也不光是你一家，再说办培训班你走哪个门不行啊？"转身对部下说："你们再谈谈吧，我有事先走一步。"

原来对方谈判人员开始看到严总态度积极，认为自己一方占主动，但没想到严总到里屋打了个电话，出来后态度就变了，而且好像是不愿出租了，莫非是提的条件太苛刻或是有别人出了更高的价格？一时也猜不透，严总一走，对方谈判人员心里就有点忧，坏了，这事情是不是谈崩了，不能谈崩，老总说这地方不错，一定要租下来，于是他们就缠着严总的下属一直谈到晚上七点多。

第二天上午八点一过，租楼的人就给严总打电话，说要求见面再谈谈。严总按照"欲擒故纵"的策略，故意婉言推脱了。

上午十点，对方谈判人员碰巧和严总同乘电梯，对方谈判人员满脸堆笑的说："严总，楼我们还是想租，走西门也可以，您把楼租给我们吧。"

严总装着不情愿的样子说："哎呀，也达不到你们租楼的条件，你们最好别租了，还有好几个户等着呢。"

对方谈判人员一听，更急了："我们已经谈过了，咱们今天就签协议吧，马上给你们交押金。"

当天双方就签了协议，严总顺利出租了1000多平方米的楼层。

真可谓：走正不走偏，租者耍心眼。故纵成功用，奇门来把关。

奇门遁甲格局：

2009年02月10日17时30分

己丑年丙寅月丙戌日丁酉时，阳五局，甲午旬，天任星值符，生门值使。

九地 空 开门 己 天心星 乙	九天 休门 癸 天蓬星 壬	直符 生门 辛 天任星 丁
玄武 惊门 庚 天柱星 丙	戊	螣蛇 伤门 丙 天冲星 庚
白虎 戊死门 丁 天芮星 辛	六合 景门 壬 天英星 癸	太阴 马 杜门 乙 天辅星 己

分析依据：

1. 为什么说对方提的条件苛刻不在理？

时干丁为对方落艮八宫，宫中逢丁加辛为官人失位格局，说明对方做事不正确。天芮星为学生也落艮八宫，大局反吟、丁加辛、戊加辛说明学生上下课秩序较乱。月干丙为其他业主落兑七宫，临伤门主挑剔，乘螣蛇有牵连，若和学生一起走正门，他们会有意见。

2. 为什么说楼层出租了好，且能租出去？

生门代表楼层落坤二宫，宫中得吉星吉神吉格，且与出租方值符同宫比和，说明楼层出租了好。时干丁也代表楼层落艮八宫，宫中戊加辛为子午相冲，且大局反吟，说明楼层必定能租出去，而且不是一次谈成，反复才能成功。宫中时干生日干，也说明此事能办成。

3. 为什么说要采取"欲擒故纵"之计？

日干丙落兑七宫，宫中上乘螣蛇主虚假，应设计谋，且逢丙加庚凶必退格局说明此事应假退一步。时干丁为对方、为事体落艮八宫，宫中逢死加戊格局说明应做虚假之事，戊加辛青龙折足格局表明事情应中途假退。时干落宫逢子午冲且生日干落宫，宫中死门加生门主死而复生，说明我方即使假退对方也还会找我们。故我方应采用"欲擒故纵"之计。

4. 何时租成？

宫中大局反吟主快，时干宫中戊与辛子午相冲，也主快，甲午旬中辰巳逢空，以旬空冲实之日为应期，应为亥日。

（2）膏药推销招人嫌，"欲擒故纵"美名传

李建宇中医正骨按摩店，在附近小有名气。发生在按摩店里的一件真实的事，在店里一直被当作笑话流传着。而我，就是故事的主人翁之一。

2007年晚秋的一天晚上八点左右，进来两名妇女，进门就问：

"你们哪位是经理？"徒弟小李没搞明白怎么回事，指着正坐在沙发上的李大夫说："这是我们经理。"

"你们店是刚新开的啊？"两个女人神气十足的说。

"不是新开的，已经一年多了"李大夫是盲人，转过脸回答。

"怎么没有见过呢？我们是xx医药公司河北总代理，经营xx品牌膏药，想和你们合作。"

"合作什么？"李大夫问。

"我们公司的新产品，治疗腰间盘突出、骨质增生、跌打损伤、风湿痹痛、股骨头坏死，重点儿的三贴见效。轻点儿的病，一贴就好，三贴除根。凡和你按摩有关的疾病都能治，想和你们合作合作，我们把药放这，卖完再给钱。"

"你给我说的那么神奇，你这膏药有啥机理呢？"李大夫是中医专科学校毕业的，有点不太相信。

"我们这膏药，是由一百多种名贵中药配制成的，而且是用高级设备精致提炼的，无论什么疼痛都能治，像腰腿酸痛，保证一贴见效。"这俩推销膏药的越说越大。

"据我了解，无论什么疼痛性疾病都有它一定的发病机理，比如受风、寒湿引起的肌肉痉挛突发性疼痛，还有慢性损伤形成的酸软无力，不从发病原因上入手，根本就不能解决各部位的疼痛。不能说外用药没有作用，但是在一般情况下，人体皮肤是不允许其它离子渗透的，我不相信肌肉劳

损形成的粘连和椎间盘突出造成的疼痛贴上你的膏药就能好?"李大夫一点儿也不让步。

我正趴在床上做按摩,乍一听这俩人口气这么硬,还以为搞检查的过来了呢,谁知道是推销膏药的,说话还那么气势,那人可能感觉李大夫是位盲人,语气态度上不够尊重,而且把药效说得神乎其神,我是顾客,听着他们之间谈话心里就不太舒服。

"目前河北好几百家药店和我们签订了合作协议,我们的产品供不应求。不信你可以找人试试。"

……

听说话他们有点争辩,这俩人不如李大夫懂得多,就想来点儿实际的,年长的妇女冲着我问:"这位先生是不是腰不舒服呀。!"

"是呀。"对她俩我早反感了,手上掐算的奇门局,已对她们有所了解。

"那你试试我们的膏药吧,一贴就管用。"

还没等我说话,李大夫说:"你能说,也不如我们的客人神奇,他能说出你们家的事来。"

这年长的妇女好奇的看着我:"说出我们家的事来?你会看相?"

"我连眼都没睁,哪会看相啊?"

"那你给说说?"

我没有理她,心里思索着,给她怎么个说法。

李大夫说:"我们的客人是周易大师,看你家里的事还不是小菜一碟。"

"周易大师,我见多了,那你给我说说吧!"卖膏药的妇女说。

这人有点狂,我得用奇门遁甲教训一下她,我故意装作不懂。

"我也不太懂,就怕说错了。"我故意含糊的回答。

"说错了也没事,你说吧!"这人催促我。

"说不准啊"我故意拿出一种怕说不准的口气。

"你给看看呗!"妇女还是缠着我让看。

因为我正在研究三十六计,就想把奇门遁甲和欲擒故纵的计谋结合验证一下。

我故作不愿意的说:"看看可以,你的膏药值80元,我拿100元现金,我们赌一把,如果我说对了,你的膏药归我,说错了我的100元归你。"

这卖膏药的妇女有些犹豫,我见她不回答,故意说:"小李做证人,你要同意,我打电话让人把钱送过来,我说错了不就100块钱吗。"我又装作没钱,以引对方上钩。

"你的膏药80块,底价也就20块钱,人家出100块现钱,他说的不对,你就干得100块,你还能吃亏吗?"李大夫用激将法激她。

"小李做证人,实事求是,对、错都要如实说。"我又说。

"那是,那是!我看看车上还有没有80块的膏药,可说好了,你如果说得不对这100块钱就归我了啊。"好像这100元唾手可得,就是她的了。

"肯定归你,我说话算数!"说着我立即从口袋里掏出100元钱递给了小李。心想没有金刚钻,哪敢揽这瓷器活儿,我还害怕对方不干呢。

小李很严肃的说:"事先说好,得实事求是说,杜总说对了你得承认,说错了杜总也不要退回100块钱。"

"行啊,行啊!"那女的迫不及待,殊不知已中我计。

"那你随便问吧,问什么答什么!"我仍趴着做按摩说。

这女人思索了好一会才说:"看看我孩子吧。"

"你有两个孩子,按你的岁数和计划生育政策,你应该有一个孩子,可你有两个,对不对?"

她有点惊讶的说:"对,那你给好好看看吧。"

"你是看大孩子,还是看小孩子?"

"看看大的吧，属猪的。"

"大孩子当过班干部，女孩，长得不错，身高1.62米，现在已上班，还担任着职务，就是有一点，婚姻不顺。"

"是，当过班长，在学生会也担任过副部长。这孩子是不错，现在在烟台外企当着副经理，什么都好，就是婚姻……，哎——你看这孩子什么时间能找到对象？"

"2009年或2010年能找到。"

她又问了几个问题，我都一一回答了，都正确，这人一时语塞，再也没有刚来时那种傲慢之气，另一人也认为正确，站在一旁只是惊讶，没有话语。

小李说："都说对了吧？"

这俩人互相看了一眼说："说对了。"

小李对女的说："那我把膏药和钱给杜总了啊，看来还是杜总神奇吧。"

妇女面带惊讶地点头，连说"神奇，神奇！"

然后又转头对我说："你能留个电话吗？"

"以后再说吧。"我应付了一句。

我走后，她俩觉得这客人挺神奇的，问什么答什么，百思不得其解。二人自始至终就没笑过，好一会才缓过劲来，问李大夫他怎么知道我的情况的？李大夫说："他研究的是奇门遁甲，挺神的，其它的我也不太清楚。"又问我的电话，李大夫没有告诉她。

膏药我也没用，估计也不会是好药。

事情本身是个笑话，但这一实例体现了奇门遁甲模型的准确性和三十六计的智慧。

真可谓：胡诌狗皮膏，是病都会好。故纵验真理，家事全知道。

奇门遁甲格局：

2007 年 10 月 26 日 20 时 03 分

丁亥年庚戌月癸巳日壬戌时，阴二局，甲寅旬，天心星值符，开门值使

六合 景门庚 天英星丙	太阴 丁死门戊 天芮星庚	螣蛇 马 惊门壬 天柱星戊
白虎 杜门丙 天辅星乙	庚	直符 开门癸 天心星壬
玄武 空 伤门乙 天冲星辛	九地 空 生门辛 天任星己	九天 休门己 天蓬星癸

分析依据：

1. 为什么说对方有两个小孩？

时干壬为孩子落坤二宫，宫中含有 2、5、8、10 数，结合实际而断，对方不可能有 5 个、8 个或者 10 个孩子，故断其有两个小孩。

2. 如何判断属猪小孩的情况？

按照对方年纪来算，其小孩应在 20 多岁，为 1983 年癸亥年生人，癸落兑七宫，为女孩，则该宫的符号就代表了小孩的状况。宫中上乘值符，整体格局较好，故其在念书时当过班干部。开门主单位、工作，所以表明她现在已经上班，也担任着职务。年命癸临值符吉神、开门吉门、天心吉星，表明此女孩长相不错。兑宫主 2、7 数，结合当地人的身高而断，该

女应在 1.62 米左右。

3. 为什么说女孩婚姻不顺？

女孩的年命癸落兑七宫，宫中癸加壬原意为嫁娶重婚，说明婚姻不顺。乙又代表婚姻中的女方落艮八宫，宫中逢伤门主挑剔，天冲为性急，乙加辛青龙逃走为婚姻不顺之格局。庚为其对象落巽四宫，上乘六合主有多个，庚加丙为同床异梦，庚落宫克乙落宫也表示婚姻双方关系不佳。故断女孩婚姻不顺。

4. 为什么说到2009或2010年才能找到对象？

乙为婚姻中女方的代表符号落艮八宫逢空，空则暂无婚姻或没有对象，乙落艮宫旺相，艮宫含丑、寅两个地支，到 2009 己丑年、2010 庚寅年两年艮宫填实方有对象。

第十七计　抛砖引玉

【原文】 类以诱之，"击蒙"也。

【解文】 "击蒙"是《周易》蒙卦（010 001）上九爻辞，言其蒙之上九阳动爻"击"而动入六五爻位。但上九阳爻之动进是同类之九二阳爻回蓄引诱的结果，由于阳爻动进是以阳进阴退的方式进行的，因此九二阳爻既引诱上九阳"玉"入来，又将上九阳转阴之阴"砖"抛之于后。"抛砖引玉"者，阳进阴退也。

奇门遁甲和三十六计结合要点：

※奇门遁甲：

1. 大局反吟，抛出的策略、意见、物品返回之象。
2. 戊加丙青龙返首格也利实施此计。

3. 日、时相生，特别是时干处禄位、沐浴、己、癸状态时。

※三十六计：

抛砖引玉：抛出砖去，引进玉来。用抛出小的价值换取更大的利益。如现代生活中，用自己粗浅的意见引出别人高明的意见。

此计的使用是需要承担一定的风险的，只有先"抛"了才会"引"，至于是抛的砖头还是玉一定要把握清楚，还有能不能引出东西来也是需要仔细分析和把握的，就如上述例子一样，此次集体婚礼的目的不仅仅是要放在盈利上，最重要的是放在后续的活动上面，抛掉了部分的利润却获得了更多的机会，这才是此计的意义所在。

【实例】

别出心裁办婚庆，"抛砖引玉"向未来

石家庄市的新婚联播婚庆公司想在下月搞一场由66对新人参加的集体婚礼，届时要请电视台现场录像，并请上海大世界吉尼斯总部派人来做吉尼斯世界纪录认定，如果认定成功，就会颁发吉尼斯"最大花轿"证书。公司对这次集体婚礼非常的重视，所以事先派李姓和王姓两位经理来请我帮忙选个黄道吉日，办好第一次大型集体婚礼，为今后业务开展打下良好的基础。

我选定2008年9月22日，这一天是黄道吉日，建议他们此日举行婚礼较好。李经理问："这天天气怎么样？"

"天气晴，没雨。"我答。

"有风没有？"

"几乎没风，风速1-2级。"

"我们的活动顺利不顺利？"李经理关心的问。

"活动总体搞得不错，能办成，但过程不太顺利。原因是你们第一次做这么大的集体活动，如果让我多说点缺点的话，那就是活动中组织不严谨、分工不明确、通信不畅，下属工作人员工作不利。建议你把实施计划搞得再细一点，最好请个在部队做过军事参谋的人，帮你把婚庆的程序安排得细致一点，然后再实际演练两次。这样差错就会出得少一点了。"我边看局边回答。

同来的王经理说："好，我们回去再细致研究一下。我们这次活动在石家庄植物园里举行，婚庆要用到船，你看船有什么问题吗？"

"船肯定会出点事，但晚一点能过去。另外，放炮时你们要注意，我这局上显示，炮会出差错，但不会伤人。"我边回答船的问题，边指出还有礼炮的问题。

"明白，放炮请的是本次奥运会专门放烟花的人来放。植物园距市里有十几公里，我们谈了两个汽车赞助商，不知哪一个能谈成？"王经理又问。

"你随意报两个数代表两个汽车赞助商，我来看那个成。"

"第一个报3，第二个报7。"

"第一个汽车赞助商你谈不成，主要是对方要价太高。第二个汽车赞助商可以谈成。"我说，"但到时候汽车可能会出点小问题。"

"噢，明白了！还有，我们做了一个大花轿，66个新娘全部上去，100个人抬大花轿，我们想申请吉尼斯记录，能申请下来吗？"

"没问题。能申请下来，但不顺利，大概需要花费2万7千元左右。抬轿的人数最好用99个人，表示天长地久，百年好合。"

"这次活动能赚钱吗？"李经理又问。

"正财不多，暗财可求。也就是说正面的钱不多，其他方面来财还可以，总的看这次活动能盈利。"我回答。

"请杜老师对我们的活动再给指点指点。"

"我认为在战略上你们应该看远一点,通过这次婚礼带出长远利益。这在三十六计里称为'抛砖引玉',把这次活动看成为'砖',要搞得红红火火,引出'玉'来。从局上看,你们应该大张旗鼓,利用媒体大力宣传,以后会有更多的顾客来找你们。"我依格局提出建议。

聊了一个半小时,我给他们提出了30多条建议。

临走前李经理突然又问:"提前两天搞活动行不行?"

"不行,提前两天有中雨。"我指着奇门遁甲格局说。

日期一天天临近,到了9月20日,我收到省气象台发来的短信:

2008/09/20 星期六 17:47

石家庄,今夜晴转多云,明天多云转雷阵雨,早晨局部有雾,气温19到26度,偏南风2-3级。秋雨欲来送秋凉,早晚填衣莫相忘!省气象台20日发。

收到此短信时天正下着雨。不一会,王经理打来电话,支支吾吾地问:"杜老师,22日集体婚礼下雨不下雨?"

我预测后答复他:"不下雨。"

他讲:"电视里播报了22日有雨。"

"你就听我的,我预测不会下雨。"我坚定地对他说。

第二天上午他又打来电话,再三询问会不会有雨。我预测后告诉他,你就放心准备,婚礼期间不会下雨。

但下午我又收到了省气象台发到手机上的信息:

2008/09/21 日 16:58

秋分至夜渐长,秋雨话秋凉。

石家庄今夜到明天,小到中雨转小雨,17到21度,东北风3-4级。出门切记带雨具,天凉莫忘加衣裳。省气象台21日发。

到了傍晚,雨仍然下着,王经理沉不住气了,又打来电话:"我已经问过气象台了,明天全天有中雨,杜老师您再给看看明天下雨不下雨?"

接到这个电话，我心里也有点毛，两天三次来电话，询问有雨没雨，而且气象台也报有雨，我再次起局预测，意见是肯定的，没雨。为了保险起见，我给易友刘成云打了个电话，让他用金口诀方法测一下明天到底有没有雨，他也讲没有雨，这时我对我的预测就更有了信心，回电说明天绝不会有雨，到时我也会去植物园婚礼现场。

李经理和王经理虽然听我说没有雨，但心里这个着急啊。就在昨天，合作单位粉佳人婚纱影楼张总打电话问李经理，预报22日有中雨，这活动还能搞吗？

"不会啊，我们请神仙看了，不下雨。"说这话时，李总心里还是有点底气的。

21日晚上10点多，雨还下着，负责铺地毯的供应商问王经理："还下着雨呢，怎么办？"

王经理心想大师不会测错："明天不下雨，下刀子也得搞！"

从晚上10点起，活动总指挥李经理打着伞，坐在公司前边，看着老天，关注着天气，但老天一直在下雨，雨不大不小。李经理心想，完了，这种雨暂时不会停。直到凌晨1点，雨也没停。李经理气坏了，睡觉，不看了，明天再说！

但是，实际上集体婚礼活动上发生的一切和我预测的完全一致！

李经理4点闹钟叫醒，出门一看，雨停了，天微微亮的时候看到云彩很高，心里别提多高兴了，赶紧布置工作人员行动。

7点多，我也开车赶到了植物园，天晴了，但是还有薄云。7点50分，天高云淡，晴空万里。8时正，婚礼正式开始。一时间锣鼓喧天，雄狮齐舞，喜庆的音乐响彻天空，30辆东风标致307在一辆加长林肯的带领下缓缓驶向植物园，66位新郎在亲友的簇拥下手捧鲜花迎接新娘们的到来。

婚礼采用中西结合的方式，先是西式婚礼，婚礼隆重气派，婚礼舞台对面是一条长几十米的露天喷水长廊，两侧摆着冷烟火，美中不足的是冷烟火因为短路的原因没能燃放。接着是中式婚礼，新娘乘汽车先到湖心的桃花岛。按程序，新郎由对岸乘船到桃花岛接新娘，再赴婚庆广场坐花轿。可船快到湖心岛时，两条船中的一条船因螺旋桨被空飘气球下垂的绳子缠住了，船停在距桃花岛不远的水中动弹不得，耽误了将近一个小时后才将绳子取出。中式婚礼传统色彩很浓，66位新娘依次进入一个大花轿，99个抬轿人皆身着黄绸丝衣，抬着红色大轿子，喊着"嘿嚯！""嘿嚯！"的口号，这时礼炮齐鸣，礼炮喷出的五彩缤纷的礼花如天女散花般的飘落在鲜红的花轿上。现场气氛顷刻间热闹非凡，场面蔚为壮观！此时此刻真是令人眼花缭乱，心花怒放！礼炮结束后，上海大世界吉尼斯总部在大花轿前颁发了"最大花轿"吉尼斯证书。

说起来也怪了，平时放花轿的地方是个风口，风很大，但那天几乎没风，大家都很高兴。

预测时还说车出问题，还真有点小问题，新娘在粉佳人婚纱影楼化完妆乘车，有7辆车为了抄近路，拉着新娘离开了车队，30辆汽车，先走了7辆，指挥员急得赶紧派车去追，总算在植物园前边汇合了。

活动一结束，河北电视台，石家庄电视台及一些网络媒体共10余家都做了报道，石家庄电视台还先后4次播放了现场实况录像，在市民当中产生了一定影响。李经理和王经理告诉我，这次集体婚礼办的不错，虽然出了点问题；但播出的电视画面上看不出来。活动结束后，他们影楼的名气可谓是大升，慕名而来的顾客是一个接一个。想今年冬天再办一次雪地集体婚礼。

"抛砖引玉"的效果果然已经达到。

真可谓：奇门甚精妙，纷繁皆如料。事成引宝玉，共赢开心笑！

奇门遁甲格局：

2008 年 08 月 26 日 16 时 05 分

戊子年庚申月戊戌日庚申时，阴一局，甲寅旬，天禽星值符，死门值使。

九地	玄武	白虎
开门壬	休门戊	生门庚
天心星丁	天蓬星己	天任星乙
九天		六合
惊门辛		伤门丙
天柱星丙	癸	天冲星辛
马直符空	螣蛇 空	太阴
癸死门乙	景门己	杜门丁
天禽星庚	天英星戊	天辅星壬

分析依据：

1. 为什么说天气比较好？

天柱星为雨师，天柱星不带壬、癸则不下雨。现天柱星落震三宫，宫中不带壬、癸，逢辛加丙格局，占雨必无。天辅星为风伯落乾六宫处弱地，宫中杜门、丁壬相合，主无风，但杜门受克，丁壬合为淫荡之合，也表明会有一点小风，落一宫。因此，断有一、二级风。

2. 为什么说吉尼斯世界记录证书不好办理，但最终能够批下来？

丁奇代表证书落乾六宫与壬相合，逢合则不好办理。时干庚代表求测的事落坤二宫处旺相之地，临生门吉门，说明此事最终能够办成。但大局反吟，需要反复找对方，多跑几趟方能批准。戊代表申请证书所需资金，现戊落离九宫，宫中有2、3、7、9数，结合实际而断，总花费应在2万7千元左右。

3. 为什么说活动总体搞得不错，能办成，但过程不太顺利？

日干戊为求测人落离九宫旺相逢休门吉门，时干庚为求测的事落坤二宫旺相逢生门吉门，且日、时相生，说明活动总体搞得不错，能办成。但大局八门九星反吟主活动虽成但中途不顺，在大的方面为组织不严谨、分工不详；从小的方面看，景门为通讯，上乘腾蛇又逢空说明通讯不畅，时干为下属工作人员，宫中逢天任星虽任劳任怨，但地盘乙、癸均入墓主办事犹犹豫豫、拖拖拉拉，只等人安排，不知道自己到底该干什么。

4. 为什么说此次活动正财不多，暗财可求？

时干庚为求测之事落坤宫处禄位，临生门主盈利，故此次活动能盈利。日干戊为求测人，上乘玄武，玄武为偏财，即求测人的主要收入是偏财，如其他公司的赞助费等，而不单单是和新人正规收取的活动费。

5. 为什么建议注意车、船和炮的问题？

伤门代表车和船落兑七宫，宫中逢辛主错误，丙辛合表明不能开动或因某些原因不能如期到达目的地。丙为礼炮，下临辛也主礼炮有问题，上乘六合表明会有多个礼炮出差错。故应多注意车、船、炮等方面的事。

6. 为什么说车要选择第二家？

第一家报数3，第二家报数7。则震三宫代表第一家汽车公司，宫中上乘九天表明对方好高骛远，丙处沐浴状态想多要钱，与此公司合作我方会开支增大。兑七宫代表第二家汽车公司，宫中辛处禄地旺相，逢伤门说明对方会提供车辆，上乘六合为提供多部车辆。综合来看，应选择第二家而不选择第一家。

7. 为什么说要采取"抛砖引玉"的计谋？

日干戊代表求测人落离九宫旺相，下临己处临官禄地，说明我方有利可图。时干庚代表求测的事落坤二宫处临官禄地，表明通过此次活动，我方可以得到更多的收益。日时均旺相,大局反吟,说明投的资金去而复返,此次活动虽然我方投资很大,但从长远来看,可以收获更多,即应采取"抛砖引玉"的计谋,舍小利而就大利。

第十八计　擒贼擒王

【原文】摧其坚,夺其魁,以解其体。"龙战于野,其道穷也"。

【解文】"龙战于野,其道穷也",是《周易》坤(000 000)卦上六象辞,言其阳爻与阴爻交战于上六爻位之"郊野"。"穷"为极,指卦体之高处,即上爻位。坤卦之数为0,是64卦的第一卦,是爻动数进的起始点,阳爻爻动数进是从上爻位开始的;"龙"喻阳爻,"野"喻上爻位。"龙战于野"是阳爻爻动数进的破冰之始,既是初始之攻"坚"战,又是夺其上爻位之"魁",一旦阳爻占领了上爻位,就预示着坤之纯阴卦体开始"解其体"了。故而阳爻动进,擒拿阴爻之贼,是"擒贼擒王",抓住起始点、要害点。"王"喻阳。

奇门遁甲和三十六计结合要点:

※**奇门遁甲:**

1. "王"的代表符号一般是值符和值使,应根据不同情况选取使用主要矛盾的符号。日干宫克"王"、日干宫与"王"比和或"王"生日干宫,太岁生日干时可使用此计。

2. 日干应旺相,不能入墓;"王"宫中的天干若入墓则利我方实施此计。

3. 逢诈假格局时也利实施此计。

※三十六计：

擒贼擒王计的实施不一定是要"擒"人，重要的是做事要抓住核心，抓住关键，抓住主要矛盾，次要矛盾就会迎刃而解。

此计运用的关键在于在处理事务的时候，要抓住事物的主要矛盾和矛盾的主要方面，但领导或者王并不一定是所有要解决问题的关键点，要具体的问题具体的分析，不能千篇一律，认为只要抓住大的或者领导就能够解决好所面临的问题，抓住问题的关键点才是真正的王道。

【实例】

整顿秩序求突破，"擒贼擒王"使不得

2005年4月初，某公司的赵总经理收购了一个工厂后老是亏损，于是来电话向我咨询："工厂我已经购买了，我调查了一个月，感觉这个工厂亏损的主要原因是内部管理不行，厂长跟我也不一条心，他思路不清，进取精神差。员工也不行，光想着钱。我想'擒贼擒王'，先把厂长换了，你看怎么样？"

我看完局后对他说："坚决不能换，你购买了这个厂子后整顿速度要慢、要缓，暂时既不能换厂长，也不要随意调动员工，要待机而动。"

"为什么要待机而动？"赵总不解的问。

"这局上显示，新收购的工厂和你原来的公司的性质不一样，员工素质也不一样，管理方法也不一样。你是董事长，你有权，但你性子太急，动作太快，若真动了，容易引起生产管理上的混乱。你要是换了厂长，不但擒不住王，员工都被吓跑了。你应该多办培训，统一员工思想，和你步调取得一致，这样才能从根本上解决问题。"

赵总思索了一下，答道："好的，这个问题我再考虑考虑，你再帮看

看，工厂还有没有其他事？"

我又仔细分析了奇门局，然后对赵总说："你派去的骨干管理人员说话办事也要注意，不要认为自己就是占领者、统治者，这样也会引起员工的反感。员工和骨干应该是阴阳对立统一的整体，大家是一个团队，只有团队精神好，工厂才有效益。阳是管理者，阴是员工，阴阳要结合，要相对平衡，企业才能形成团队精神，员工和骨干不能两张皮。"

赵总刚开始满以为他的思路我会支持，但我提出了相反的意见，虽然心里有点不乐意，但他最后还是采纳了我的意见。没有换厂长，对管理干部和员工进行业务和企业文化培训，并亲自对管理干部以及员工进行沟通，统一了他们的思想和认识，提高了他们的业务和文化思想素质。

不久，培训、沟通和思想工作的效果起作用了，工厂效益很快就显现出来了。

真可谓：擒贼先擒王，妇孺皆熟知。千篇非一律，可贵在能识！

奇门遁甲格局：

2005年05月02日20时00分

乙酉年庚辰月丙戌日戊戌时，阳二局，甲午旬，天禽星值符，死门值使。

九地 空	九天	直符 马
景门庚	死门丙	辛惊门戊
天辅星庚	天英星丙	天禽星戊
玄武		螣蛇
杜门己		开门癸
天冲星己	辛	天柱星癸
白虎	六合	太阴
伤门丁	生门乙	休门壬
天任星丁	天蓬星乙	天心星壬

分析依据：

1. 为什么说现在坚决不能"擒贼擒王"更换厂长，要待机而动？

　　大局九星伏吟利主不利客，利主则伏而不动，不能更换厂长，对各项政策要缓缓推行，等待合适的时机才能变更。

2. 为什么说赵总若真更换厂长和员工，容易引起生产管理上的混乱？

　　日干丙为赵总，丙下临丙主赵总属于集权式管理者，宫中临天英星说明赵总的性子急烈，上乘九天动作太快，想大刀阔斧的干一场。丙下临丙为悖格主做事顺序悖乱，若人事上有大的变动，会引起生产管理上的混乱。

3. 为什么说若换了厂长，不但擒不住"王"，员工都会吓跑了。

　　值符为厂长，时干戊为员工，二者落坤二宫比和，说明厂长和厂里的员工关系密切。值符和时干戊临惊门说明厂长和员工像惊弓之鸟，戊加辛子午相冲、临马星主动，如果真换了厂长，厂里的员工就会跟着他一起离厂而去。

4. 为什么说要赵总派去的骨干管理人员注意与员工的关系？

　　值使死门为骨干管理人员，宫中逢天英星性子急烈，逢丙为集权式管理，认为部属必须服从自己的决策，俨然一副统治者的派头。这样做容易引起员工的反感，故应多加注意说话办事的方式方法。

5. 为什么说应该多办培训，统一员工思想？

　　景门代表培训，现景门落四宫，宫中庚加庚说明员工思想不统一，景门逢空亡说明缺乏培训，故建议赵总多培训，使员工思想与之取得一致。

第十九计　釜底抽薪

【原文】不敌其力，而消其势，兑下乾上之象。

【解文】"兑下乾上"，是《周易》履（110 111）之卦象。其卦义是指六三阴爻"不敌"上面三个阳爻并进入来之力，只能顺应时势，让三阳入来后（由于阳进阴退）自行消挫其动进之势。阳爻自消动进之势犹"釜底抽薪"。"釜"指上三阳爻，"底"指六三阴爻；六三阴转阳似"抽薪"。

奇门遁甲和三十六计结合要点：

※奇门遁甲：

1. 生对手用神的落宫为对手的"薪"，为其"源头"，我方应想办法攻击其源头，釜底抽薪，打败对方。例如时干为对手落坎一宫，生坎一宫的为兑宫和乾宫，兑宫中又有月干的符号，我方则可攻击兑宫中对方的同盟、合作方。

2. 时干生日干，对方服从我方。

3. 逢九遁格时利变换阵势，使用此计。

※三十六计：

釜底抽薪是说从锅底下抽掉柴火，不让锅中的水沸腾。从根本上着手，攻其侧面，拆其后台，使其不知不觉间变成一个泄气的皮球。

看到一锅滚开的水，就犹如在一个非常混乱的环境当中，想要水平静下来该怎么办呢？只有找到混乱发生的根源才能轻而易举的平息混乱，面对一锅沸腾的水，只有把加热的火源去掉才能够止住水的沸腾，不管面对任何的问题，关键要抓住事情产生的根源才能够轻而易举的解决事情。

【实例】

社区建站起风波,"釜底抽薪"化干戈

近几年,石家庄市的城市建设发展迅速,不断新建一些新的居民小区,这就要求居民小区配套服务要全面、及时的跟进。在医疗服务方面,市卫生局要求各市辖区医院在新建小区广泛设立新的医疗服务站。但刚开始的时候,由于区医院经济实力有限,还达不到市卫生局的要求,区医院就和一些有合法手续、经济实力较强的私人医生合作,开办了一些社区医疗服务站。

2004年5月份,某区医院与牛医生夫妇就是在这种情况下签订了合作协议。协议规定:区医院作为法人单位,担负着医疗服务站的领导职责,负责办理并取得各种合法资质和证件,并承担部分开办费。牛医生负责药品、医疗器械的采购、检验以及服务站具体医疗业务的实施。在该医疗服务站创建的过程中以及以后的医疗经营中,双方均付出了很多努力。但投入大,回报小。

2009年,根据中央精神,国家在医疗服务领域投资189亿元,对试点医疗服务站全额拨款(收支两条线)。根据国家卫生部有关文件的要求,医疗试点的地方卫生部门需要核定社区医疗服务站医务人员人数,给予统一编制。市卫生局要求小区医疗卫生服务站,在硬件和软件上必须再上一个新台阶,增配相应的医疗设备和医生,以适应城市医疗卫生的发展需求,更好地为社区做好医疗服务。

区医院领导根据市卫生局的要求,认为与牛医生合作的医疗服务站规模过小,有脏、乱、差等现象,不符合医疗服务站的规定标准。于是区医院对该服务站先后做了几次限期整改,但都难以达到规定的要求。区医院

领导决定必须扩大服务站规模,这就也需要牛医生加大投资,可牛医生却没那么大的经济实力,于是区医院决定收回服务站,由医院投资扩大规模,派人直接经营以适应不断增加的社区居民医疗需求。

2009年4月中旬,双方签订的合作合同即将到期,院长派人与牛医生说明了要收回服务站的意向,同时承诺若牛医生想继续在服务站工作,可任命其为副站长,所有的医疗器械和药物盘点按进价由医院接手。收回社区医疗服务站,无疑是断了牛医生的财路。于是牛医生提出,服务站开办几年来已经产生了广泛而良好的声誉,居民们都认可他。再说投入的钱也已经很多了,让其关张也可以,必须赔偿他三十万。经再三沟通,牛医生就是不答应,提出最少要二十万的损失费,若不给钱社区服务站就不开门。

谈判一度陷入僵局,区医院院长也无计可施。

通过各种关系,区医院院长联系上了我。院长细说了缘由并说:"牛医生就是不让步,用'关门'向我们施加压力,因为他在这里干的时间长,认识好多社区病号,他一煽动,病号肯定跟着他走,我怕老百姓闹事,不知道下一步怎么办才好? 杜老师用周易给指点指点吧。"

我依奇门格局回答:"服务站不开门没道理,你可以采取'釜底抽薪'之计解决此事。"

"怎么个'釜底抽薪'法?"院长迫不及待地问。

"牛医生不是用关闭服务站来要挟你吗? 那你就在服务站附近租一间房子作为临时服务站,先开起来,先为居民提供医疗服务,别让居民因为不方便就医而闹事。他不开张,你开张,他不服务,你服务,尽快为居民服务,这实际上是攻其根本——社区居民的人心。当居民发现我们服务的更好时,牛医生也就没有什么资本了。这就是'釜底抽薪',逼其就范,没了病人,到时他不交也得交。如果你直接和他谈收回服务站的事,他会抬高条件,那样,他要么不交服务站,要么要的条件很高。你用釜底抽薪的办法肯定能拿下。"

我边看局边说，院长听完后，还没完全回过劲来。我又接着说："你暂时不急于和他谈收回的事，先租个临时服务站，你一租房，他就会撤劲，若他不降低条件，也不交诊所，结果明摆着是一无所有。你想，他留着没手续的诊所也不能开张，房子做别的生意位置也不好，还得每月交房租，他肯定撤劲。当然，即使闹僵了，经法院判决，我们也会胜诉。"

院长依计而行。先由副院长带上律师和牛医生谈判，要求本周末前服务站必须开张，先解决居民方便看病的问题。但牛医生仍坚持，不给二十万，诊所就不开门。

院长依计和街道办事处及小区居委会协商，先在服务站隔壁临时开办了治疗室。临时治疗室量血压、验血等简单的服务项目都不收费，居民反映良好。这时，牛医生注意到区医院在他的诊所隔壁开了个临时诊所，虽不动声色，但心里的那股不给二十万损失费就不答应的韧劲却泄下来了。于是，他又通过托人、请客的方式来寻求解决，但都被院长拒绝了。显然，"釜底抽薪"之计达到了预期效果。

僵局最终被打破，牛医生只好移交了医疗服务站，院长也大方，给了牛医生药品与补偿费合计10万元，牛医生迅速撤离，最后是双方皆大欢喜。

由此可见，将奇门遁甲与三十六计的智谋灵活、巧妙的结合应用，化干戈为玉帛，这一方面体现了中国古代历代先贤高深的智慧；另一方面也说明，要想做好当今各种各样的商业策划，需要策划者具有深厚的易学功底和传统文化修养以及丰富的商业、管理等实践经验，甚至会涉及到心理学等学科。

真可谓：财梦令智昏，博弈用奇门。并排新诊所，抽薪速走人。

奇门遁甲格局：

2009年04月21日09时36分

己丑年戊辰月丙申日癸巳时，阳五局，甲申旬，天柱星值符，惊门值使。

六合 杜门辛 天任星乙	白虎　空 景门丙 天冲星壬	玄武　空 死门乙 天辅星丁
太阴 伤门癸 天蓬星丙	 戊	九地 惊门壬 天英星庚
螣蛇 生门己 天心星辛	直符 休门庚 天柱星癸	九天　马 戊开门丁 天芮星己

分析依据：

1. 为什么要采用"釜底抽薪"之计？

（1）时干癸落震三宫加伤门说明对方不让步，我方有理难伸。大局八门伏吟、时干癸上乘太阴利策划，故我方在处理此事上不可单靠说理，必须采取计谋。

（2）大局八门伏吟利防守，日干丙处旺相说明医院方处于强势，时干宫中逢伤门说明该事应进攻，但伏吟又利防守，因我方处于强势，故采取"以攻为守"之策略，即"釜底抽薪"，不正面迎击，而转攻对方软肋，逼其就范。

（3）开门为法院落乾六宫生值符原告宫，克天蓬被告，表明我方若通过法律途径起诉对方也可逼其就范。

（4）日干丙落离九宫旺相但逢空，本周六为庚子日冲实日干落宫，时干癸生日干丙，说明我方若采取以上措施，对方将被我方牵着鼻子走，不得不重开或交出服务站。

第二十计　混水摸鱼

【原文】乘其阴乱，利其弱而无主，随，"以向晦入宴息"。

【解文】"随，君子以向晦入宴息"，是《周易》随（100 110）卦大象辞。随之卦名，其义是言初九向上回蓄得九四，九四也"随"之回蓄得九五，九五仍然向上回蓄以使上六阴转阳。"晦"为月尽之义，喻阴爻。阳爻向着阴爻方向回蓄，阳入阴位便安息之。从卦象看，本卦是三阴与三阳组成，三阴被二阳隔开，一阴在上，二阴在下，阴爻排列混乱。上六之阴虽"乘其"在九五头上，却乱了阴序，九五阳爻利用其上六一阴之"弱"势，将无主之阴转化为有主之阳。"主"喻阳爻。再从卦数看，二阳陷于三阴之中，是阳爻搅混了三阴之水，而九四、九五阳爻混于水中回蓄摸到了上六阴转阳之鱼。"鱼"为水中之物，喻阳。故曰"混水摸鱼"。

奇门遁甲和三十六计结合要点：

※奇门遁甲：

1. 遇反吟局利混水摸鱼，日干旺可主动把水搅浑，时干衰则可审时度势乱中取胜，时干或月干乘玄武或壬加辛对方易被欺骗，也可使用此计。

2. 时干生日干，日干克时干等格局。

3. 对方用神落宫逢刑格、悖格时，表明对方不团结，内部混乱，也利使用此计。

※三十六计：

混水摸鱼计要乘着对方内部发生混乱或主动扰乱对方内部，利用对方的虚弱和没有主见的时机，将其击溃。实施该计谋时要注意混乱局势对自己有害的因素，做到未雨绸缪。

此计必须抓住两点：一是必须混乱；二是没有混乱也要能够制造混乱。把水或者自己所处的环境搅和乱了才会有机可图，搅混水的目的就是蒙蔽住相关利益人员的眼睛，只有做到了这一点才能够像例子中那样水到渠成的获得相关利益。

【实例】

开发楼盘无批件，"混水摸鱼"终过关

李老板在某市郊区租了60亩地，租期50年，盖了一座工厂，近几年工厂不景气，李老板与村干部协商后想把工厂的建设用地变更为住宅用地来做房地产生意。但改行做房地产，心中也没底，于是就请我来帮助策划一下。

一天上午，李老板请我去厂区看看这块地能不能盈利？我坐在车上起好局，未等李老板说话，我先开了口："你这块地证件不符合规定，没办正规开发手续。"

李老板立刻惊讶的说："这你也能看出来？我这是村证。"

"就是村证，你也没得到批准。"我立即回答。

"是，村证还没批呢。"李老板说。

我说："咱先这样，路上我先以奇门遁甲局来说，到了实地工厂再看。不过从局上说，你设计的图纸风水上有问题，得改变图纸设计。"

"你接着说。"看来李老板对我的预测感兴趣了。"

"你的证件没办下来,你只要一施工就得遭罚款。"

"那我怎么办?"李老板回过头问我。

"从我这个格局上来讲,你应该快干,越慢越受损,干快了损失小,干慢了损失大。格局还显示现在村证方面管理不太严,主管部门睁一只眼闭一只眼,也不会管你,你只能混水摸鱼,先斩后奏,然后交点罚款了事。"我直爽的说。

李老板说:"是,山高皇帝远,我在郊区,交一点罚款就行。还有什么问题吗?"

"风水上有问题,你建的小区周边大环境不太好,应该是有坟地、灵堂类的东西,这得需要调整。"我依局说。

李老板惊讶的说:"哎呀,村里真有一个灵堂紧挨厂区。你想法给调整调整。"

事后,我对这个小区的风水做了相应的调整。

户型设计图纸的修改可费了大劲。原来,李老板从厂区回去后,第二天就去了设计院,和设计院设计人员商量修改图纸的的问题,设计院设计人员说图纸都设计好了,没法修改了。过了几天我打电话问李老板:图纸修改了吗?李老板说图纸都出了,不好修改了。我再三劝解:房子是卖给老百姓的,老百姓不认可,你说你的图纸再好,老百姓不买,房子卖不出去,可就坏事了。修改图纸的花费相对来说比较小,房子少卖出几套损失就大了。无奈,李老板只好把我和设计人员叫到一起进行沟通,我依照奇门格局,结合天人合一的设计理念,坚持要求修改户型设计图,最终设计人员听从了我的意见,修改了部分图纸。

随后李老板按我说的,趁着村证管理混乱,来了个混水摸鱼,边施工边办证,并到各相关部门点头哈腰一路认错,伸着脖子挨刀交罚款,同时把十几栋楼盘拆分给四个建筑公司垫资承建,不到一年的时间,楼房就封了顶。2007年年底，在全国房价最高的时候，李老板开发的小区楼盘全部销售一空，李老板赚了一大笔钱。

真可谓：依局补不足，水混赶进度。指点谱神曲，高妙在精熟。

奇门遁甲格局：

2006年10月03日09时26分

丙戌年丁酉月乙丑日辛巳时，阴六局，甲戌旬，天禽星值符，死门值使。

九天 伤门乙 天柱星庚	九地 杜门戊 天心星丁	玄武 空 景门癸 天蓬星壬
直符 己生门壬 天芮星辛	己	白虎 空 死门丙 天任星乙
螣蛇 休门丁 天英星丙	太阴 开门庚 天辅星癸	六合 马 惊门辛 天冲星戊

分析依据：

1. 为什么说证件不符合规定？

丁奇为证件落艮宫入墓，说明没有办证，上乘虚诈之神螣蛇，说明即使办证也不是正规手续，不符合相关规定。

2. 为什么说图纸不行，需要再修改？

景门为图纸落坤宫逢空，说明图纸尚未成型，宫中上乘玄武、天盘癸入墓说明图纸还存在相当的问题，地盘己为六仪击刑，逢击刑则说明图纸需要再修改。

3. 为什么说整个工程要快干？

日干乙为求测人落巽四宫，宫中乘九天、逢伤门主此事应大张旗鼓、速度快。时干辛为求测的事落乾六宫，临马星、天冲星，天地盘又子午相冲（甲子戊、甲午辛）也主在此事上应快干。

4. 为什么说妄动则要罚款？

乙日辛时，时干和日干阴克阴为五不遇时，逢五不遇时办事多不顺。时干辛落宫中逢辛加戊困龙被伤格，若妄动则会带来祸殃，地盘戊为钱财，故若开工则可能会被罚款。

5. 为什么要"混水摸鱼"？

混水摸鱼是趁着混乱，利用别人没有主见或不管事的时机趁机谋取利益。在此局中，死门值使为管事人员落兑七宫逢空，逢空则无人管事，丁奇为证件落八宫入墓、上乘螣蛇，综合分析，即主管人不管事，因而导致证件管理不严。日干乙与生门利润比和，生门宫又生资金甲子戊，若在此投资建住宅则盈利，故应混水摸鱼，趁现在证件管理不严而谋取利益。

6. 为什么说大环境风水不好？

值符为大环境落震三宫，宫中己为坟墓，辛为骸骨，天芮星为灵堂，故小区附近有坟墓、灵堂等对小区的风水造成不良影响。

第二十一计　金蝉脱壳

【原文】存其形，完其势；友不疑，敌不动。"巽而止蛊"。

【解文】"巽而止蛊"，是《周易》蛊（011 001）卦象辞。皿中之虫为蛊，"蛊"名之卦义，言其上九阳爻动入六五阴爻位之中，阳入阴中有皿中虫之象。"存其形，完其势"：言其在下体卦不变而"存其形"的情况下，上体卦之上九动进，阳进阴退，阳爻完成其动进之势。"友不疑，敌不动"："友"为阳之友，仍为阳，指九二、九三阳友不疑虑上九阳友动进；上九动进六五爻位也"不动"及六四之阴敌。上九阳爻动进六五阴爻位，阳进阴退，上爻位由阳转阴，犹卦体上位之"金蝉脱壳"。"金蝉"喻阳爻；"脱壳"指阳转阴，"壳"喻阴爻位。

奇门遁甲和三十六计结合要点：

※奇门遁甲：

1. 格局里显示日干、时干状态不旺时，逢壬水、马星、大格、小格表示要走，临杜门、伏吟或九地利伏藏，藏着走就可以隐瞒企图。

2. 若日干、时干逢合则因事相绊暂走不了，若逢开门则保不住密，逢庚则有阻力，难以实施此计。

※三十六计：

金蝉脱壳计实行必须是形势对我不利，为隐蔽摆脱对手时使用的一种计谋，但不论是转移还是撤退，绝不是惊慌失措，消极逃跑，而是保持原来的表面形式，只抽走内容，造成对手麻痹，使自己脱离险境，达到既定的战略目的。

在形式处于优势的时候，面对对手心里总是有底的，可是实力不如人或者形式不妙的情况下，如何才能达成胜利或者说是减少损失呢？常言说的好，少输就是多赢，金蝉脱壳之计就把这一道理演绎的淋漓尽致，在形式不妙的情况下一定要像实例中那样当机立断的采取行动，才能保存住根本的实力，取得最后的胜利。

【实例】

品茶聊天忆往昔，笑谈"金蝉脱壳"计

为什么欠钱还能打赢？事情的经过是怎样的？

2008年8月4日李厂长打来电话，约我到茶馆喝茶，我和学生小黄在茶馆里和李厂长谈企业运作的事。其间又来了李厂长的三位朋友，说到兴头上，李厂长说："那年电池厂打官司的事、上型材厂的事、盖大厦的事，都是杜老师给出的主意，都非常准确，尤其是当年打官司的事真是绝了。"

"当时我建议你悄悄地撤离工厂，留下个空办公室、空办公桌实际用的就是三十六计的金蝉脱壳之计。"我也兴致勃勃地回忆到。

李厂长站起来直说："那事绝了绝了！一般人想不到这样的主意。"

另外三个人也说："知道，老李欠人家三百万，连利息是六百多万，杜老师让老李先下手去告人家，谁都没想到，你老李还真打胜了。"

李厂长绘声绘色的继续说道："当时我叫手下老唐去打官司，老唐不敢去，说我们欠人家钱能打赢吗？打官司期间，有一次老唐一出法院门，被告就恶狠狠的对老唐说，要是在旧社会，我一刀先把你捅了，你心里不清楚谁欠谁的钱啊？你欠我们的钱你还先告我们？老唐赶紧接过话来，哎，咱是朋友，出了法庭不谈公事，打官司的事法庭上再说吧。"

某局长笑着说："对方可能真的给气坏了。"

李厂长接着对我说："我在外地办了个厂子也不赚钱，去请教你，那是第一次见你，当时你还在河北联通总部，你说的很肯定，这个厂不能干了，光亏损，而且干部和工人的矛盾特别突出，工人老打干部。合作伙伴是电厂，因为电价问题也总给我停电。那回我是全听你的话了。我在两个月的时间里把厂里的东西分期分批偷偷给撤了，只剩下空办公室和办公

桌。年底最后一天晚上,我一个电话,人员全部撤了回来,撤走了一星期,对方还蒙在鼓里,不知道我全都撤回来了,没损失什么财产!真绝了。"说完哈哈大笑。

大伙也笑着对我说:"你还研究三十六计啊?"

"我一直在研究奇门遁甲和三十六计在博弈中的应用。不太好研究,两个必须都懂才能结合,只懂奇门遁甲还不行,三十六计熟了才能策划的更好。"我回答到。

"不是诡诈吧?"三人都看着我说。

"可不是诡诈,这是智慧的体现。世上总有博弈的事,没有智慧,遇事凭感觉、拍脑门肯定失误的多。"

"李厂长老提这个事,要是官司输了,李厂长今天就坐不到这了。"董总笑着补充了一句。

第二天,学生小黄和我说:"当时您这'金蝉脱壳'用得还真神了,不过乍一看,也有点像'走为上计'。"

"'走为上计'只体现了走字,是只走不留'壳',没有伪装。'金蝉脱壳'也是走,但走的时候是有伪装的,是留有'壳'的。李厂长撤离后,因为有'空壳'伪装,合作方一星期后才发现厂里的财物、人员都撤走了,只留下空荡荡的办公室。这就是三十六计中的'金蝉脱壳'之计。为什么要用这个计?奇门遁甲格局里壬水主走,自刑为主动撤离,杜门主伪装,所以要用'金蝉脱壳'之计。"

真可谓:用奇门风光,卅六计相帮。脱壳毫未损,金刚钻铮亮!

奇门遁甲格局：

1997年10月27日8时

丁丑年庚戌月壬寅日甲辰时，阴八局，甲辰旬，天辅星值符，杜门值使。

直符	九天	九地
杜门壬	景门乙	辛死门丁
天辅星壬	天英星乙	天芮星丁
腾蛇　空		玄武
伤门癸		惊门己
天冲星癸	辛	天柱星己
马太阴空	六合	白虎
生门戊	休门丙	开门庚
天任星戊	天蓬星丙	天心星庚

分析依据：

1. 为什么断该工厂亏损？

该局中八门九星伏吟主破财、亏损。开门为工厂落乾六宫伏吟上乘白虎主破财伤人，格局又庚加庚大凶之格。时干壬和日干壬同落巽四宫为六仪击刑大凶，日干宫中杜门加杜门主破耗亏损，因此断该工厂亏损。

2. 为什么断工厂内部不团结、凶事不断？

开门为工厂落乾六宫，上乘白虎主凶事，宫中庚加庚主兄弟失和，官灾横祸，开门工厂乘凶神，凶格又克日干宫，必是工厂内部争斗不止，凶事连连。

3. 为什么说李厂长伤透了脑筋？

日干壬为李厂长落巽四宫，壬落巽四宫为六仪击刑主大凶，宫中壬加壬为自刑，说明李厂长自己决策上有错误。为什么干不下去？天盘日干壬落四宫为入墓，说明李厂长被囚困，有劲也施展不开，地盘日干壬也入墓主李厂长犹豫不决，所以说李厂长伤透了脑筋。

4. 为什么最终要放弃经营该厂？

开门带凶神、凶格落乾六宫，日干壬落巽四宫，现正是金旺木衰之时，旺乾金冲克衰巽木，当然要放弃经营该厂了。

5. 为何说该厂产品质量差？

时干壬为产品逢击刑和自刑，说明质量太次，自刑也主是因为自己工厂内部的原因，造成了产品质量差。

6. 为何要采用"金蝉脱壳"之计悄悄地撤？

壬为日干下临壬，壬为大水，主流动，在这里主走，日干逢击刑主辞职，主撤退，四宫中逢杜门，杜门主隐蔽，所以要悄悄撤为宜。如公开撤，开门宫中庚为白虎，为阻隔冲克日干李厂长，对预测方则大为不利。故应"金蝉脱壳"，留下作为掩饰的物品，人员悄悄地撤出。

第二十二计　关门捉贼

【原文】小敌困之。"剥，不利有攸往"。

【解文】"剥，不利有攸往"，是《周易》剥卦（000 001）卦辞，言其上九动爻剥而往下动进，由于阳进阴退，阳动爻不利于象水流一样从上往下一泻攸往。尽管上九阳爻占居上爻位入门之处，形成了"关门"之势，可动下入内捉其阴贼，但动而入于两阴夹困之中。"小敌"喻动入六五爻位之阳爻。

奇门遁甲和三十六计结合要点：

※奇门遁甲：

1. 日干旺相，对方用神衰弱时。
2. 日干克对方用神时，能"捉住"对方。
3. 日干逢诈假格利实施此计谋。

※三十六计：

关门捉贼计是对弱小对手采取的四面包围、聚而歼之的谋略。此计的关键是关弱不关强。比如一个弱小女子把一个彪形大汉样儿的贼关在家里，就非常危险。

此计使用一定要注意关门后能够捉住贼，慎防把贼放进来拿完了家里的东西给溜掉了，或者关门后发现是大灰狼根本抓不住反倒自身遭殃了。犹如例子当中那样，严密的计划和精准的执行是关门捉贼运用成功的重中之重。

【实例】

竞争失利搞破坏，"关门捉贼"证据在

2002年年初，公司一把手半开玩笑的对我说："今年咱们班子想重新分工，我先给你沟通一下。我的想法是：你年龄也大了，也不会再想进步的事了，我们几个还年轻，还有进步的希望，你管寻呼业务吧，反正寻呼也上不去了，我们几个管移动和数据业务。你看行不行？"

我马上乐呵呵地回答："好，我来管寻呼业务。"

领导班子分工我负责基础网络和寻呼业务。

寻呼机的替代产品——手机在市场上出现后，发展迅速，随之寻呼业务锐减，寻呼显然是一个夕阳业务，而手机和数据通讯就成了朝阳业务。

我分管寻呼，我也知道寻呼下滑是不可避免的，谁也挡不住。但是这是联通的一项业务，我必须要设法阻止它的下滑速度，完成省里交给的收入任务。要想做到上述两点，必须寻求新的经济增长点。

2002年8月底，经过市场调研，我联通公司想收购乙寻呼台货运网用户。经过多次协商，与乙寻呼台于8月29日签了收购协议。刚开始一切进展顺利，谁知半路杀出个程咬金，原乙台货运网的两名业务骨干被丙台挖走了，同时也带走了200多个货运网用户。本来乙台货运网用户只有1000多户，丙台一下子就挖走了200多个用户，网上用户数就太少了，他赔钱我也不盈利，两个台经营则两败俱伤。

我还没从和乙台签协议的喜悦中回过神来，就被挖墙脚的丙台打了一闷棍。丙台趁火打劫，第二天又出了一个虚假通告，在寻呼货运用户的聚集点到处张贴，称乙台的用户要全部转入丙台，联通公司没有货运业务，丙寻呼台是"永不消失的电波"，不会倒闭。更可恶的是，他们为了吸收更多用户，采取了不正当的手段，竟然架了一台无线电干扰机，在联通的频点上释放干扰，造成我们刚接管过来的新客户时常收不到信号，新客户对我们联通公司的通信质量产生了极大的怀疑，严重影响了我们的业务，真是欺人太甚。

我急忙找来业务经理询问情况，他解释："已经测到丙台在使用干扰机干扰我们频点，干扰机只有四、五十公分大小，只要对上我们使用的频点，接上电源，我们的频点就收不到信号。"

使用无线电频率是须经石家庄市无线电管理委员会批准的，凡是使用无线电的单位，频点必须是由无线电管理委员会分配批准，联通使用频点是152.XXX，这个频点只能由联通公司使用，别人是不能占用的。

按照《中华人民共和国刑法》第二百八十八条规定：

违反国家规定，擅自设置、使用无线电台（站），或者擅自占用频率，经责令停止使用后拒不停止使用,干扰无线电通讯正常进行,造成严重后果的,处三年以下有期徒刑、拘役或者管制,并处或者单处罚金。

单位犯前款罪的,对单位判处罚金,并对其直接负责的主管人员和其他直接责任人员,依照前款的规定处罚。

而丙台无视国家法律,为了拉用户,不择手段,买了一台干扰机,竟敢在国家的大型通信网上释放无线电干扰信号,使联通的126用户收不到信号。抢我们的业务,当然我是不会罢休的。

这个问题比较严重,必须立刻向无线电管理委员会汇报。无线电管理委员会领导听到我们的申诉后很重视,马上给丙台领导打电话警告,但对方拒不承认自己释放干扰信号。无线电管理委员会一警告,他就停止了干扰信号,因为抓不到对方把柄且又打草惊蛇了,下步怎么办?我一时也没了办法,我的下属也是干着急,拿不出具体应对方案,情急之下,我还是运用了奇门遁甲。根据奇门格局,我分析认为:接收货运网用户是寻求新的利润增长点的好路子,但操作时必须变换方法、设计谋以取胜。

这计谋怎么设?按奇门局这个仗应先布"口袋",让"贼"钻进"口袋",然后再"关门捉贼"。联系实际,我进行仔细分析:丙台要想抢我的用户,只有四条路可走,我认为应把其它三条路子堵住,只留一条路子作为口袋给他预留出来,只要他一钻,我就"关门捉贼",打他个落花流水。

我立即召开会议,布置"关门捉贼"计谋的实施:

第一、和乙台联合发一个通告,明确乙台的用户已转入联通公司网络,释放干扰信号的丙台在通告中说的"乙台的用户全部转入丙台,联通没有货运业务"的谣言不攻自破。

第二、由我带队到各大货运网点和他们的负责人亲自对话,让他们对货运网提出需求,当场表态,解决存在问题,满足客户需求。

第三、寻呼部的所有人员都到货运网点争取客户,加大宣传力度,由单纯的宣传变为深入基层,与用户面对面沟通。让用户知道,联通是国有企业，联通单寻呼人员就有400多人，而丙台是个人经营，只有20个寻呼人员，两者的实力对比不言自明。

我强调，只要上述三面一攻，丙台就无路可走，只有释放无线电干扰这一损招可用，丙台一释放干扰，我方就可请无线电管理委员会和报社抓住他的把柄，狠打他一把。

我一方面按照上述三条布置，另一方面悄悄地指示管技术的部门副经理打开监测设备，密切监视丙台的动向，只要丙台一释放干扰信号，就立即向无线电管理委员会报告。一切布置就绪，专等丙台上钩，我好"关门捉贼"。

我方抓紧工作，堵住了丙台其它的路子，丙台台小人少，无力招架，狗急跳墙，两天后果然上当了，又开始对我台释放干扰信号。

在第一时间里我就报告了无线电管理委员会，无线电管理委员会立即启动无线电检测设备，将丙台释放干扰信号的位置交汇锁定。某报记者也立即赶到无线电管理委员会进行采访，亲眼目睹了丙台恶意干扰联通通信的不法行为。无线电管理委员会向记者介绍，我们锁定干扰信号出自丙台的位置，使用的是科学技术方法，证据是确凿的，就是丙台在释放干扰信号。

紧接着，记者又采访了丙台，丙台不敢承认，只是含糊地说，不会吧。记者拿出无线电管理委员会的无线电测向定位图让对方看，对方也不敢正视，只是说不可能。

第二天，报纸刊登了记者对无线电管理委员会和丙台的采访记录，并刊登了无线电管理委员会出具的干扰信号测向定位图。这一关门捉贼计谋的使用，丙台的气焰立即被打了下去，再也不敢释放干扰了，丙台用户明白了其中的根由，很快看透了丙台。失去了人心，丙台也留不住客户了。联通公司则顺利的争取到了丙台的货运网用户。

真可谓：四门关三扇，一扇通机关。布囊取证据，借手来除奸。

奇门遁甲格局：

2002 年 09 月 04 日 14 时 34 分

壬午年戊申月乙亥日癸未时，阴七局，甲戌旬，天心星值符，开门值使。

太阴　马 庚杜门癸 天芮星辛	螣蛇 景门戊 天柱星丙	直符　空 死门己 天心星癸
六合 伤门丙 天英星壬	庚	九天　空 惊门丁 天蓬星戊
白虎 生门辛 天辅星乙	玄武 休门壬 天冲星丁	九地 开门乙 天任星己

分析依据：

1. 为什么说接收货运网用户是寻求新的利润增长点的好路子？

大局伏吟利收敛钱财，在此为利争取客户。但日干乙入墓，事情不好办，乙下临己，需要采取一些不正当的手段方可成功。日干乙临天三门利张招抚之旗，说明收购乙台有利，此举可以增加公司利润。

2. 为什么说操作时要变换方法？

日干宫中开门、乙奇、己组成地遁格局，逢遁格须变换阵势和方法。即我方不可和对方正面交锋，应迂回而进，包围、攻击敌人。

3. 为什么要设计谋，采用"关门捉贼"之计？

日干宫中九地、开门、乙奇组成重诈格局，逢诈格须设计谋。设何计谋？时干癸主事体，也为对方，时干宫逢杜门与天网癸说明此事应秘密设个网，在这里可看成一个口袋，将"贼"引进设好的口袋，"关门捉贼"。时干癸下临辛主错误、损招，结合实际，我方须从三个方面围攻丙台，让他只有释放无线电干扰这一损招可用；值使开门为主管部门，日干与值使门同宫冲克时干，我方管不住对手，可让有关部门抓住他的把柄，再狠狠打击，让其再无还手之力。

4. 丙台会不会中计？

时干癸为丙台，下临地盘辛主会采取违法的方法攻我。宫中逢马星、太阴、杜门，还会即刻行动、秘密的阴谋算计我。结合实际，各个正面我都采取了措施，他要想拉住用户，只有再释放无线电信号干扰我台这一条路可走，必然中计。

第二十三计　远交近攻

【原文】形禁势格，利从近取，害以远隔。"上火下泽"。

【解文】"上火下泽"是《周易》睽卦（110 101）之象。从卦象看，上九与九四两阳爻身下都有一阴爻，似乎两阳有竞相往下动进之意，故而睽之卦名义，言其两阳爻相违不相合之象。从卦数言，本卦阳动爻应是上九动入六五阴爻位，故而处睽卦阴阳相错、"形禁势格"之时，利于上九阳爻近取、近攻六五阴爻，而远交相应六三阴爻，避免入于远处六三爻位而有害。故曰之"远交近攻"。

当形势受到一定的限制时，适宜于从近处攻打敌人，而不利于越过近处去攻打远处的敌人。这就像《周易》睽卦显示的，此时有互相冲突的不利因素。

奇门遁甲和"远交近攻"结合要点

※奇门遁甲：
1. 日干与太岁或月干相生比和时，日干克时干时宜使用此计。
2. 日干逢诈假格时，利实施计谋。

※三十六计：
"远交近攻"在现实生活中就是联络远距离的朋友，和他们组成联盟来进攻附近的竞争对手。就像曾某，要使自己的项目有发展，必须采用"远交近攻"的方法，让远方的同行看到优势和利益，进而和自己合作，使自己能在当地树立品牌，巩固基础，接着让自己的品牌在同行竞争中逐渐强大，使自己的经营不断扩大，最终上升到一个更高的地位。

【实例】

扩充店铺搞连锁，"远交近攻"为上策

我的朋友曾某在粮食部门工作，去年1月份我们见面时，他问我他的工作如何，我讲，你的工作年内会出成绩。今年春节期间我们又遇到一起，他跟我讲去年他还真做出了点儿成就，我问有何成就？他说：我做了个某粮特供项目，虽然刚开始，但已具雏形，比较成功。因为这个项目涉及到食品的销售和安全，对某些单位，对某些站点，对上级，对百姓来说都有很大好处。今年我想在此基础上扩大一些营业网点和产品，不知道行不行？

我边起格局边听他继续讲：

我通过市场调查发现，粮食市场虽然开放了，但某些单位和老百姓对

食品安全越来越重视了。作为粮食部门,保障某些单位和百姓吃上安全粮、放心粮是我们的职责所在,我就是想通过这个项目既开发市场又让某些单位成员和百姓吃上放心粮。比如,某些单位原有农场和养猪厂是很大的资源,我们接手去管理,提供一站式服务,我组织人去经营农场,养猪,把某些单位的人替换下来,让他们去做他们的主业。我还准备把专供市场搞活,成立一个公司,让一些站点入股,和大个体联合,形成双赢局面。我想再扩大些网点,你看行不行?

我依奇门格局提出了一些意见:

一、这是一个大的项目,利国利民还有利润,能做成。

二、上级比较支持,但是没有具体帮助措施,只能靠自己的力量来搞。

三、你必须依托有影响的相关部门,联合建立自己的品牌,要让全国的有关部门认为你做的品牌不错。

四、你今年可扩大一些特供网点,可增加的加盟店的数量约50个。

五、应以企业利益为支点,搞成股份制加盟店,这些加盟店应以原有的老国有店为基础。从局上看,这些老店没作为,观念陈旧,想大干但不知道怎么干。你利用这些老店可以避免资源浪费,也可减少成本开支。

六、还要加大宣传力度,格局显示你不会在广告上投多少钱,你可以利用软广告方式宣传。

七、我提几点建议可供你参考:

1. 格局里显示要稳扎稳打,建店速度不易过快,不宜张扬,今年建50个网点最好,加上原有的30个,总数量达到80个就可以了。

2. 组织专职人员专门搞建店和进货谈判。专职人员专业性强、经验多,可以更快更好地解决疑难问题,质量能保障,价格也降下来了。

3. 实施策略,从格局上看,要采用"远交近攻"战略。格局上显示,附近的一些粮食商家也想占据市场,他们会拼命竞争对你形成不利,你必须先和较大的、有影响的相关部门挂钩，利用他们的名声、品牌、实力造出声势，扩大影响，这就是"远交"。"近攻"就是攻击附近的同行，把附近的市场占领了。远交近进，再去开发远方市场，要以点带面，要让远处的供应商、零售商、消费者看到好处，才能有利于开发你的项目。

事过半年，曾某就和有关部门挂上了钩，利用他们的名声、品牌做了某产品专供，并又新建立了三十多个网点，附近的一些粮食商家销售明显减弱，由于网点的建立，这一地区的主要市场被他们占领，目前形式大好。

真可谓：智慧且大胆，创建特供店。远交近攻计，布局大发展。

奇门遁甲格局：

2010年02月19日16时4分

庚寅年戊寅月庚子日甲申时，阳六局，甲申旬，天任星值符，生门值使。

太阴 杜门丙 天辅星丙	六合　空 景门辛 天英星辛	白虎　空 乙死门癸 天芮星癸
螣蛇 伤门丁 天冲星丁	 乙	玄武 惊门己 天柱星己
直符　马 生门庚 天任星庚	九天 休门壬 天蓬星壬	九地 开门戊 天心星戊

分析依据：

1. 为什么说此项目是利国利民的大项目？

时干庚为项目也为民众现落艮八宫，宫中上乘值符主大，时干下临太岁庚主国家，逢生门，天任吉星，此项目利国利民。

2. 为什么说上级虽支持，但还要靠自己的力量？

日干庚下临太岁庚和上乘值符，说明上级支持，庚入墓主虽上级支持但没具体措施，庚又为击刑，表明自己工作艰辛，又临马星，故要靠自己的努力取胜。

3. 你必须依托有影响的相关部门，联合建立自己的品牌，要让全国的有关部门认为你做的品牌不错。

生门值使为有影响的相关部门落艮八宫，景门为品牌落离九宫，品牌景门宫生生门宫，生门与日干庚落宫逢马星，应主动和相关部门挂钩进行宣传，建立自己的品牌。

4. 为什么说建店要稳扎稳打、不易张扬，今年网点可扩大50个？

大局伏吟，主慢，主稳扎稳打，也主不易张扬。日干为求测人，庚加庚兄弟雷攻，主竞争激烈。时干庚为扩大的网点落八宫主五、八之数，弱相主五数，所以今年可再扩大网点50个。

5. 为什么要利用原有的国有店？

开门为商店落乾六宫，上乘九地为原有。宫中戊伏吟、入墓，说明老国有店没作为，地盘开门想干没措施，地盘戊也入墓，表示犹豫不决，日干生开门又代表资本的戊弱相，说明利用原有的国有店会节省资金、搞活无效资源。

6. 为什么说要利用软广告加大宣传力度？

景门代表广告，上乘六合主要采用多种渠道宣传，宫中辛逢刑又辛加辛自刑，说明广告不会花钱太多，可利用软广告，比如以新闻的形式进行宣传。

7. 为什么要组织专职人员专门进行建店和进货谈判？

值使生门为具体办事人员，与日干、时干同宫，说明开展此项目要用自己的部属和时干对方进行"庚加庚"的谈判，戊为价格落六宫不旺主价格低，逢开门说明价格能降下来。时干主产品，上乘值符主高级，临生门、天任星表明质量好。

8. 为什么要采用"远交近攻"的策略？

（1）日干庚为求测人，月干戊为同行落乾六宫，阳遁乾宫为外盘，四维宫主远，在这里主外地的同行。月干宫中逢开门说明外地的同行赞同求测人的做法。日干生月干表明求测人应主动交往远方的同行，扩大影响。值使生门落八宫，宫中有太岁庚，说明为较大的相关的部门，日干庚与生门同宫，要和相关部门挂钩，这就是"远交"。

（2）日干、时干均为庚，伏吟主呻吟，庚加庚为同行竞争激烈，景门也为市场落离九宫，宫中辛加辛为刑也主竞争，所以断在本地要和同行进行竞争，采取策略是"近攻"，各个击破。

第二十四计　假途伐虢

【原文】两大之间，敌胁以从；我假以势。"困，有言不信"。

【解文】"困，有言不信"，是《周易》困卦（010 110）卦辞。"言"者，说也，喻阳爻回蓄也。"信"者，人言为信也；"不信"乃指阳爻已回蓄，上体卦改兑为乾。"有言不信"是言九四、九五共蓄上六阴转阳。从卦象看，六三阴爻在两大阳爻之间，九二阳敌回蓄，九五、九四阳敌并进，胁迫六三阴爻服从阴转阳。而我之九四、九五回蓄以假借上六阴转阳之爻位路道，形成三阳并进伐六三之势。故曰"假道伐虢"。"虢"喻六三阴爻。

奇门遁甲和三十六计结合要点：

※奇门遁甲：

1. 格局遇诈假格时利设计谋。
2. 景门乘螣蛇，时干弱，日干旺，日干克对手用神宫时宜使用。

※三十六计：

假途伐虢之计，是自己处在不利的情况下，想出策略和计谋争取一切有利于自己的时机或借口，取得对手的支持信任，拉好关系，获得长久发展，完成自己的真正目的。

【实例】

村长竞选很激烈，"假途伐虢"奏凯歌

近几年，我国基层民主搞得如火如荼。基层民主选举的规范化、法制化和科学化，对于促进基层人民群众积极、有效的行使民主权利、促进基层社会和经济的发展有重大的意义。而选举一位能切实贯彻党的农村政策、作风正派、带领人民群众脱贫致富、妥善解决村内各种矛盾和问题、德才兼备的村长是做好基层工作的关键。

2009年4月初的一天，我当时正在北京办事，某县村长打电话给我，说务必与我尽快见面，有急事向我请教。

第二天，在一间茶社里，我们见了面。这位村长说："村里正在搞村官选举，我还想竞选下任村长。不过在上届任期内，我的好几项举措还没有完全得到推行，也没见到多少成效。目前，主要是有人在捣鬼，想把水搅浑，趁机拉拢选民，把我拉下台。因此，当前的选举形势对我相当的

不利。"

"别着急，慢慢说，只要选举没有结束，就有取胜的机会。"看着村长急切的样子，我反而显得很沉稳。

村长开始给我介绍选举的情况："按照选举的相关规定，我们要选五名村委。第一轮从全村选出八个候选人；第二轮在八个候选人中，得票超过半数者可当选为村委，直接进入第三轮选举竞争村长，得票不够半数的人，继续竞争，得票多者可再进入第三轮竞选；第三轮竞选中超过三分之一票者当选村委，票数超过半数者可竞选村长；第四轮票数最多者可当选村长。选举开始后第一轮我得的票数最多，但第二轮有人捣鬼了，我连半数也没有超过。以后还有两轮，我还不一定能选上村长。"

我不动声色，根据起好的奇门局，对目前形势做了如下预测：

"第一，造成不利局面的主要原因是，这次选举你没有制定一个有效、完备的组织方案，对群众承诺比较保守，且办事毛躁，麻痹大意，只是靠以前的关系和"走后门"，所以有部分群众不买你的账，不投你的票。

第二，支书认可你、支持你，赞成你竞选村长，并且他已经向上级建议，愿意和你搭档。

第三，上级领导和主管选举的部门做不了选民的主，不能左右选举局面。

第四，你的竞争对手私下向老百姓承诺、吹大话、送礼，部分选民倒向了你的竞争对手。

第五，你若计划好、组织好，行动不出纰漏，还可以反败为胜，做第一名。"

"具体如何做才好呢？"村长问道。

"第一，反对力量主要集中在村内的南边，所以要做好南边村民的工作。

第二，有三个在村民中具有一定影响力的人，很具有煽动性，应该做好他们的工作。

第三，适当改变竞选策略，进一步向群众阐明自己的施政方针、措施，承诺几件较大的实事，让老百姓看到实惠。"

听到我以上的分析，村长紧锁的双眉逐渐疏松了，脸上逐渐露出一丝笑容，但还是有点儿疑惑。我接着问他："八个人竞选除了你之外，还剩七位候选人，他们都是哪年出生的？村民怎么投票？"

村长回答："一个是74年的，他的票数仅次于我，还有62年、65年和70年的，还有两个记不清了。村民第三轮投票只能在七个候选人中选四个，不过，农村的宗族观念特别重，这几个候选人下边都有家族的人支持。"

我一边听着村长介绍，一边看着奇门局，逐个分析对比几个人的状态，"这几个人都是各怀私念，各有各的想法，在村里也各有各的支持者，尤其是74年出生的李某，一贯做事不正当。这样吧，我们使用三十六计中的'假途伐虢'之计，先联合62年、65年、70年出生的这几个人，获得他们的支持，借他们的力量使多数群众不认可74年出生的李某，让他陷于孤立境地，使之竞选失败，好让你在第三轮竞选中得胜，然后反过来再击败其他的群众威信不高的竞选人。"

"假途伐虢？"村长有点不太明白。

我解释说："这是三十六计中的一计，这个计谋的出处是这样的：古时候，晋国想吞并临近虞和虢两个小国，这两个小国本来关系很好，晋国为离间虞和虢的关系，不让这两个小国联合起来共同对付晋国，于是晋国便使出一计，派大臣送稀世珍宝给虞国国君，以求借道虞国去攻打虢国，并且说虢国野心勃勃，不断侵扰晋国。虞国国君便很高兴地借道让晋国去攻打虢国，还出动军队与晋国一同攻打虢国。晋国打了胜仗回来后，路过虞国，趁其不备，把虞国也给消灭了。这次竞选我们也应用这一计，你先对外宣称你的对手李某最近在村民中活动频繁，比较可能竞选上村长，几个候选人都想选上，必然把矛头对准李某，然后联合另外几个人，和他们'统一战线'，让他们的支持者也投你的赞成票，等于投了李某的反对票。而剩下的村长候选人在今后竞选村长的竞争中对你也构不成威胁，过了第三轮竞选后可再和他们去竞选村长，你当村长，让他们当村委。"

村长听了后连声说好："您的意思就是先借三个人的力量一起反对另一个竞争对手李某，其实李某这人你说得对，他在村里做事一贯是光认钱，也不孝顺父母，在大部分村民里影响特别不好。"接着他又问："杜老师你看看在风水方面有没有需要调整的？"

我边看局边问："天时、地利、人和缺一不可。竞选的时候会场是怎么布置的？大门在什么方向？"

"会场是个大院，大门在南边。"村长说着给我画了一张示意图。

看完示意图后我说道："4月5日早上6点半开选，7点至9点是辰时，这段时间对你非常有利，风水上你要选择有利位置，你在南大门安插三个人，以发名片的名义站在大门东南角，把东南角堵住，让村民从西南角进去。竞选开始后，你要尽量呆在会场的西南角，从奇门遁甲的角度看，这样会对你有利。如果没有特殊情况，最终你会赢得竞选的胜利。"

村长依计而行，果然赢得了大多数选民的支持，顺利通过了第三轮竞选。在具有决定性的第四轮选举中他的得票数也是最多，最终胜利续任。

真可谓：茶社谋村长，寸掌演战场。策划甚精妙，假途保稳当。

奇门遁甲格局：

2009年04月02日22时40分

己丑年丁卯月丁丑日辛亥时，阳六局，甲辰旬，天蓬星值符，休门值使。

九天　马 伤门戊 天心星丙	直符 杜门壬 天蓬星辛	螣蛇 景门庚 天任星癸
九地　空 生门己 天柱星丁	乙	太阴 死门丁 天冲星己
玄武　空 乙休门癸 天芮星庚	白虎 开门辛 天英星壬	六合 惊门丙 天辅星戊

分析依据：

1. 造成不利局面的主要原因？

日干丁为求测人落兑七宫，宫中逢死门主不高兴，临天冲星说明办事毛躁，麻痹大意，下临地盘己，己为阴沟，表明求测人只是靠拉关系走后门。时干辛为村民落坎一宫，宫中辛加壬说明村民既答应投你的票，又答应别人投他的票。

2. 为什么说支书赞成你竞选村长？

月干丁为支书，现落七宫与日干同宫必赞成，丁下临己，己为太岁，故已取得上级认同。

3. 为什么说上级领导和主管选举的部门做不了选民的主。

天盘己为领导,值使休门为主管选举部门现均落震三宫,但该宫空亡,空亡主不做主。

4. 为什么说对手有组织、有带头人,私下许愿,部分选民一票答应了两人?

辛为竞争对手落坎一宫,宫中辛加壬见风使舵,一事可两说,临开门瞎吹。地盘辛也为竞争对手落离九宫,宫中杜门主秘密,壬加辛欺上瞒下,乘值符有组织拉票。时干辛为群众落坎一宫,宫中辛加壬一票卖两家。

5. 为什么说求测人若组织得好,还可以反过来,做第一名?

1968年年命为戊落巽四宫旺相,宫中临伤门、乘九天应进取,天心星应缜密组织,求测人目标是竞选村长,格局戊加丙一战成功。

6. 为什么说求测人的反对力量主要在南边?

日干丁为求测人落兑七宫,克求测人的是离宫,离宫格局不好,离为南边。

7. 为什么说有三个头目具有煽动性,你应该做好他们的工作。

克日干的是离宫,离主三数和九数,壬处胎位衰相,故取三人。宫中有值符,值符为头目,故建议应做好三头目的工作。

8. 为什么建议村长向村民承诺几件实事?

景门主计划落坤二宫,宫中上乘螣蛇主变化,天盘庚处禄位,日干宫又有太阴主策划,所以建议村长想村民承诺几件实事。

9. 为什么要用"假途伐虢"计?

(1) 景门乘螣蛇生日干,变化的策略对求测人有利。日干丁乘太阴应策划,丁下临己,要使用利我的计谋。

(2) 日干丁旺落兑七宫,74年癸、65年乙落艮八宫生日干,但艮八宫上乘玄武,故要先联合他们。70年庚落坤二宫乘螣蛇生日干也应先联合。62年壬落离九宫虽克日干，但壬加辛被人欺瞒又逢杜门，所以应先联合即"假途"。年命戊旺落巽四宫，戊克74年癸、65年乙和70年庚，生62年壬也应先联合联合再控制。借他们的力量竞选得胜，故方法可以使用三十六计中的"假途伐虢"之计。

第二十五计　偷梁换柱

【原文】 频更其阵，抽其劲旅，待其自败，而后乘之，"曳其轮也"。

【解文】 "曳其轮"，既是未济（010 101）卦九二爻辞，又是既济（101 010）卦初九爻辞，皆言一阳拖着二阳前行。"轮"乃动之物，喻阳爻。"曳"之主体于未济卦是九二阳爻，于既济卦是初九阳爻，未济之既济，由九二而至初九，乃阳爻向前动行之象。一阳动而三阳皆动，阳爻"频更其阵"，由未济而成既济；由于阳进阴退，"抽其劲旅"，阳爻不能连续动进，阳爻"待其自败"，阴爻"而后乘之"，即既济卦之三阴乘骑在三阳身上。三阳进而三阴退，是以阳换阴，或曰"偷梁换柱"。

奇门遁甲和三十六计结合要点：

※奇门遁甲：

1. 日干庚加戊、戊加庚主调换之意，庚加壬主流动，逢冲也主调换，易使用此计。

2. 逢诈假格利设计谋。

3. 临杜门主保密有利"偷梁换柱"行动，但决不能逢开门，因为开门不保密。

4. 日、时干乘太阴宜策划、乘玄武宜"偷"、螣蛇宜"诡诈"，利使用此计。

※三十六计：

偷梁换柱：是用偷换的办法，暗中改变事物的本质和内容，以达到自己的目的。此计在政治、经济、外交等活动中常被用作奇谋妙计，来取胜对手，解决矛盾，平息事端。此计策的关键在于"偷"，重点在于"换"，如果只偷的话就成了小偷，而再加上一个换字意义和结果就意味深长了，此计不是教人去做小偷，用者也千万不要把自己用成了小偷，这是以小搏大的最好途径，而偷字也暗含着背后或者暗地里面的意思，像事例中那样通过秘密的操作方法达到自己利益最大化，就成为了"偷梁换柱"出神入化的运用。

【实例】

公司前途是关键，"偷梁换柱"增股权

某公司张总是我多年的老朋友，2008年8月他在电话中告诉我他的公司将策划一个大型投资项目，希望我能给他出谋划策，我便带着学生小黄一同到他的公司。

张总先简单的介绍了企业发展的基本情况，然后有点儿急迫地说："杜老师，您赶紧给起个局看看，看我的项目能成功不？"

小黄把局起好，我指着奇门遁甲局对张总说："这个项目非常好，你可以投资，而且公司也可以由此得以发展，你的投资项目应当是长期的，需要投入大量的资金，投入与产出比较大，投资利润也是可观的。但是你的股权结构上好像有问题，不知道你的股权是怎么构成的？"

"我占公司30%的股份，原来的国有股份占20%，副总占10%，员工占20%，还有一个合作伙伴占20%"，张总回答道。

"不行，你胆子太小，自己的股份占得太少，股份分配得太平均了，

这样会造成群龙无首，不利于战略决策的制定和执行。从奇门局上看，在股权问题上你应该通过手段，采取偷梁换柱的方法增加股权份额，改变股权结构，占有更多的股权比例，大投入才能大发展，不要只看到眼前的利益。加多少呢？局上显示可占40%，再仔细点说可以加到35%至45%，但不能加到50%，因为此事是求谋重不得，求轻可得。让员工和你的合作伙伴各让一点，如果他们让得太多了，就会有意见了。"我说。

"我原来的想法是只占30%就不少了，也不想多占，原来我们的企业是国有企业，生产的产品能卖就卖，不能卖也无所谓。改制后，给员工每年谋点福利就行了。"张总说。

"这局上显示，除了股份少以外，你自己的动力也不足，没有远大理想，只是想做小生意，赚个小利润。依你现在这个条件，你完全可以再做大一点，这样对社会、对企业、对员工、对你自己都有好处。加大你的股权比例，使你在公司拥有更大的决策权，也不是完全只对你好，这样对公司的长期发展也有好处。至于如何加强你的股份，我看必须要采取一些谋略，你可以先在内部散布一些消息，说公司准备加大投资，大干一场，需要增加公司的资本金，所以今年年底不准备分红了，而是要把今年的利润转增资本也用于投资。然后再放风，股东也可以再投入一部分资金，不投资也可以。你还要说公司这次新的投资项目需要的资金较多，收益有一定的不确定性，风险不小。考虑到有些股东不愿再投入资金，而自己愿意为新项目的启动投入资金。如果果真是你投入的资金较多，而其他股东投入的金额较少，这样你就相应的扩大了你的股权比例，从原来的占30%，能增加到占40%或45%，做到一股独大，这就是偷梁换柱的计谋。这事不能明着来，不能让别人知道你的真实目的是为了扩大自己的股份。"

张总听完后回答说："以前没考虑那么远，今天听你这一说，我还真的要认真思考一下。"

10月21日，我和张总又见了面，他告诉我："我回去以后立即进行了股权变更的行动，借这次大项目的投资有不小的风险为由，把员工的股份减少占总股权的5%的股份给我，我的股权比例增加到了35%。我还要继续按照你的策划，准备再从合作伙伴中减少5%或者10%，把我的股权比例增加到40%或45%"。

次年初，张总的新项目也开始上马了。

真可谓：策划新项目，依局知赢输。偷梁换柱计，为友巧增股。

奇门遁甲格局：

2008年08月28日09时34分

戊子年庚申月庚子日辛巳时，阴四局，甲戌旬，天冲星值符，伤门值使。

玄武 乙 休门 庚 天芮星戊	白虎 生门丁 天柱星壬	六合　空 伤门丙 天心星庚
九地 开门壬 天英星己	乙	太阴　空 杜门辛 天蓬星丁
九天 惊门戊 天辅星癸	直符 死门己 天冲星辛	螣蛇　马 景门癸 天任星丙

分析依据：

1. 为什么说项目投资利润大？

日干庚落外盘、时干辛落内盘，日时一外一内主新项目投资时间长。戊为资本落艮八宫与癸相合，说明需要投入大量的资金。生门为利润落离九宫生戊落宫，投资必盈利。生门宫中丁处禄地旺相，盈利较大。

2. 为什么说张总应采取"偷梁换柱"的方法增大股权？

日干庚为张总落巽四宫处长生旺地，宫中临休门主其干劲不大，胆子太小，是机关人员的工作作风。上乘玄武、下临天芮星说明短视、只看到眼前利益。戊为资本，为股权，上乘玄武主暧昧、投机，天盘戊和地盘戊都旺相，庚加戊主换地盘，应增大股权比例，地盘杜门主秘密，所以要采取"偷梁换柱"的方法增大股权。戊上乘乙奇，可从妻子处拿出一部分资金。增大多少比例合适？四宫为 4 数，也可以为 5 数，到底取哪一个数为合适？休门加乙奇为求重不得求轻得，4 数为 40%，上下浮动 5%，可取 35% 至 45% 之间，但股权不能达到 50%。若求 50% 为求重不得，可能会引起内部一些矛盾。

3. 为什么说要散布投资有风险的消息？

景门为消息、规划策略，上乘腾蛇主消息虚假，景门乘腾蛇克日干，说明张总在规划上需要改变。月干为其他几个股东，景门克月干庚，说明要散布虚假消息迷惑其他几个股东。资本戊下临癸为逢合，宫中乘惊门，要让股东担心这个资金被压住或投入有风险。张总要想"偷梁换柱"，就要散布投资有风险的消息，生门利润宫中丁壬相合，可以说年底不分红，戊癸合需要再投资，股东担心了，不愿意投资了，张总可以乘隙而入投资，这样才能顺理成章扩大股权比例。

第二十六计　指桑骂槐

【原文】大凌小者，警以诱之。"刚中而应，行险而顺"。

【解文】"刚中而应，行险而顺"，是师卦（010 000）象辞，言其阳爻之刚入于九二爻位，九二阳刚行险于众阴中，却顺其爻动数理又将回应蓄阳于上爻位。九二大阳虽凌压着初六小阴，却应警惕初六阴爻诱惑而直进初六爻位，故九二阳爻入于众阴坎陷之中，应"行险而顺"势蓄阳。九二阳爻虽直指初六爻位，却又顺势回头蓄阳于上六爻位，是指着初六之"桑"而骂着上六之"槐"。

奇门遁甲和三十六计结合要点：

※奇门遁甲：

1. 日干逢遁格、诈假格利于用计。
2. 日干生时干而克月干或日干生月干而克时干，但不能克年干，因年干为太岁，若克太岁，则属犯太岁，事情一般无好结局。

※三十六计：

指桑骂槐，是指着桑树骂槐树，比喻表面上骂这个人，实际上是骂那个人。它是一种旁敲侧击的手段，是让对手或部下引以为戒，起到最佳的警示效果。作为计谋，其意义更为深刻。

此计策是在万不得已、不愿意矛盾激化的情况下给做错的人以警示的最佳途径。要想达到骂槐的目的必须有两个前提：一是有桑甘愿给你骂；另外一个是桑和槐都做了几乎相同相近性质的事情。

【实例】

院长创新搞改革，"指桑骂槐"巧用计

某医院院长在跟我聊天中说到他今年准备在院里边搞点新举措，开创新局面，他问我："杜老师您用周易的方法看看我这个想法能不能行？能不能打开局面？"

我讲："先不说行不行，你这个单位要搞机构改革，为什么搞机构改

革?主要是你单位的下属人员权利太大了,他们中有的人有贪占行为。你改革是对的,但是你的改革方法不对。"

院长问:"你说的对,我放权是放得太大了,山高皇帝远,离我近的地方问题还不大,离我远的几个单位可能有点儿放肆,可我也没有真凭实据证明他们有贪占行为。我也没有什么太高的招儿,就想对几个机构进行一下改革,规范一下财务制度,严格执行账目往来程序。实际上现在上级对社区卫生服务站非常重视,拨下来不少款。大的服务站十七、八万,小的服务站也有七、八万,但是一个社区只有我们医院派下去的两三个人,发给他们的钱也没个计划,好像给钱就给了他们自己一样,我想搞机构改革,另外还想搞财务公开。社区卫生服务站收到的钱做了什么,要公示,这样防止贪污,对单位,对个人都有好处。你看我这样做行不行?"

我答复:"你的部属有贪占的行为,在我这奇门格局上是有显示的。你这个想法是正确的,但你的战术不正确。我建议调整一下方法,你应该借助检察院和纪检的力量预防贪污腐败。你让检察院的人和纪检的人搞法制教育,带领员工参观监狱,可以联系监狱让有贪污行为的人,以亲身体会讲述违法犯罪给家庭和社会带来的危害,让警钟在其耳边长鸣。实际上我们用的就是"指桑骂槐",这是三十六计中的一个计谋,意思就是要间接地教育自己的部下,旁敲侧击,警告部属不能贪污。你只是觉得他们的权利太大,怀疑他们有贪占行为,又没有真凭实据,只能采取这种方法来教育员工。防微杜渐,通过法制教育提高他们的法制观念。"

院长眼睛一亮:"哎,你说的这个方法好,我光想改机构了,没想到教育这一块。"

"教育在先,防范为主,不要等出了事再去严惩部属。局上显示,时干代表的是部属,谁能克住部属,一个是教育,一个是检察院或纪检。所以我建议你在你的部属没犯错误之前防患于未然,把违法犯罪消灭在萌芽状态。让检察院或纪检大讲特讲,大搞教育活动,参观监狱,警示部属。

如果不搞教育，你的部属或骨干必然有犯错误的。"

院长说："对，你说的办法不错，我回去研究研究。按你这个办法我估计是不错的。"

事后院长按计行事，让上级纪检部门请来了当地的检察机关人员，对全体员工进行了法制教育，随后又完善了制度，调整了个别人员，单位焕发了生机，开创了新局面。

真可谓：公示非良药，普法见奇效。骂槐焕生机，管理需高招。

奇门遁甲格局：

2009 年 02 月 12 日 09 时 11 分

己丑年丙寅月戊子日丁巳时，阳五局，甲寅旬，天蓬星值符，休门值使。

九地	九天	直符
休门庚	生门己	伤门癸
天柱星乙	天心星壬	天蓬星丁
玄武		螣蛇
戊开门丁		杜门辛
天芮星丙	戊	天任星庚
白虎 空	六合 空	太阴 马
惊门壬	死门乙	景门丙
天英星辛	天辅星癸	天冲星己

分析依据：

1. 为什么说院长要搞机构改革？

开门代表单位落震三宫，上乘玄武、下临天芮星，说明单位管理混乱。宫中甲子戊为六仪击刑，逢击刑则表明单位要进行改革了。

2. 为什么说改革方法不正确？

景门为改革方法落乾六宫，宫中天盘丙入墓主此方法效果不好。日干戊击刑，上乘玄武说明院长心里着急，制订的改革思路也不正确，应循序渐进。景门宫克日干落宫表明改革方案无法施行或实施后远达不到预期的效果。

3. 为什么说下属人员的权利太大，有贪占行为？

时干丁为下属落震三宫，丁下临丙，丙为天威，说明下属人员的权利太大。宫中上乘玄武主做事不遵守规则，临天芮星主贪婪，丙处沐浴状态，故断下属有贪占行为，总想捞好处。

值使休门为骨干人员落巽四宫，宫中地盘乙处沐浴，也表明骨干人员有不当的想法和行为。

4. 为什么要运用"指桑骂槐"之计？

"指桑骂槐"在公司管理中，利用敲警钟的方法，严惩一两个典型或通过他事旁敲侧击，便可起到最佳的警示效果。局中时干丁为部属落震三宫属木，克制部属的落宫为乾六宫和兑七宫。六宫中逢景门主教育，七宫中逢杜门主检察院或纪检机关。结合实际来分析，可利用检察院和纪检的人对本单位搞法制教育，参观监狱，给部属敲警钟，从而达到预期效果。

5. 为什么说不搞教育，部属或骨干必然会犯错误？

庚为凶灾落巽四宫，阳遁局中四宫为内盘，庚在内盘凶灾必来，故若不搞教育，部属或骨干必然会犯错。因此需采用"指桑骂槐"之计，对公司的不良风气进行整顿。

6. 玄机赋：时干开门乘玄武，说明员工不利进取，单位的发展也缓慢。有能力的人可以委托其重任。

第二十七计　假痴不癫

【原文】宁伪作不知不为，不伪作假知妄为。静不露机，"云雷屯"也。

【解文】"云雷屯"，是《周易》屯卦（100 010）大象辞。从卦象看，九五将动入六四爻位，但本卦时应先回头蓄阳于上爻位。故而九五阳动爻宁愿"假装着"不知、也不为直进之事，因为九五不可直进六四爻位，不可假装假知而去轻举妄动而直进。九五欲动而又不动，不露出动进之机，故曰"假痴不癫"。"癫"：倒也，倒而入于下爻位也。

奇门遁甲和三十六计结合要点：

※奇门遁甲：

1. 遇伏吟局，反吟局主伏而后动。
2. 日干旺，上乘玄武或螣蛇，表明求测者心明而装糊涂。
3. 日干旺，临杜门，主求测者保密不暴露。

※三十六计：

假痴不癫：表面上装聋作哑，痴痴呆呆，而内心却十分清醒。这是一种韬光养晦之术，在形势不利于自己的时候，表面装糊涂，实际很清楚，假装不行动，实际上是在暗中策划等待时机。

此计策最关键的是要迷惑住对方，在自己了解到了事情的来龙去脉的时候，却仍然若无其事好像自己根本就不知道这件事情一样，静静的等待或者积极寻找对己方有利的时机和证据，从而在对手没有防备的情况下取得最终的胜利。

【实例】

(1) 欠债还钱天地义,"假痴不癫"终得还

江老板和米老板从小一起长大,又是生意场上多年的合作伙伴。江老板做钢材生意,米老板做房地产开发生意。

2004年米老板急于开发地块,资金紧张,便想借江老板公司200万元资金,尽管江老板当时资金也相当紧张,但出于朋友情义还是借给米老板200万元。双方讲好三个月后还本付息。三个月后,米老板的资金状况仍未好转,说再缓三个月。又过了三个月,江老板找到米老板催要借款。米老板先是哭穷,说公司虽有财产,但变不成现金,请求江老板再宽延些日子。就这样还款的事一拖就拖到了2006年。米老板还不了债,江老板在股东会上也无法交代,股东们决定起诉,江老板也无可奈何,只好向法院起诉。

法院受理后,立即进行了调查。经查,米老板的银行账户上没有货币资金,确实不能用现金支付借款,就于2007年依照法定程序查封了米老板的部分要出售的房产。2008年,米老板偷偷的把法院查封的房产以400万元出售了,但没用于偿还江老板的借款。

2009年2月初,江老板把我请到他的公司,寻求讨债策略。我以奇门局答复:"我们先从打官司的角度看,你是原告,你虽着急,但你没有好办法要回欠款,因为被告与法官串通一气,卖楼的事法官是知情的,只是睁只眼闭只眼,装作不知,所以被告不怕你,但你也没办法。"

江老板一听到这儿,立马插话道:"卖法院查封的财产这是违法的,刑法专门规定了非法处置查封财产罪,法官这不是知法犯法吗?"

我说:"法官会装糊涂称不知道,把责任全推给被告,将来被告一说软话你也不会追究他。"

江老板答："也可能，我俩儿从小在一起长大，生意上也合作过，关系一直不错，但钱要不回来我怎么办呢？这可是200万啊，又不是我一个人的钱。"

我说："从要账的角度讲，对方也会耍赖，有钱也不会给你。你得使点招儿，你知道米老板卖楼的具体事吗？"

"只是听朋友说他把楼卖了"

"那你找法院有证据吗？"

"没有确切证据。"

"以奇门遁甲分析来看，必须先掌握证据，但你一惊动他，就'打草惊蛇'了，以后的事更不好办，你不妨使用'假痴不癫'之计。现在形势对你不利，你表面上要一直装糊涂，以免引起米老板的警觉，暗地里你要积极的准备，一旦掌握了证据，就可以给对方一个措手不及的打击。局上显示要去米老板单位三次才能有效。现在不要着急，等到春分后你再行动，抓住确凿证据后再和米老板摊牌要债。"

江老板说："卖楼的事我估计法院应该知道，我直接找法院了解情况行不行？"

"不行，法官乘玄武，和当事人勾结在一起，去了也没效果。你不能去找法院，只能等到春分后45天内，买楼的人进行装修时了解真实情况。一旦掌握证据，你就可以申请法官回避。"

江老板又问："那我直接找米老板给他把事挑明了，问他为什么把法院查封的楼给卖了？行不行？"

我答："不行，他不认账，你也不会有具体有效的措施。只有等到买楼的人装修时你才能有理有据，到时你可以以此威胁欠债人，若不还债就要通过刑事诉讼的法律程序解决，迫使他就范,。"

实际情况和我预测的完全一致，江老板按计行事，最终讨回了欠款。

真可谓：商海多险难，朋友竟诈奸。狼狈亦不怕，假痴讨回款。

奇门遁甲格局：

2009年02月12日10时36分

己丑年丙寅月戊子日丁巳时，阳五局，甲寅旬，天蓬星值符，休门值使。

九地 休门庚 天柱星乙	九天 生门己 天心星壬	直符 伤门癸 天蓬星丁
玄武 戊开门丁 天芮星丙	戊	螣蛇 杜门辛 天任星庚
白虎 空 惊门壬 天英星辛	六合 空 死门乙 天辅星癸	太阴 马 景门丙 天冲星己

分析依据：

1. 为什么说去要账对方没钱，有钱也会耍赖不给？

值符为债主，伤门为讨债人，二者均落坤二宫，二宫中癸入墓又与地盘戊相合，主债主和要债人没有良策或没有行动。天乙天芮星为欠债人落震三宫，宫中乘玄武主暧昧、不讲道理。甲子戊六仪击刑主欠债人没钱，钱财受损，戊击刑也主对方态度不好，地盘戊与癸相合，说明对方资金占压周转不开，丁下带丙也主对方耍横。天乙克值符和伤门，故若去要账对方会耍赖，有钱也不给。

2. 为什么说打官司没胜算？

六合为证据落坎一宫逢空，宫中临死门，说明没有掌握有利的证据。值符为原告落坤二宫，宫中天盘癸入墓，说明原告没有高招。天乙天芮星为被告落震三宫，宫中逢丙主其厉害，天乙落宫克值符落宫，被告不惧原告。开门为法官落震三宫与天乙被告同宫，宫中上乘玄武主暧昧、地盘丙处沐浴状态，表明法官收了被告好处，与其沉瀣一气，故打官司没有胜算。

3. 为什么要使用"假痴不癫"之计，到对方单位去转三次？

"假痴不癫"即内心清醒，但表面装聋作哑，借此麻痹敌人，再给其一个措手不及的打击。时干丁代表对方和事体落震三宫，宫中逢开门说明这个事情已保不住密。日干戊落震三宫，上乘玄武主装不知情，不让对方知道自己的想法。时干丁和日干戊落三宫，宫中开门主公司、主行动，三宫主3数。结合实际分析，求测人应到对方公司去转三次，但要"假痴不癫"，不让对方知道自己的真实行动和目的，借此调查掌握对方违法卖楼的证据。

4. 为什么需等到春分后45天再行动才有效果？

日干戊和时干丁同落震三宫比和，三宫在春分后45天内当令，宫中逢开门主同意，利讨债。开门又为买楼单位，遇甲子戊击刑，说明买楼单位在春分后会开始装修，我方此时利收集证据。开门又为法官，遇甲子戊击刑，主换法官或申请法官回避方能打胜。

5. 玄机赋：开门乘玄武，不利进取，对主方不利，客方也不宜进取。计谋上应待机而动，切忌急躁、盲目突进。

（2）为售房规避风险，须上演"假痴不癫"

浙江某县城的朋友牛某，2008年初他在当地买了一套联排别墅，房子属于高档别墅，当然价格也不菲，牛某看到房子很漂亮，毫不犹豫就付了260万买了下来。买到房后还没装修，他的生意却逐渐向上海转移，于是就和家人商量要卖掉这套别墅。2010年春节前，通过房屋中介以345万元的价格和买方客户达成协议，协议规定买方先预付10万定金，3月8号再交一半的房款，余款三月底付清。进入三月份，十一届全国政协、人大三次会议开幕，会上房价问题成为两会委员们关注的一大焦点问题，很多委员代表提出老百姓反映现在的房价太高，大多数老百姓买不起，建议坚决遏制高房价，降低过高的房价。人们也都在热切观望两会后的房价，于是市场楼市有点冷，房子是有价无市。可偏偏在这个时候，3月7号突然有两个人有意出更高的价钱购买这套别墅。朋友牛某开始犹豫，于是打电话向我请教。牛某讲："第一个人给了我10万元订金，我要是毁约不卖给他就要加倍赔偿，也就是要付给第一个人20万。但是，后两个人如果要是第一个人不想买房了找的托儿，故意出高价引诱我毁约的话，我可就亏透了。"

我问："后两个人各出多少钱，都怎么说的？"

"一天内两个人问我房价，我说我已经卖了，但还没办手续，他们问我多少钱卖出的，我说400万卖的。我又问他们，你想出多少钱，有一个人说400万，另一个人说430万，后两个人比第一个人多出好几十万哪！杜老师，你给我看一看，我是卖给第一个人好，还是卖给后边的人好？"

我回答他："我明白你的意思了，我先预测一下，你等一会儿再来电话吧。"

牛某很快就来了电话。

"做生意要讲诚信,格局中反映:首先,你想多卖钱,但是谁捣鬼谁吃亏,也就是说谁毁约谁倒霉。第二,你房子的卖价不低,显示价格高,若你不卖给第一个人,回过头来再向外卖,不好卖出去。第三,格局显示后两个人就是答应了,也会变卦而且也有"托"的嫌疑。第四,凡事要讲策略,买房的事建议你还是卖给第一个人,要来个"假痴不癫",另两个人来问价的事,可以讲,但你表现得毫不动摇,不为多给几十万动摇,坚决卖给第一个人。"我依局说。

牛某听了我的话说:"杜老师,我明白了。"

放下电话,牛某的家人说:"后边儿的人可多给好几十万呢!要不你再跟后边儿两个人联系联系?"

牛某觉得放弃几十万怪可惜的,立即拿起电话又和想买房的后两个人联系了一下。第一个人讲,房价 400 万太贵了,我不买了。第二个人说,430 万这个价格我做不了主,等我父亲 15 号回来后再商量一下,买房的事我暂时定不了。

牛某一听心里就凉了半截儿,跟家人说还是听杜老师的吧。紧接着又给中介打了电话,问房屋中介所,明天交易的事儿有变化没有?中介答复,没有变化。于是,牛某就开始演"假痴不癫"的故事,叙述有两个人要多给他几十万买他的房子,但他坚持不动摇,一定要履行合同。

第二天早上八点半,牛某准时赶到中介所,按合同进行了交易,对方付了首付 140 万元。牛某悬着的心终于放下了。

交易后的第三天,朋友便告诉牛某,你刚卖出的别墅又被买家在中介挂牌了,牛某装作不理解的问:"他买房时讲买房是自己住啊,而且它还没付完我款呢?怎么转手就又卖了?"朋友说,估计人家嫌贵了,现在中央在开两会,房市下一步怎么走,是升是降都在观望。

真可谓:买卖有风险,楼市见一斑。预测识奸诈,假痴因知先。

奇门遁甲格局：

2010年03月07日20时50分

庚寅年己卯月丙辰日戊戌时，阳七局，甲午旬，天蓬星值符，休门值使。

空玄武 丙惊门壬 天芮星丁	九地 开门戊 天柱星庚	九天马 休门乙 天心星壬
白虎 死门庚 天英星癸	丙	直符 生门辛 天蓬星戊
六合 景门丁 天辅星己	太阴 杜门癸 天冲星辛	螣蛇 伤门己 天任星乙

分析依据

1. 为什么说谁捣鬼谁就吃亏？

日干丙落巽四宫处禄地旺相，宫中乘玄武说明牛某想毁约不合天理，也说明牛某可能会遇到"托儿"或骗他的人。宫中有惊门表示牛某既想得利又担心受骗，丁加壬淫荡之合，利正大光明，不利阴谋诡计，谁毁约谁吃亏，戊为十万钱财（戊旺为九数，为什么又为十呢？经实践验证，戊为旺也可做十数），逢冲逢白虎庚则赔十万元。

2. 为什么说房子价钱高了，若再卖不易卖出？

天盘戊为房价，现落离九宫处帝旺，表明牛某卖出的房价高。时干戊代表第一个人，宫中九地主久远，开门主同意，戊加庚主改变主意或嫌房价高，说明第一个购买人想降低合同中的房价。日干丙生时干戊，若牛某毁约则卖不出房屋。

3. 为什么说第二、第三个人不一定要买，其中有"托"的迹象？

时干戊也为第二、第三个购买人，逢开门主同意，逢九地主慢，戊加庚主改变主意，日干乘玄武可能遇骗局，故断后两人不一定买，其中有托儿的迹象。

4. 为什么说此事策略上要采用"假痴不癫"？

日干丙为牛某，宫中空亡，说明吉事不吉凶事不凶，虽上乘玄武又有壬加丁淫荡之合，想多得钱不可，宫中还有丙加丁为"星奇朱雀"，若按合同办则吉利。在这种既想多得又不能多得情况下，只能假装自己不为利益所动，坚决履行合同，故采取"假痴不癫"之计。

5. 玄机赋：时干开门上乘九地，利退不利进，在事情上不利和第二、三家购买者交易。也代表第二、三购买者会退让，也就是放弃购买。日干惊门乘玄武代表牛某在此事上面困难重重，不利进取。

第二十八计　上屋抽梯

【原文】假之以便，唆之使前，断其援应，陷之死地。"遇毒，位不当也"。

【解文】"遇毒，位不当也"，是《周易》噬嗑卦（100 101）六三象辞，是言九四阳爻往上回蓄了上九阳爻，而往下动进就会遇到厚众的阴爻，九四爻位不恰当直进于前。《说文》释"毒"为厚之义。九四爻时回蓄，假借上九动进之便，唆使上九向前动进六五爻位，由于阳进阴退，上九动进后断了阳爻援应之力，陷于阴中不能动进之死地。正是：回蓄阳爻于上爻位之"屋"，抽其动进于下之"梯"，使下卦时的九五阳爻上不上、下不下，是谓"上屋抽梯"。

奇门遁甲和三十六计结合要点：

※奇门遁甲：

1. 遇诈假格利使计谋。

2. 时干处沐浴或下临壬、癸或上乘玄武，表明该事应利用其贪欲诱其上屋。

3. 日干旺相或克时干，求测人旺能抵御困难，克时干是能治住对方。或时干生日干，利牵着对方鼻子。

※三十六计：

上屋抽梯：我方给对方指出一条充满利益的大路，引诱对方顺着这条路走下去时，我方则趁机断其后路，逼迫对方为我方的意志而行动或使其灭亡。要想钓到鱼就必须先有鱼饵，此计最为关键的一点就在于要舍得鱼饵，然而最为重要的是鱼饵中必须有鱼钩，就像俗语里面说的舍不得孩子套不住狼，可最怕的就是孩子舍下了狼也没套住。

【实例】

出租商铺难得手，"上屋抽梯"为上策

一天，我开车出去办事，大概9点10分的时候，一个小老板打来电话说："杜老师，我有急事想让您给测一测。我想出租商铺，但是出租了好几次，都租不出去，不知是什么原因，您给出出主意吧！"由于我当时正在开车，不方便为他预测，就让他待会再来电话。

我刚进家门，他又来电话催问，我立即在电脑上起局问他："你这个地方大环境好像还未形成呀！"

小老板讲："是的，新火车站没建好，所有的商铺都不行，可不，大环境还没形成。"

我让他把详细情况描述一下，他说："我在新火车站附近花70万买了个商铺，面积102平米，我想把商铺租出去，最近有很多人来看房，但都没谈成。现在是问得多，问了以后却都没有了音讯。每天好几拨人找我谈，但都黄了，可周边好多人已经租出去了，我挺着急的，怎么办？"

我边思索边讲："你租不出去的原因有三点：第一，大环境未形成，周边还没有形成好的商业环境；第二，周边的商店基本都没开张；第三，今年、明年，商店的顾客太少。租户考虑到这三个因素会要求你降价的，降三百元就会好租。"

他说："是的，我想每月三千五百元租出去，跟几个商家谈了几次，他们都没有明确的反对意见，但最后都谈不成。"

我建议："第一，你降价；第二，你要采'上屋抽梯'的策略，就可租出去。"

他似乎找到希望，急忙说："怎么个'上屋抽梯'法？"

我接着说："你先以低价的房租把他引进来，然后房租再逐年递增。"

他顿时开朗："哦！这个方法妙啊！"

我跟他分析道："你应该算清一笔账，先低价租给对方一年或是两年，这样不至于白闲置一两年，一分收入也没有。周围目前正在建设，今年明年又没什么效益，只要降价三百就能租出去，假如一个月三千二，一年收入将近4万。提前一个月租出去就可以赚一个月的钱，如果你硬是坚持你的做法每月三千五，闲置好几个月，岂不是损失这好几个月的房租？"

他听完后连说好："就按您说的做，先低价短期租出去，然后再逐年递增。"

我说："你采取虚假的办法，可以找个托，增加看房人数，以刺激商家尽快租用。低价出租以后，再逐年递增房租，商家在此期间一般不会停租，因为他们在你这里投入了，产生了长期的广告效应。如果停租，广告白做了，他的老顾客也不来了，到时候他不租就吃大亏，只能按你的要求增加房租，这一招就叫'上屋抽梯'"。

真可谓：临街宽大屋，空闲等人租。上屋抽梯计，如愿把钱数。

奇门遁甲格局：

2009年10月20日10时36分

己丑年甲戌月戊戌日丁巳时，阴五局，甲寅旬，天英星值符，景门值使。

九地 休门丙 天柱星己	玄武 生门乙 天心星癸	白虎 伤门壬 天蓬星辛
九天 戊开门辛 天芮星庚	庚	六合 杜门丁 天任星丙
直符　空 惊门癸 天英星丁	螣蛇　空 死门己 天辅星壬	太阴　马 景门庚 天冲星乙

分析依据：

1. 为什么说大环境未形成？

值符为周边的大环境落艮八宫逢空，值符逢空则说明大环境尚未形成。

2. 为什么说周边的商店基本都没开张？

月干己为同行也代表周边的经营者，己落坎一宫逢空说明周边的经营者还不多,店铺基本都没开张。开门主店铺落震三宫,宫中甲子戊击刑说明店铺都在进行装修或改造。

3. 为什么说今年、明年,商店的顾客太少?

时干丁为客户落兑七宫,宫中杜门主闭塞、信息不通,且时干丁克日干戊,说明很多客户对这还不了解,九宫中艮八宫逢空,艮八宫对应的流年是丑和寅,另外艮八宫中癸入墓,主顾客这两年内暂时不会到这来消费,或是顾客不多。

4. 为什么要采取"上屋抽梯"的策略?

"上屋抽梯"即给对方指出一条充满利益的大路,引诱对方顺着这条路走下去,我方则趁机断其后路,让对方不得不按照我方的意志而行动。此局中时干丁落宫上乘六合、临杜门,组成地假格局,逢假格应设计谋。丁落宫中六合主中介也主数量多,可找多个托来冒充租户看房,刺激真正的商家尽快租房。甲子戊为出租价格,戊处击刑、下临庚说明要降价,三宫含3、8数,结合实际,应当降300元,先以3200元这个较低的价格把对方引进来。戊加庚换地盘主房租变换,等对方在这投入一定的财力物力后我方则可逐年递增房租,此时他们则不得不按照我们的意愿而行动了,即上屋抽梯。

第二十九计 树上开花

【原文】借局布势,力小势大。"鸿渐于陆,其羽可用为仪"也。

【解文】"鸿渐于陆,其羽可用为仪",是《周易》渐卦(001 011)上九爻辞,言其上九与九五两阳爻象鸿之双羽飞入六四爻位。"鸿"喻阳爻,"陆"喻上九爻位。从卦数言,九三阳爻借助上九、九五并进之势回蓄阳力,上九动进之力虽小,但动进之势却大,形成上体卦天翻地覆之象，犹如下体卦之"树上开花"。

奇门遁甲和三十六计结合要点：

※奇门遁甲：

1. 日干与用神落宫循环相生，如日干生年干、年干再生对方用神，可借助年干太岁来制造声势。

2. 逢诈、假格宜用计谋。

3. 日干、时干宫中有景门乘玄武、螣蛇、逢空亡等，有利开花。

※三十六计：

树上开花：原意是指树上本来没有开花，但可以用彩色的绸子剪成花朵粘在树上，做得和真花一样，不仔细去看，真假难辨。喻意为借某种有利于自己的因素，制造假象，以此来壮大自己的声势。纵观古今，许多风云人物都是靠此计起家的。他们善于运用诡计奇谋制造矛盾，并在解决矛盾时使自己的地位得以提高。

树上开花就在于一个借势，而且是纯粹的利用对自己有利的形势，不像假道伐虢一样借了就不还，或者直接就把借来的吃掉了；也不像偷梁换柱那样有借有换，以小换大、以少换多礼尚往来；更不像借尸还魂一样仁义，捡别人没用的来变废为宝；更不似借刀杀人那样残酷无情。它只是顺应大的形势来为自己所用，绝对是锦上添花的最好计策。

【实例】

新农村须有规划，靠党会"树上开花"

"三农"问题一直是困扰我国现代化进程的重要问题，新世纪以来，党中央把解决"三农"问题提到了前所未有的高度。研究"三农"问题的学者和著作也非常多。任教于某大学的李教授就是一位研究农村问题的专家，他曾写过十几本有关农村土地规划的著作。

2008年10月的一天，李教授邀我到茶馆，让我对他的两本新书的发行和书中有关内容付诸实施提出建议。

李教授说："村庄建设规划是新农村建设的重要内容，我根据自己几十年的教学经验和农村调查实践写了一本关于村庄规划的通俗读物。这本书的定位主要是给农村的"村官"写的，目的在于提高村官农村规划水平，使村官对农村土地的使用、村庄的总体规划包括水、电、路、住宅、村镇企业有一个科学的认识，避免拍脑门做事，避免因盲目规划而浪费土地资源。"说到这儿，李教授有点儿兴奋，"杜老师，你能不能用你的奇门遁甲给我看看，我怎么做才能使这本书发挥最大作用？我也好做一次市场化运作，做一次发行推广策划。"

预测在闲聊中进行，"李老师，奇门遁甲局里显示你的这本书写得不错，符合当前的形势，对新农村建设有一定的指导意义，这本书怎么会有两个出版社同意出版？"

"对，已经谈好一个，但是另外一个出版社非让我改一下稿，也想出版。"李教授插话说。

我继续说："可以，但你再出版的时候我提几点儿建议：

第一，今年10月9日要召开党的十七届三中全会，会上要讨论制定有关农村土地政策的问题，再出版的书要结合十七届三中全会农村改革的精神来写。这是一个你再写书的'由头'，这样的话宣传部门就会支持你，因为这次三中全会的精神对农村改革会很关注。

第二，目前农村村官的综合水平普遍不高，但他们急于想掌握新农村规划的一些要领，所以你的第二本书要出版，针对性和通俗性就需要增强。最好以提纲式的形式写出来，字数在7万左右，最多12万，把它写成一本农村村官的通俗读物。比如说书中要写清新农村规划要掌握几个要点，让他们一看就明白。如果这个月开始执笔，大概到明年立春前后便可完稿。"

"我可以在全国办班吗？"李教授听了我的话，立刻显得雄心勃勃，他憧憬着美好的未来。

"在全国办班不行，在本省办班还是可以的。建议办班的时间不要过长，定为两天比较合适，授课老师最好由业余的教授组成。当地政府可能考虑到钱的问题，所以你要征得政府有关部门的支持，让上级政府拿一部分钱，让当地有关部门再拿一部分钱，收费应该在每人180元左右。

你要主动找政府有关部门去申请，建议第二本书出书的步伐要快，先写提纲，再组织人员去编写，要利用'天时'这个有利的条件，和党中央宣传十七届三中全会农村改革发展的精神挂上钩，来推进和加快新书的发行，若不和十七届三中全会挂钩，你的书上级不会支持，即使发行销售情况也不会好。要借十七届三中全会农村改革的'由头'去充实这本关于新农村改造的书，实际上这种运作方式叫做'树上开花'，就是要假借某种有利因素，造势宣传，以此来壮大自己的声势。"

2009年立春后，李教授已经把书写出来了。但是办村庄规划培训班的事不太顺利，为这事李教授找了很多部门，但是一些部门和单位的工作人员的拖拉作风使培训班直到立夏前才落实下来。上级有关部门把办班的事最终落实到某大学，该大学制定了一个为期五年的村官培训计划，每年计划培训村官一千人。

2009李教授的"村官"教材书出版了，李教授一生中最大的愿望如愿的向前迈进了一大步。

真可谓：教授理论深，策划靠奇门。欲求大超越，推进新农村。

奇门遁甲格局：

2008 年 10 月 08 日 17 时 00 分

戊子年壬戌月辛巳日丁酉时，阴六局，甲午旬，天冲星值符，伤门值使。

螣蛇　空 生门丙 天任星庚	直符 伤门辛 天冲星丁	九天 杜门庚 天辅星壬
太阴 休门癸 天蓬星辛	己	九地 景门丁 天英星乙
六合 开门戊 天心星丙	白虎 惊门乙 天柱星癸	玄武　马 己死门壬 天芮星戊

分析依据：

1. 为什么说书写得不错，能出版？会有两个出版社出版？

景门为图书落兑七宫，宫中上乘九地表明写作时间长，得三奇中的乙、丁二奇说明图书质量不错，丁奇处长生旺地书籍有内涵。开门为出版社落艮八宫生景门落宫，说明出版社愿意出版此书。开门上乘六合表明还会有别的出版社出版。开门落宫为出版图书的时间，艮八宫对应立春后 45 天的时间，故书籍应当在立春后出版。

2. 为什么说有些村官学习理解不了，但又想一步到位？为什么建议写一本通俗的书？

天芮星为学生、农村落乾六宫，乾为首，在此为当学生的村官。宫中上乘玄武主理解不透，学得糊里糊涂。壬加戊又临马星表明他们学习时想由小蛇很快变成龙，想一步登天，但逢死门说明这是行不通的。景门图书与天芮星比和，所以再写书的时候必须定位在村官的实际水平上，只有写一本通俗的、适合村官认知水平的图书才能使他们更好的学习和接受。景门落兑七宫代表书的字数，依实际而断，字数可在7万，最多12万字。

3. 为什么现在利出书和办班？

开门代表工作，上乘六合代表有两项工作，故除了编书外还可以进行办班教学。日干辛代表求测人落离九宫，宫中天冲星旺相表明天时有利，也表明应尽快筹办此事。且太岁戊临开门生景门图书与时干丁奇，说明太岁也非常支持出书与办班事宜，故应抓住此大好时机，尽快落实这两件事。

玄机赋：开门乘六合，利开拓市场宜用奇计，若有人出谋划策应重用，李教授的这个想法会得到政府的支持，该书稿也会有出版社出版。

4. 为什么说在全国办班不行？

日干辛为求测人落离九宫，宫中地盘丁奇加值使门为本地经商获倍利，日干、时干同落内盘主近，故只可在本地办班，在全国办班则难成。另外，时干丁火与日干辛金阴克阴为五不遇时，五不遇时则"操心白费力"。

5. 为什么建议采用"树上开花"的计策再写一本书？

值使门伤门落离宫表示主管此事的为宣传部门，因为离宫主文化、宣传，值使门与日干辛同宫比和，逢辛加丁格局说明宣传部门同意且支持此书的出版。太岁戊落宫逢六合与开门主开大会，在此为十七届三中全会，值使门生太岁落宫主宣传部门要遵照会议精神行事。时干丁奇为群众，天芮星为农村，景门为图书，太岁戊生丁奇、天芮星、景门说明国家向着农村广大人民群众和能结合三中全会精神的图书。因此，只有借三中全会的"由头"来壮大自己的声势，才能更好的落实这本新农村改造图书的运作，即"树上开花"。

玄机赋：时干景门乘九地，主李教授此事最后会办成且有大功。日干伤门上乘值符，此事中途遇到困难时应当速战速决，不可拖拖拉拉。

第三十计　反客为主

【原文】乘隙插足，扼其主机，"渐之进也"。

【解文】"渐之进也"，是《周易》渐卦（001 011）之象辞，言其上九、九五两阳并进动入六四爻位，形成新卦时的九四阳爻，是九三阳爻逐渐蓄阳之一步。上九、九五两阳并进动入六四阴"隙"之位，"插足"其间，转其六四阴为阳，替代九三爻时成为回蓄动爻，"扼其"回蓄之主要机关。上九、九五本是动入之客，入而"反客为主"。

奇门遁甲和三十六计结合要点：

※奇门遁甲：

1. 大局伏吟，伏吟利后发制人，利反客为主。
2. 遇诈假格，有利使用计谋做事。
3. 时干生日干或日干旺相，事情宜成。

※三十六计：

反客为主：从字面上讲，"主"是主人，"客"是宾客。引伸地说，"主"是主权者，统治者，支配者，主动者，先进者，进攻者，处于主导地位；"客"是依附者，被统治者，被支配者，被控制者，被动者，后随者，防守者，处于被主导地位。反客为主，是处于被主导地位的客，先站稳脚跟，然后再步步为营，变被动为主动，夺取主导地位，替代原来的主，并把原来的主放到客的位置上，按照自己的意图行事。因此，它是一种换位法，或者说是夺位法。去别人家做客反而让别人感觉你成为了主人，这未免是让人很讨厌的，但是如果能够把握住时机偶尔为之，未免能达到出其不意的效果。

【实例】

购厂一定能盈利，"反客为主"施小计

（一）

2005年春节前，某公司马总经理经香港风水大师陈老先生介绍，通过电话和我取得了联系，说因其公司有急事，想尽快和我见面。2月26日下午，我正好到广东省东莞市办事，就在莲花山庄宾馆与马总见了面。

马总开门见山说："我参股的一个股份公司，一年来由于经营不善，已严重亏损，现在已经亏掉500多万了。我想把这个公司全部收购，请杜总看看收购了好不好，能赚到钱吗？"

我依局肯定地答复："能收购，收购了好，换句话说只要你收购就能赚钱。"

"其他股东肯卖吗？"

"肯卖！"

"能看出这工厂多少钱能买下来吗？"

"5000万或8000万，我这里显示这两个数，挺旺的，涉及金额很大，你可根据实际情况定一下钱数。"

"应该是5000万这个数。"马总稍沉思了一下，又问："我应该注意点儿什么？"

"你在收购的过程中，对方虽然同意卖厂，但会公开提出比较苛刻或不合理的条件，你要有准备。从战略上来说，收购有利，应坚决行动，决心不要变，尽管对方有点不讲理，你也不要动摇。价格掌握在5500万以内就可以收购，超过了5500万就不要收购了。"

经我这么一说，马总坚定了收购工厂的决心。

（二）

马总回去后就组织人马，积极筹备，做好收购准备，很快与其他股东展开谈判。

3月7日，众股东报出5200万元的工厂售价。

3月8日，马总表态同意5200万收购。

3月9日，正如所测，对方又在已谈好的5200万价格基础上提出再加68万，并提出很多额外附加条件。对于对方出尔反尔做法，马总很生气，又来电咨询："对方说话不算话，怎么办？"

"没事，我给你出个主意。这局上显示：一，凶事不凶，该事对对方不利；二，你不要退让，对方最终还要来主动求你；三，你不妨略施小计，反攻一下，将他一军。他加价，你降价，格局显示你降300万，逼对方就范，收购价变成4900万。这时其他股东已是强弩之末，只是想多捞点儿，你抓住他们这一心理，反客为主，后发制人，他们最后还是会答应你的条件。"

马总听后火气消了好多，仔细一想也对，因为3月7日对方报价后，我在预测中就告诉马总："对方不满足你提的条件，你要反客为主。"马总依计而行，果断降价300万。

这是一场以奇门遁甲指导的商战，结果如何呢？

对方本想再加68万，没想到马总不但不同意，反倒提出降300万。这下，众股东心里倒发了毛，怕卖厂的事有变，反而一致同意："算了，算了，见好就收吧，68万也不加了，马总也不要降300万了，还是原先讲好的5200万吧!"经再三和马总商谈，马总故意不情愿地同意了。3月14日下午，双方以5200万的价格签署了合同，对方任何附加条件也不再提了。马总在收购活动中完全掌握了主动权并取得了初战胜利。

合同规定从2005年3月份正式交接，接手后马总加强了内部管理工作，效益很快就显现出来了。原来1、2月份两个月销售额才500万，现在仅4月份一个月的销售额就有600多万，据马总预计，年底月销售额能达到800万，前景十分看好。

真可谓：收购没把握，借助奇门策。反客变为主，智慧小诸葛。

奇门遁甲格局：

第一个奇门格局：
2005年2月26日17时16分

乙酉年戊寅月辛巳日丁酉时，阳9局，甲午旬，天冲星值符，伤门值使。

白虎　空 惊门丙 天柱星壬	玄武 开门丁 天心星戊	九地 休门己 天蓬星庚
六合 癸死门庚 天芮星辛	癸	九天 生门乙 天任星丙
太阴 景门戊 天英星乙	螣蛇 杜门壬 天辅星己	直符　马 伤门辛 天冲星丁

分析依据：

1. 为什么讲能收购该工厂？

能否买成工厂，一般要看日、时干的关系，时干宫克日干辛乾宫，按说买不成，但我断能买成。什么原因呢？看格局不能简单只看宫与宫生克，还应看格局的含义，日干代表马总，宫中辛加丁格局，主经商获倍利，还主同意。从时干丁主事体的角度更容易断出，现时干落离九宫，宫中逢开门，收购之门敞开，说明事情必然成。

2. 怎样分析收购后能否赚钱？

第一，甲子戊为资本落艮八宫，生门为利润落兑七宫，戊生生门主增加投资仍可盈利。

第二，日干辛落乾六宫，宫中辛加丁主经商获倍利，值使伤门与丁同宫为"玉女守门"格，表示收购工厂后获倍利。

第三，生门兑宫与日干乾宫比和也为能盈利。

第四，盈利大小看财星，财星天任星为旺相，说明财厚、利大，将来工厂赚钱多。

第五，玄机赋：伤门上乘值符：做事遇困难时应当速战速决。若有出卖产品，物资，公司，工厂者，利于我方收购。

3. 多少钱能买下来？

甲子戊为资本落艮八宫，应为5数和8数，戊落艮八宫为旺相，故断5000万或8000万，结合实际情况断为5000万。

4. 为什么说事情不很顺利？

时干为卖方，日干为买方。时干丁落离九宫，上乘玄武说明不讲道理，又克日干宫，故断事情不很顺利。

第二个奇门格局：

2005年3月9日13时25分

乙酉年己卯月壬辰日丁未时，阳三局，甲辰旬，天柱星值符，惊门值使。

九天　马	直符	螣蛇
庚生门乙	伤门壬	杜门辛
天芮星己	天柱星丁	天心星乙
九地　空		太阴
休门丁		景门丙
天英星戊	庚	天蓬星壬
玄武　空	白虎	六合
开门己	惊门戊	死门癸
天辅星癸	天冲星丙	天任星辛

分析依据：

1. 为什么断凶事不凶，该事对对方不利？

时干丁主事体落震三宫逢空亡，遇空亡凶事不凶。时干丁也为对方，宫中休门加在伤门上主亲戚分产，凡变动事不利，对方卖厂主对方不利，再者休门主退让，故断对对方不利。

2. 为什么让马总不要退让，对方最终还要来求马总？

日干壬为马总落离九宫，逢伤门主不让步，壬加丁逢合也说明马总为了经济利益不会让步。又依时干丁宫生日干宫，表明对方还会来求马总。

3. 为什么让马总来个反客为主小计谋，欲擒故纵，反攻对手一下，降300万，逼对方就范？

时干主事体，震三宫中休门、九地、和丁奇形成重诈格，商战遇诈格应设计才能取得胜利。时干宫中地盘戊也为钱，遇击刑为减少之意，三宫为三数，故提出让马总降300万，逼对方就范。事后证明这一招很有杀伤力。

第三十一计 美人计

【原文】兵强者，攻其将；兵智者，伐其情。将弱兵颓，其势自萎。"利用御寇，顺相保也"。

【解文】"利用御寇，顺相保也"，是《周易》渐卦（001 011）九三象辞，《说文》释"寇"为暴，喻用力过猛，作事过度；"保"为养，哺育、养育之义。言九三阳爻利用抵御上九、九五两阳爻的过度征进，便顺其爻动数理，与（由于阳进阴退）新产生的九四阳爻一起相互、共同回蓄、哺养新卦时的上六、六五阴转阳。"兵强者，攻其将"：言上九、九五两阳并进为强，进而逼近攻其九三阳爻，"将"喻九三父爻；"兵智者，伐其情"：言上九、九五两阳按爻动数理智进，动入六四爻位、伐其阴阳相交之情。"将弱兵颓，其势自萎"：言其上九、九五并入六四爻位的新卦时九四阳将，因不能连续前进而"弱"，上九、九五因阳进阴退而"颓"，两阳并进之势也自其萎靡。阳入阴，得其阴而自灭；阴纳阳，得其阳而新生；正是：阴爻以身相许，阳入阴而自灭，是为阴爻之"美人计"。

奇门遁甲和三十六计结合要点：

※奇门遁甲：

1. 对方的用神上乘玄武或处沐浴状态，或逢壬、癸、己，说明有缝隙可乘。

2. 日干遇诈假格，利于施展计谋。

3. 日干、时干相生、比和利于使用此计。

※三十六计：

美人计：是指对于难以征服的对手，就要利用对方自身的缺点，使用

"糖衣炮弹"，己方顺势以对，先从思想意志上挫败对手，使其自颓自损，使其内部丧失战斗力，然后再将其消灭。此计策主攻方向为感情，英雄难过美人关，世人难过感情关，用美人来制服英雄，用感情来感动世人。根本上，就是要抓其弱点、利用其所好、使其就范的一种软办法。

【实例】

沟通能把隔阂消，"美人"一计显功效

经朋友介绍，邯郸市一位中年韩姓女子找到我，想求测她在某商场商铺的事。

从韩女士表情上可以看出她内心很是不悦。她直截了当地问："杜老师，我在商场租了块场地卖家俱，现在我和商场经理搞得很僵，你给看看我们还能和好吗？要是不能和好，我就不在这干了。"

"能和好"，我斩钉截铁地回答："但局上显示，一是你太厉害；二是你不愿意主动向经理低头；三是你向经理示好的方法不正确，太急于求成，不切实际。"

"我是2004年进入家居商场的，刚开始的时候我俩关系非常好，她也非常扶持我，帮我出主意，让我既卖保险柜又卖家俱，还批给了我200多平米位置非常好的场地，我在这里也赚了一些钱。可是前年为让员工交押金的事情我们产生了矛盾，现在她老整我，事事都和我过不去，我也不是很服气，不愿意理她。但她是家俱商场的招商部经理，专管我们商户，为这事我烦透了。"

"不能反对给你发工资的人。要知道，这不是拍马屁，是人际交往、公关事务的要求，说白了是适者生存。从局上看你做事有点过火呀。"我略带劝说的口吻说道。

"可能是，前年商场让员工交押金，我不服气，在跟区政协的一位朋友聊天时，说起了这事。真没想到我朋友找了劳动监察大队，把她给叫了过去，查了一通员工押金的事，她就认为是我告的状，其实我不知道我朋友找了监察大队，事后我才知道的，结果事情闹得很不愉快。"韩女士叙述说。

"是啊，你朋友为了替你出气做事不在理。"

"那你再给好好看看，我和经理还能和好吗？我已经两晚上睡不好觉了，现在心里特别难受。前几天我给她送了一张购物卡，她也不要，而且还叫了好几个人过来，当着大伙的面把卡退给了我，弄得我很下不来台，她心里到底对我怎么样？"韩女士显得非常沮丧。

"她担心你告她的状，不敢要你的好处。但是你俩能和好，以前你做的事情有些过头。人家是经理，是管理者，你是商户，你在人家的地盘上，你不占地利，现在形势对你很不利。"

"还有办法吗？"

"有啊！我给你出个主意，三十六计中有一计叫美人计，是形势处于对我方不利情势下的一计，根据奇门遁甲格局显示你应该使用这一计。建议你使用这一计并不是采用字面上的意思，而是运用美人计的真正内涵——感情攻势。美人计讲'将智者，伐其情'正适合你现在的状况，你朋友通过监察大队整过她，她对你有防备，处于比较谨慎理智的状态，不消除心里疙瘩就解决不了问题！"

"您说的很对，那我具体该怎么办啊？"

"你应采取感情攻势，缓和你们两个之间的关系，这个经理要强，你要给她台阶下，你送礼她不要，你又不愿意当面赔礼道歉，可以先做感情投入，比如通过发短信问候增强感情，其实你一发短信，她就知道你向她示好了，然后再进一步的通过面谈搞好关系。商人以赢利为目的，讲究和气生财，若斗下去，对你的名誉也有伤害，即使你到了别的商场，也对你影响不好。"

"你说的对，我想起了两件事，一个是我孩子的爷爷去世了，她通过别的员工传信给我，让我通知她，她好以领导的身份去吊唁，但我就没通知她。另一个是前几天我租的场地合同到期了，原来给我两块地，让我卖广东货，但我没卖广东货，前些日子她让我让出一块地来，我没理她。过了几天我去签合同，她很麻利的跟我签了，既没提场地的事，也没涨价，我心里挺感谢她。这样想来，她还不是跟我过不去，哎呀！也可能是我误会了。回去我按你说的先感情投入，给她发几个短信，过些日子再见见面"。

事情发展结果令人满意，按我意见，韩女士一月内先发了几条无关工作的短信，后又发一些增加感情的短信内容，两个月后与经理不经意的搭上了话，不久二人和好如初。

真可谓：平地矗山丘，旦友暮成仇。和解金钥匙，美人计除忧。

奇门遁甲格局：

2009 年 05 月 09 日 11 时 27 分

己丑年己巳月甲寅日庚午时，阳一局，甲子旬，天蓬星值符，休门值使。

螣蛇 死门丙 天任星辛	太阴 惊门庚 天冲星乙	六合　马 开门辛 天辅星己
直符 景门戊 天蓬星庚	壬	白虎 休门乙 天英星丁
九天 杜门癸 天心星丙	九地 伤门丁 天柱星戊	玄武　空 壬生门己 天芮星癸

分析依据：

1. 为什么说与经理的矛盾还能化解？

庚、丙为矛盾双方，甲子戊为调解人，如甲子戊落宫克庚丙，庚丙生甲子戊说明可调解成功，现甲子戊在三宫，丙落四宫比和，庚落离九宫相生，故能和解。

日干癸为求测人落艮八宫，时干庚为对方落离九宫，时干生日干，也说明双方还能和解。

2. 为什么说你的朋友做事不在理？

月干己为朋友落乾六宫，宫中上乘暧昧之神玄武，又逢壬、癸、天芮错误之星，说明求测人的朋友做事不在理。

3. 为什么说对方不敢接受求测人的礼物？

时干庚为对方落离九宫，宫中逢惊门主担忧，上乘太阴说明有小人在耳边对其进言隐干，挑拨双方的关系，故对方不敢接收求测人的礼物。

4. 为什么说求测人太厉害，心里不愿意主动向经理示好？

日干癸为求测人落艮八宫，逢地盘丙说明其太厉害，啥事都是自己说了算，临杜门主不愿意，故其放不下架子，心里不愿意主动向对方示好。癸加丙为悖格，遇悖格说明内部不团结，做事秩序颠倒。

5. 为什么说你应采用"美人计"？

美人计是处于不利的形势下使用的一种软办法，即可使用"糖衣炮弹"，先从思想意志上打败或腐蚀她，使其放松戒备，然后再进行对我方有利的下一步行动。该局中时干庚落离宫处沐浴状态，说明对方有欲望或有漏洞，有可以攻破的弱点，什么弱点？宫中上乘太阴为耳根子软，易受他人言语打动，故求测人可给其发短信问候以增强感情，当对方和求测人关系缓和后再进一步的通过面谈搞好关系。

第三十二计　空城计

【原文】 虚者虚之，疑中生疑；"刚柔之际"，奇而复奇。

【解文】 "刚柔之际"，是《周易》解卦（010 100）初六象辞，言其九二阳爻回蓄已得九四阳爻，九四阳爻也呈回蓄之势；两阳同蓄，皆是阳刚与阴柔交换之际。"奇"之数乃回蓄之数，因为二进制数是逢二进一；两阳皆蓄，故而"奇而复奇"。"虚者"指九二爻时内有阴虚之爻，"虚之"指九四爻时也需回头蓄阳；两阳皆需回蓄，故而"疑中生疑"。"疑"者虚也，虚而疑之也。九二爻时因"虚"而回蓄得九四阳爻，九四阳爻也因"虚"而需向上回蓄，"虚"者，空也。两阳爻时内皆"空"其"城"也，故曰"空城计"。

奇门遁甲和三十六计结合要点：

※奇门遁甲：

1. 日干宫中宜逢死加戊，利做虚假事；壬加戊小事可做大；戊加丙、丙加戊格局博弈可成功。
2. 日干、时干乘螣蛇，可以虚假待敌。
3. 时干乘玄武，说明对手糊涂或该事应虚假手段才能取胜。
4. 景门宫中有玄武、螣蛇、壬加辛，均主应使用虚假手段。

※三十六计：

空城计：在敌强我弱的势态下，如果敌方领导者性格多疑，那么我方便可以至柔对至刚，至虚对至实，虚设空城，使敌军以为我军在施用诱敌深入和关门捉贼之计，则不战自退。（散布假消息）

【实例】

囊中羞涩买地皮，奇门导演"空城计"

白老板一直做钟表零售生意，几年来也攒了点小钱。他看到房地产商盈利比较大，很多人都赚了大钱，于是也想做房地产生意。正好郊区有50亩土地，土地是集体性质的土地，这个村的村官和他是十多年的朋友，二人一拍即合，村委会也同意合作建房。

白老板大体算了一笔账，50亩土地可以盖十栋小高层，可以建8万平方米的商住楼。按小产权房出售，2600元一平米，可卖2个亿，一亩土地成本按60万，50亩也就是3000万，加上建筑成本和手续费，算下来也就一个多亿，利润能赚个几千万。好事是好事，可是当前白老板手里就有几百万，东凑西凑最多也就是几百万。没钱怎么办呢？于是白老板找到我诉说了没钱的苦衷。

我照例起出奇门遁甲格局，琢磨了一会儿说："没钱，你可以来个'空城计'，这事就能办成。"

白老板就问了："怎么摆'空城计'？你给我好好讲讲。"

"你不是有几百万吗？你可以先给村里500万，剩余的，你可以跟他们谈用房子抵土地钱，顶多给村里2万平米房子，加上分成，再给村里3万平米，你还能净落3万平米房子。这3万平米房子的卖价就是你的利润。你没钱建房子怎么办呢？你不是要盖十栋楼吗？招五个工程队进来。每队进场保证金收50万，让工程队先垫资建房，三层封顶后第一次付款，付工程进度的70%，第二次封顶后再付一部分钱，但这部分钱，你现在没有，你可以通过预售款支付。预售可以这样，你可以招进一个销售公司，进场要交100万押金。规定他们在楼盘建设出地面后要销售出整个楼盘面积的10%，封顶后再销售出一部分。你没钱，但可以边建设边销售，边收钱边付款,这就是'空城计'。具体的数据我说的不一定准确,你可以按这个思路去考虑。"

"你这样一说我就开窍了,好主意,我就这么办了。"

"还要注意两个问题:第一,局上显示,工程队对你能否按时付款有所疑虑,你虽没钱,但在工程队面前要财气十足。第二,对楼盘销售要制定严格的法律责任,若违约,要按违约规定的上限处理。这是你实施'空城计'要注意的两点。"

"好,我知道了。"

实际情况是,十栋楼的建设速度很快,只用了一年多时间,第二年就竣工了。白老板也如期还清了所有的工程款和其他欠款。白老板自己也挣到了第一桶金。

真可谓:转行房地产,缺钱没经验。帷幄奇门策,空城计赚钱。

奇门遁甲格局:

2007年06月17日16时22分

丁亥年丙午月壬午日戊申时,阴九局,甲辰旬,天禽星值符,死门值使。

螣蛇	直符	九天
休门戊	壬 生门丙	伤门庚
天英星癸	天芮星戊	天柱星丙
太阴 空		九地
开门癸		杜门辛
天辅星丁	壬	天心星庚
马六合空	白虎	玄武
惊门丁	死门己	景门乙
天冲星己	天任星乙	天蓬星辛

分析依据：

1. 为什么说工程队对白老板能否按期付款有疑虑？

值使死门为直接承办工程的工程队，死门落宫己加乙地户逢星情况不明，说明工程队对此事有疑虑，时干也为工程队，时干癸与地盘癸相和，上乘腾蛇主变化，说明施工思想上有顾虑。

2. 为什么说你要在工程队面前表现的财气十足？

日干白老板壬加戊小蛇化龙格局，说明白老板的生意由小做大。宫中临生门，在与工程队的面前也应采取夸大其词，才气十足的策略，以此来打消工程队的顾虑。

3. 为什么说使用"空城计"？

空城计就是通过伪装，掩饰不足，来诱惑对方中计，从而达到让对方受损或是从对方身上获利的目的。时干生日干又生生门，工程队想通过和白老板的合作挣到钱。日干格局小蛇化龙，可以采取夸大其词，无中生有，虚虚实实的策略，通过此策略可打消对方顾虑，诱惑对方中计与白老板合作。

第三十三计　反间计

【原文】疑中之疑。"比之自内，不自失也"。

【解文】"比之自内，不自失也"，是《周易》比卦（000 010）六二象辞，言其九五阳爻自己比而入于上六与六四两阴之内，但居其阴中而不消失，仍谋求有所作为。九五之作为，虽然终将直进于六四爻位，但需先回头蓄阳，因为阳入众阴之间而生"疑中之疑"，既"疑"是否被阴爻吞没，又疑直进于前。但"比之自内，不自失也"，反而离间众阴爻关系，所谓"反间计"也。

奇门遁甲和三十六计结合要点:

※奇门遁甲:

1. 使用此计宜大局反吟。
2. 日干宜旺相或逢死加戌格局,时干乘螣蛇、玄武、开门、壬加辛。
3. 景门乘玄武、螣蛇、或景门逢空亡。但玄武宫中的天盘天干不能入墓。
4. 逢诈假格时,利使用计谋。
5. 庚不冲克日干,庚是间谍、矛盾方、仇人,若克我则此计不可使。

※三十六计:

反间计:利用打入我方内部的对方间谍,有意泄露假情报,让对方间谍带回去,扰乱对方视听;或者收买对方间谍,直接为我方服务,使对方无法知道我方真实意图并陷入我方的圈套。慎防对方以反间计对付我方。

此计策有两层意思:一是利用敌人作为自己的"间"去帮自己做事;另外就是采用手法激化敌人之间的矛盾。

【实例】

离婚之后有凶险,巧用"反间"摆纠缠

"有人花钱让我狠狠地收拾收拾你,她告诉了我你公司地址和你的车牌号,我通过朋友一了解,朋友说认识你,既然你是我朋友的朋友,这事就算了。"

"你是谁?"郭经理紧张的问打来电话的人。

"别问我是谁,说了你也不认识,你知道这个事就行了。"对方答道。

郭经理再三追问，对方终于说："你小心你刚离婚的媳妇吧！"

郭经理一听心里就发毛，六神无主，然后给我打电话求测这事怎么办才好。

原来，郭经理是个小老板，开着一个小百货店，由于位置好，生意不错。俗话说"饱暖思淫欲"，手里头有了几个钱后，郭经理心里就长毛，便开始上网聊天，寻找刺激。很快，他便与一个网名叫"冰美人"的女网友聊得热火朝天。二人约会后，郭经理更是一见倾心，坠入爱河不能自拔。于是，他便背着妻子搞起了"婚外恋"。"冰美人"虽有过情人但无婚姻，此时正想物色一位有经济基础的男人做丈夫。她见郭经理生意红火，也算事业有成，自然是牢牢把住不放。后来，小情人堕了两次胎，日渐觉得不能再过这种偷偷摸摸、无名无份的日子，于是便施展各种办法逼郭经理与妻子离婚。

被逼无奈，郭经理只好想方设法与原配妻子离了婚。2008年2月，小情人与郭经理总算登记结婚。按说结婚了，新婚的小媳妇应该好好过日子才对，谁知小媳妇是个权利欲极强的人，在郭经理的经营上不懂装懂，处处插手，弄得店里的业务一团糟。而且，小媳妇的疑心非常重，总怀疑郭经理背着她与别的女人有来往。有时，当着客户的面盘问郭经理的电话，经常让郭经理在客户面前很难堪。

无休止的怀疑、盘问、争吵，郭经理被折腾得实在没法过了，就想和小媳妇离婚。谁知一提离婚，小媳妇就跑到公路上要撞汽车，再不口袋里就装把刀子，以死来威胁他。用郭经理的话描述："我每天和揣着刀子的人在一起睡觉、生活，你说心里怕不怕？"郭经理的担心也是有道理的。

2008年8月，郭经理想方设法，终于和小媳妇离了婚，总算一块石头落了地。可这样的女人能那么好缠吗？没几天，小媳妇便找到他要求复婚。原来，小媳妇离完婚后回去一琢磨，自己是既没得到房子，又没得到钱，人财两空，越想越觉得离婚不划算。于是她每天坐到郭经理的店里等他，要求复婚。郭经理哪儿还敢再要这样的女人，每天像防贼似的极力躲着她。见郭经理躲着不见，小媳妇便天天到店里干扰经营，不是今天从商店拿点东西，就是明天给客户说点不满意的话，再不后天又把郭经理的商用电脑"借"回家，使商店的经营受到了严重的影响，生意每况愈下，郭经理苦不堪言。这不，现在又找人来收拾郭经理来了。

听完郭经理的诉说，我用奇门局反复推敲，认为此事应将计就计，使用"反间计"最好。

"这事你可以用'反间计'，能让她再也不敢骚扰你了。"我电话中说。

郭经理马上问："'反间计'？怎么使用'反间计'？"

"'反间计'就是利用对方派来的人反过来向对方传递虚假的信息，迷惑对方甚至挫败对方。从奇门格局上看，正像你猜测的，此事是你那刚离婚的小媳妇干的，你可以使用'反间计'利用打电话的那个人为你传话，编一套故事，演戏给她看，实际上是为起到震慑作用。具体你做两步工作：

第一，你先和打电话的人沟通好，统一说辞，虚构你昨晚几点遭打，有几个人打了你，打到何部位了？伤势如何？这样，打电话的人可以顺利向她交差，他也高兴。

第二，在你们沟通好的基础上再给她打电话，故意说：1. 是不是你找的人打的我？我昨晚被人打了。但不要说得太详细，细节不说。2. 告诉她你家里亲戚都来看望你了，很气愤，坚持要向公安局报案，你充好人说，我琢磨很可能是你指使的，没让报案。这样，一来使小媳妇认为她已经出了气，二来又让她心里明白，再胡闹，就向公安局报案了，让公安局插手，使她不敢再胡作非为。"

郭经理如法操作，开始演"反间计"。先是联系打电话的人，打电话的人听后连声说："好！好！我们统一说法，我马上给她说。"接着郭经理又打电话厉声质问刚离婚的媳妇，她自然不会承认："我不会干这事，伤得厉害吗？我去医院看看你吧。"但被郭经理婉言拒绝。

事后，离婚的小媳妇被弄得晕头转向，因为害怕，再没敢来骚扰。郭经理如释重负，一心扑在生意上，生意越来越好。

真可谓：泼妇恶气憋，解恨心思邪。打手难交差，反间皆化解。

奇门遁甲格局：

2008 年 09 月 05 日 09 时 58 分

戊子年庚申月戊申日丁巳时，阴七局，甲寅旬，天芮星值符，死门值使。

玄武 开门丁 天蓬星辛	白虎 休门乙 天任星丙	六合 生门壬 天冲星癸
九地 惊门己 天心星壬	庚	太阴 伤门辛 天辅星戊
九天　空 死门戊 天柱星乙	直符　空 庚景门癸 天芮星丁	螣蛇　马 杜门丙 天英星己

分析依据：

1. 为什么说此事是离婚的小媳妇指使的？

庚为仇人落坎一宫，在此为打电话之人，庚下临丁，说明此事应和丁有关。天盘丁为已经离婚的小媳妇落巽四宫，宫中逢天蓬、玄武主其胆大、不讲理，丁下临辛主错误，玄武遇辛主一贯不讲理，丁临开门说明是已离婚的小媳妇出的主意且此事保不住密,庚落宫又与天盘丁落宫相生,综断,此事当为已离婚的小媳妇背后指使。

2. 为什么要使用"反间计"?

日干戊为求测人落艮八宫,宫中死门加戊主应做虚假之事,又逢九天、天柱星表明此虚假之事应当通过说来夸大事实。丁为对方亦为信息,丁逢玄武、辛、开门主对方会得到虚假、错误的信息并且信以为真。大局反吟,仇人庚(前夫)庚落坎一宫逢景门空且生丁落宫,虚假信息应当通过庚(仇人)和庚(前夫)来主动返回给对方,让对方易相信且起到震慑作用,故应当使用"反间计"。

3. 为什么"仇人"不会伤害郭经理还会和我方统一说辞?

阴遁局坎一宫为外盘,庚为仇人落外盘又逢空亡,说明仇人光喊不来。庚加景门主仇人有事会自己主动说出来。时干丁为说辞、为我方想传达的虚假的信息,庚下临地盘丁,又生天盘丁,说明仇人会赞同并与我方统一说辞。

第三十四计　苦肉计

【原文】人不自害,受害必真;假真真假,间以得行。"童蒙之吉,顺以巽也"。

【解文】"童蒙之吉,顺以巽也",是《周易》蒙卦(010 001)六五象辞,言其上九之"童蒙"顺其爻动数理动进巽入六五爻位而吉利。"人不自害,受害必真":言阳爻之人不会自己害自己,但上九动入六五阴爻位,由于阳进阴退,使九五阳爻陷于上下阴爻之中,这陷害阴中却是真的。"假真真假,间以得行":言其上九将陷入众阴之中是假,又确实是动而陷入了,但这样做是为了离间上下阴爻而得以行于其间,达到爻动数进之目的。这是以表面受害受苦的方式，谋取自己的实质利益，故曰"苦肉计"。

奇门遁甲和三十六计结合要点：

※奇门遁甲：

1. 形势不利时方可使用此计。
2. 日干遇自刑，逢刑才能演苦肉计。
3. 利时干与日干宫相生。
4. 景门乘螣蛇、玄武或逢空亡、壬加辛、庚加壬等格局，利放出虚假消息，迷惑对方，实施苦肉计。

※三十六计：

苦肉计：当我方已彻底失败或完全处于劣势时，则要伪装得像儿童一样驯服，并且展示自己的种种痛苦作秀，以换取对方的同情与信任，待时机成熟，再征服对方。

俗话说的好"周瑜打黄盖——打得愿打，挨得愿挨"，谁也不会没事就自我伤害，这是人之常情，通过这种非常理的表现博取了同情，从而轻而易举的达到了自己的目的。此计的关键在于"苦"，最重要的是博取同情和信任。

【实例】

家族迁坟须补偿，"苦肉计"终见成效

地点：某单位征地办公室。原由：迁坟谈判。人员：征地办2人，坟主3人。

"迁坟，我不管你们给十万还是十六万，家族一共七股，反正我这一股要八万，少一分钱我也不干，你们随便给，我只管我这一股，我走了。"

一年轻人气呼呼扭头离开了谈判桌。剩下两个老人哭丧着脸有声无气地说"三个人走了一个,在家族里我们的辈分小,一开家族会,全家族的人都埋怨我们办不成事,可你们又压我们,我们成了风箱里的老鼠——两头受气,没法谈了,低于十六万我们也做不了主,别谈了。"说着就要走,征地谈判人员再三挽留两个白发老头。经过不断谈判,价格从十万,涨到十一万,十二万,10点半钟时又涨到了十三万。这时两位老人当面又给家族的大辈贾先生打电话:"给涨到十三万了,人家确实有难处,你看赔这么多钱行不行?"

"你们不要跟他们谈了,达不到十六万,家族的人都不会答应,才赔十三万块钱,剩下三万你要是给补齐了那你就签字,别谈了,回来吧!"电话另一端的贾姓大辈语气生硬。

两位老人对征地谈判人员说:"刚才的免提电话,你们都听到了吧,这个事不是我们不同意,家族人都不干,大辈也不同意,我们真做不了主,还是回去吧。"说着就要往外走,征地谈判人员再次挽留,答应再去向领导请示一下,五分钟后答复。

谈判结果——同意赔偿十六万!合同双方签字,合同还规定三天内坟头迁不出,十六万退回,后果自负。给了迁坟费,贾家族坟自然顺利迁出。

事情的原委是这样的,前几天,贾先生家族人员发现祖坟所在的土地被某单位征用,围墙刚砌好,把家族的坟地圈了进去。家族紧急召开会议,一共是7家人,大家七嘴八舌,都认为征地单位和村委会做法不对,事先连个招呼也不打。大家都表示,一定要向征地单位多索要点儿补偿,起码也得5、6万元,但也有人说能给个4、5万就不错了,最后也讨论不出个结果。贾先生当场电话请教我说:"请杜老师给测测,看我们家族的坟地迁移补偿费要多少合适,该如何谈判才能得到最多的补偿?"我听后立即了解了家族成员的状况,根据打电话时的奇门局预测,提出了以下几点意见：

第一，谈判不顺利，但能成功。

第二，演苦肉计，哀兵必胜。应派出两位岁数大的老者去谈判，要一脸苦相，只讲困难，说话喋喋不休，不讲逻辑，要说的对方口吐白沫，要让对方感到特别烦人才行。再派一个年轻的，不太讲理的人去做陪衬，必要时说几句硬朗的话。

第三，要采取后发制人的策略，以逸待劳，不要积极主动地去找对方，等着对方找你。就是去，也要故意晚点到达。

第四，家族派去的谈判人员只是打前站，谈事但不做主，遇到不利的情况时就讲，我们是小辈，需要向大辈汇报，由大辈作为幕后指挥者，主要是缓冲一下。

第五，关于迁坟赔偿费的数额，局上显示为十六万，低于十六万一定不要答应。

事情发展果如我所测：

会后贾家派出了两个70岁的白发老头，还满脸皱纹，用了个年轻气盛的人陪同去谈判。负责征地的主管人员告诉他们相关政策——迁移一个坟头补偿200元，最多照顾到300元。谈判代表又找了当地村委会，村委会领导讲，一个坟头就50元，村里一直都是这样执行的。返回征地办说：坟地迁不走，你们再施工别怪我们不客气。

征地办负责人第二天就联系了贾家的谈判代表并见了面。态度很硬："最多300元一个坟头，你们不配合征地，就按政策办。"家族派去的代表一脸苦相，絮絮叨叨也讲了几条理由：第一，这几年我们一直和村委会打招呼，如果要征地就得提前通知我们，我们留有联系人和联系方式，但是你们谁也不打招呼就先斩后奏，是不是太欺负老百姓了。第二，你们在没有通知我们的情况下，就在我们的祖宗坟头上垒了围墙，压了我们祖宗，换位试试，要是用砖压住你家祖宗你心里怎么想？第三，你们不多出钱，老强调你们的困难，那就别谈了，我们的坟也不迁了，反正坟地这点地方也不碍你们的事，你把我们的坟地圈起来吧，我们每年只烧两次纸，也影响不了你们什么。算了，你这个条件我们回去也没法向大辈交代，不谈了，不谈了，走啊！

这次谈判没有谈成，贾先生的家族又开会，在会上贾先生按我的意思再三强调：要让征地者着急，我们不要着急，要让他们找我们，要以逸待劳，后发制人，低于十六万你们决不要吐口。

4月24日晚上8点，贾先生又给我打电话，说征地办那边又通知我们明天8点半见面，怎么办？我又一次起局，分析后对他说：

"你们这次去准能谈成，但你们要按我的办法去做：

第一，总策略是以逸待劳、后发制人，凡事要慢。他们规定明早8点半到，你们务必故意晚到十几分钟。

第二，用苦肉计，你们要装糊涂，别说自己有能耐，要表现出自己糊里糊涂，是个说不清道不明的絮叨人，说话要唠唠叨叨，越烦人越好。年轻人少说话，要说就要打横炮，说话要冲点。

第三，开口要二十六万，但最终不能低于十六万，低了这个数字就不要谈了。

第四，开始对方可能只同意十万，你们千万别松口，最终他们会同意十六万。"

实际谈判是艰苦的，开始时征地办谈判人员态度很强硬："按照有关政策规定，每个坟头赔偿标准是200元，我们给你提高到500元一个坟头，你们总共才200平方米，你算算多少钱？"

"我不给你论坟头，就是这块地，你赔我多少钱？"

"最多给十万！"

"新坟地比老坟地远50里，几十口人每年上坟的交通费怎么办？反正你们站着说话不腰痛。"

……

"你要多少钱?"

"二十六万"

"不行,你算没算过,一共200平方米就要二十六万,一亩地合多少钱?"

贾家谈判代表也没经验,不假思索的说:"最少十六万!"

征地办谈判人员一听这价格就认为是虚报的价,态度更硬了:"最多给十万,多一分也不行"然后就出现了刚开始的那位年轻人甩手走了的一幕。然而不到五分钟的时间对方领导就同意了赔偿十六万元。

赔偿十六万的协议签的很顺利,奇门遁甲与三十六计的完美结合体现了将易学和军事学灵活应用于当今商战的策划智慧。

真可谓:妙施苦肉计,智叟巧演戏。标准二百元,十六万神奇。

奇门遁甲格局:

2008年04月24日20时40分

戊子年丙辰月甲午日甲戌时,阳五局,甲戌旬,天心星值符,开门值使。

白虎	玄武	马九地空
杜门乙	景门壬	戊死门丁
天辅星乙	天英星壬	天芮星丁
六合		九天 空
伤门丙		惊门庚
天冲星丙	戊	天柱星庚
太阴	螣蛇	直符
生门辛	休门癸	开门己
天任星辛	天蓬星癸	天心星己

分析依据：

1. 为什么说谈判可成？

时干和值使同宫逢开门，说明征地方会同意我们的条件。

2. 为什么我方宜后发制人？

大局伏吟主慢，利主不利客，策略为后发制人。征地方着急，我方应以逸待劳，不急于主动表态。玄机赋：时干开门乘值符，主方带三奇可开拓市场，无奇则不利进取，对客方不利，说明我方应选择主方，后发制人

3. 为什么采用"苦肉计"？

"苦肉计"即当我方处于劣势时，则要伪装得很驯服，并且展示自己的种种痛苦作秀，以换取对方的同情与信任，待时机成熟再打败对方。日干辛为求测人，辛主错误，辛加辛为午午自刑，自刑在此主需用"苦肉计"，在征地人面前演戏，让其认为自己年龄大思维不清，做不了主，而且下岗没钱，迁坟损失大承受不了。同时让后辈训斥自己，以博得对方的同情。

4. 我方要价如何判断？

先看甲子戊落宫，现戊落二宫逢空亡可不看。再看时干己落乾宫主1、6数，结合实际情况，我方应开口要价二十六万，但最终不能低于十六万。

5. 对方赔款如何判断？

时干己为对方，宫中逢开门主同意，乾主1、6数，说明对方最初只答应给十万，结合实际情况，最终会同意赔十六万。

第三十五计　连环计

【原文】将多兵众，不可以敌，使其自累，以杀其势。"在师中吉，承

天宠也"。

【解文】"在师中吉，承天宠也"，是《周易》师卦（010 000）九二象辞，由本卦由来数理言之，言其阳爻行师动进之吉利，是因为承接了由前卦遁（001 111）之上爻天位推动的几阳并进。

师卦之由来是四阳并进，是"将多兵众，不可以敌"。然因阳进阴退，四阳进而四阴退，阳爻"自累"而被杀其动进之势。几阳并进是几阳连环动进，故曰"连环计"。

奇门遁甲和三十六计结合要点：

※**奇门遁甲：**

1. 奇门格局包含多个计谋符号，如同时有遁格、诈格、假格，可根据不同情况，有针对性的使用不同计谋，往往一个奇门遁甲局可使用两个以上的计谋。

2. 要抓住主要矛盾即主要用神符号，一环扣一环，要有联系的观点，每一个符号、每一个宫都应该有一定影响，例如房地产，既要看日干、时干、值符、值使、太岁，又要看丁奇，还要看庚；既要看空亡，还要看旺衰；既要看癸、己、辛、沐浴和玄武，还要看格局；既要看实际情况中的第一计，还要看今后的第二计、第三计。万万不可头脑发热或简单用事，只看一步。

※**三十六计：**

连环计：面对实力强大的敌人，我方要多计并用，使对方互相拖累，互相牵制，使其不战自乱，消弱对方力量，关键是要使对方"自累"，背着沉重的包袱不便行动，从而瓦解对手。

此计策关键在于把强大的敌人拖入到自己布置好的路子里面，按照己方设定的路线操作，从而陷入了被动挨打的局面。最终的目的就是利用最小的代价把强大的敌人拖垮，最终战胜敌人。

【实例】

商海竞争不厌诈,"连环计"策成佳话

2000年前后,随着手机市场的全面扩张,手机迅速替代了寻呼机,曾火爆一时的寻呼机市场每况愈下。

到了2002年,各寻呼台之间的竞争更加惨烈。部分寻呼台打出了"交5元享受服务一年,交60元享受终生服务"的虚假资费政策。这种不计成本的恶性竞争做法,显然是想捞一把再说,等支撑不下去时撇开用户,闭台关张,溜之大吉。这种骗人的资费标准对不少用户充满诱惑,对我们联通寻呼业务的冲击越来越大,退网用户越来越多,收入越来越少,我这副总经理真有些难以招架。

面对市场的混乱局面和各寻呼台之间的无序竞争,我们决定使用三十六计之一的"借刀杀人"的计策,努力整治混乱的寻呼市场。

首先,我方请求无线电管理委员会规范寻呼市场秩序,但无线电管理委员会在此问题上开始并不重视,于是我方继续向他们反映:我台按规定交频率占有费,同行却不交频占费,还做虚假资费宣传欺骗顾客,这不公平。如果无线电管理委员会不妥善处理此事,我台也就不交频占费了。因为联通寻呼台是本市唯一的国有寻呼公司,是缴费大户,若不交频占费自然对有关部门的收入影响很大。无线电管理委员立刻认识到问题的严重性,于是开始采取措施:发布了整治寻呼机市场的公告,取缔了一些违法经营的寻呼台。

其次,我方向新闻媒体反映了有些寻呼台欺诈用户,指出了一些不法经营寻呼台的具体欺骗手段和方法。记者根据我们提供的信息对这些寻呼台的骗人手法进行了调查,很快,报纸、电台就相继揭露了这些寻呼台的骗人把戏。初战告捷的影响，使这些小寻呼台的员工对自己就职的公司产生了不信任，对自己的何去何从比较迷茫。"借刀杀人"之计取得了良好成效。

经过整治后，寻呼市场秩序有所好转，但仍有部分小寻呼台依旧不守规矩，明一套，暗一套，继续搞不正当竞争。我台一方面优化网络质量和服务质量，另一方面派人对继续经营的其他寻呼台做调查。很快，调查人员向我汇报：当前，多数小寻呼台在强行支撑，由于新闻媒体的揭露和曝光以及管理部门的严厉整治，加之员工薪金难保，很多小寻呼台出现了缺员状况。一个小寻呼台，只要缺三、四个寻呼员就会严重影响接话率，接话率低了，自然就会严重降低服务质量，继而随着用户的迅速减少而倒闭。调查汇报持续到中午下班时，我因和某单位领导约好中午在一起用餐，只好坐车先走了。坐在车里，我思索着，目前寻呼业包括我公司在内都缺寻呼员，想要击败对手就得设法把对方的寻呼员挖过来，这在三十六计里为"釜底抽薪"之计。但素不相识，怎么个挖法呢？还是用奇门去寻找思路吧。奇门中有"行诈"术。"行诈"在古代军事上就是在敌营中散布一些不利于敌方的消息，从而动摇敌方军心的一种战术。把此战术运用到商战中能否起作用，这就要靠奇门预测了。我拿出一张名片，在背面起局预测，结果显示可以实施运用。要"行诈"，必须先"无中生有"，制造消息。于是，在车上我就布置属下采用打电话方式，对各寻呼台散布联通寻呼台正在招聘寻呼员，且待遇优厚的消息。

"你马上用公用电话向各寻呼台打电话，对'李红'说联通公司正在招人，待遇不错，释放这个消息。"我给某个下属打电话指示说。

"谁叫'李红'？用公司电话打不行吗？"下属不解的问。

"哪有'李红'？你编一个名字就行了。"我说，"为防暴露，一定要用公共电话打。"

下属非常聪明，立即明白了我的"无中生有"用意。

按我的策划,下属每次拨打不同的寻呼台,都以朋友的身份找李红,待对方说没有这个人时,再说找此人的目的是想转告她,联通公司正招聘人呢,待遇不错,谁愿意去都可以。这招真灵,一个寻呼台只打了一个电话,消息便传播开来。小寻呼台的寻呼员巴不得到联通公司来呢,因为小台工作环境差,效益不好,据说有的台连工资都不能按时发放。一个多月里,其他寻呼台跳槽过来40多个寻呼员,她们熟悉业务,不用培训,直接上岗,不但节省了培训经费,还减缓了我公司寻呼员不足的压力。当然,我的目的还是让小寻呼台加速倒闭,尽快整合现有的用户资源。

事实是,各部门多管齐下:报纸、电台、舆论不断揭露和曝光无良寻呼台及其骗人手段,市无线电管理委员会、工商局齐抓共管,依法治理不法寻呼台。几个月后,大部分寻呼台都因缺少寻呼员、经营不景气等原因纷纷倒闭关张了。

事后有位熟悉的易友对我说,你用这些计谋是不是有些缺乏道德啊?我答复:"商场如战场,必然要遵循优胜劣汰的规律,商战就是在遵守法律、法规的前提下,凭计谋战胜对手,这不是诡诈,而是以智慧取胜。奇门遁甲就是这样能够谋划的术数。"

此例用的是"连环计",第一步先"借刀杀人",让对方员工感到工作前景堪忧而迷茫,蠢蠢欲动;第二步是"无中生有",散布虚假信息,让对方员工闻风而动;第三步是"釜底抽薪",使对方员工全体骚动,丧失对企业的信任感,从而使其原所在的寻呼台因严重缺少寻呼员而无法继续经营。

真可谓:违规乱竞争,智者一时懵。老姜最辛辣,连环计大胜!

奇门遁甲格局：

2002年8月16日12时

壬午年戊申月丙辰日甲午时，阴五局，甲午旬，天芮星值符，死门值使。

太阴　空 杜门己 天辅星己	螣蛇 景门癸 天英星癸	直符　马 戊死门辛 天芮星辛
螣蛇 伤门庚 天冲星庚	戊	九天 惊门丙 天柱星丙
白虎 生门丁 天任星丁	玄武 休门壬 天蓬星壬	九地 开门乙 天心星乙

分析依据：

1. 借刀杀人：大局伏吟利策划，庚为攻方现落震三宫，值符为守方落坤二宫，庚克值符主谁进攻谁胜，此时利客、利进攻方。我方"借刀杀人"必须主动向无委、新闻单位反映，借无委和舆论工具"杀"对手。玄机赋：三宫中伤门乘螣蛇，利客不利主，主方有奇则无碍。

2. 无中生有：时干落坤二宫逢死门加戊，说明应做虚假的事，即"无中生有"。"李红"则是无中生有。玄机赋：死门乘值符，只利小规模的活动，获小不获大，通过打电话的这种小方式来渗透对方寻呼公司。

3. 釜底抽薪：

（1）为什么断行诈成功呢？丙为我，为行诈方，庚为敌，为其它寻呼台,玄武为消息。如玄武落旺地,丙宫克庚宫,其术得行,玄武落坎宫,申月坎宫旺,主消息传播快而广。现丙落兑七宫属金,庚落震三宫属木,丙克庚行诈必成功,说明此消息诱惑力很大,肯定有一部分人要离开小寻呼台到我台来。

(2)为什么大局伏吟,我又大胆运用行诈战术呢?

大局伏吟,按一般断法,静守不动为有利,但该局是天显时格大吉之格局,又伏吟利密谋策划、暗中行动。因该术丙为客方,为行诈方,丙既然克庚,则利客不利主,即利于行动一方。所以,伏吟仍可大胆运用行诈术,景门乘螣蛇,要放出虚假的消息。

(3)时干辛为员工,与戊同宫,戊落宫衰,工资低,时干生日干,辛加辛为自刑,逢刑主对方员工自己会主动辞职到我公司来。

第三十六计　走为上计

【原文】全师避敌。"左次无咎,未失常也"。

【解文】"左次无咎,未失常也",是《周易》师卦(010 000)六四象辞,"左"喻阴,右喻阳,言其六三及其以上阴爻辅佐九二阳爻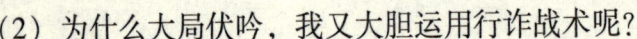当先,合于师卦由来数理,无咎也未失常。因为师卦之九二阳爻是由前卦遁之四阳并进而来,由于阳进阴退,四阳并进之师全部由阳转阴。由遁卦而师卦,四阳遁隐,故言"全师避敌","走为上"策。

奇门遁甲和三十六计结合要点:

※**奇门遁甲:**

1. 当处于劣势时,奇门格局里若显示出日干、时干临马星、壬水、乙加辛、庚加壬、庚加癸、逢冲、空亡等,应采取"走"的策略,若逢开、休、生门或丙加庚，视格局也可采取走开之策。

2. 采取此计格局时尤怕用神宫中天盘干和地盘干逢合，主因事被绊住，让人"关门捉贼"，想走也走不了。日干地盘入墓犹豫不决，应尽快定下决心。

※三十六计：

走为上：当形势被动时，采取有计划的主动撤退，避敌锋芒，保存实力，然后再寻求战机，以图东山再起，这在谋略上属于上策。因为在瞬息万变的战斗过程中，不变通就不可能应对形势的发展。"走"并不是怯懦的表现，也不是兵败如山倒，而是根据形势采取的一种以退为进的上好策略。

一个"走"字道出了三十六计的精华，三十六计不是在告诉大家如何的使用计策获取利益最大化，而是给世人了一种摆脱自己困境的方法，它总体的核心思想和孙子兵法一样都认为"武"的最高境界就是——止戈。走不等同于逃，因为走更从容，是一种战略性的撤退或者回避，为的是更有效的摆脱自身的困境，其核心是一种以退为进的解决问题的方法，下事例正是这一思想在现实中的完美应用。

【实例】

（1）卷入事端陷迷茫，躲灾避祸"走为上"

某机关干部宋某和妻子经朋友介绍知道了我，并知道了我的电话。宋某打电话给我说，他有些私事想找我谋划。

5月12日一大早，宋某和妻子就到了我家，两人满脸沮丧，进门后刚坐下来就跟我讲："2006年我在一个单位任主管，用变通的方法发了一部分奖金，发放的时候请示了在任的主管副局长，他也同意了，领导要是不同意我哪敢发啊！2007年主管副局长退休了，上级新任一个局长，新局长原来在我们单位是副局长，新局长和老副局长两人早就有隔阂。后来，现任新局长被调到上级单位去了。现在他又回来任局长。他一上任就想报复老副局长，于是拿我发奖金的事开刀。新局长也知道，发奖金的事我是请示过老副局长同意的，新局长当时也是知情的。这会儿，新局长非让我站出来承认这个奖金是老副局长批准发放的，否则就撤我的职。我是两头为难，既不愿得罪老副局长，也不愿被撤职。我该怎么办啊？杜老师！"

"撤职是个什么结果？"我边起局边问。

"撤职就是把我现在的职务撤掉，按一般员工对待，没有任何职务津贴，不但工资降几百块钱，而且算一个大处分。我干了一辈子，快要退休了还要背个处分，一切都完了。"宋某叹气道。

我说："你找过老副局长吗？"

他说："找过，但老副局长说：'我退了，年纪大了，记不清了，以后别再找我了。'老副局长知道新局长在报复他，根本不愿担这个责任！"

"那你私下找过新局长吗？"

"找过。新局长说，我也知道发奖金的事你是请示过领导的，但你不说清楚请示过谁，我就处分你。"

"怎么个说清法？"我问。

"他的意思是让我检举老副局长，把老副局长扯出来，然后好整老副局长。"但宋某不想这样做。

"现在是什么状况？"我又问。

他说："现在新局长逼着纪检组让我在谈话笔录上签字，非要处分我，撤我的职。我说别撤职，我退居二线行吗？新局长说不行，你不说清楚就撤你的职。"

"你签字了吗？"我问他。

"没签，但我看过材料了，纪检打了好几次电话来，让我去签字，我还没去。我想先请教请教杜总您,您给我看看该怎么办吧。"

我起好奇门格局,依局说:"这个事你是比较麻烦,你只有采取计策才能摆脱,'三十六计走为上',从奇门局上来看,只有走才能摆脱困境!"

"走到哪?"他问。

"到乡下,从格局上看,你应该自己提出一个理由,你就说身体有病,要到老家去看病。从5月6日立夏开始这一段时间新领导逼你逼得太紧,这是最紧的时候,你走个五天、十天,最多走十五天左右就能躲过这个锋芒,你要坚决走,目的就是躲着不签字。要是他们再问你,你就说正在看病。"

宋某犹豫的说:"我觉得躲不过去,他们天天逼着我签字,谈话笔录我已经看过了,没法再推了,能躲到什么时候?"

他妻子这时流着眼泪,十分无奈的说:"哪儿能躲过去!他现在也不去上班了,天天有电话叫他去纪检组。哎呀,真急死人,杜总快帮帮忙吧!"

看得出他们两口子实在是万般无奈,一致请我快施个法术,好躲过这个灾难。

我说:"法术是没有的,但是办法有,就是躲。你不要签字,先到乡下去'看病',过了这一阵就好了,这是奇门格局上显示的,'走'是唯一的躲灾避难的方法,要坚决走,离开单位"。

宋某思考了半天,很无奈的说:"那就听你的吧,我先到乡下去几天,不行的话再说。"

我说:"要是实在不行了你就给我打电话,再确定下步怎么办?"

当天,宋某就和爱人到了石家庄附近某县的老家"看病"去了,纪检人员给他打了电话,他说正在老家看病,过几天就回去了。纪检人员也就不再催促。

第五天晚上,宋某高兴的给我打来电话说:"谢谢杜总,你说的完全正确,我的'事'没事了。"

我一时不理解,问:"怎么没事了?"

"整我的局长调到省里去了,调令已经下了,今天纪检人员给我打电话说,局长调走了,我们也不让你签了,你的材料算作废了。看来纪检对局长这种整人的做法也有看法。你让我躲到乡下,躲灾避难,简直神了,谢谢,谢谢!"宋某感慨的说到,非常的激动。听他的声音,能感到他如释负重,与之前判若两人。

真可谓:胁迫深遭殃,庶几欲自戕。退却三五日,灾祸全消光!

奇门遁甲格局:

2008年05月12日08时00分

戊子年丁巳月壬子日甲辰时,阳四局,甲辰旬,天任星值符,生门值使。

太阴 杜门戊 天辅星戊	六合 景门癸 天英星癸	白虎 己死门丙 天芮星丙
螣蛇 空 伤门乙 天冲星乙	己	玄武 惊门辛 天柱星辛
马直符空 生门壬 天任星壬	九天 休门丁 天蓬星丁	九地 开门庚 天心星庚

分析依据:

1. 为什么要采取三十六计走为上计?

日干壬代表宋某,落艮八宫逢空,壬下临壬,壬为大水主流动,宫中又临马星，故应"走为上"离开此地到别处躲之为吉。壬加壬为辰辰自刑，应自己主动出走，暂避是非。

2. 为什么说从立夏开始新局长逼宋某太紧？

年干戊为太岁、为新局长落巽四宫克日干壬落宫，巽四宫在九宫里代表立夏后45天的时间，立夏太岁戊当令则为新局长逼宋某最紧之时。

3. 为什么说走十五天就能躲过这个锋芒？

时干壬代表求测的事落艮八宫，宫中含5、7、8、10数，马星落该宫主快，日、时均落内盘也主快，结合实际而断，应躲五天、十天，为了保险起见，建议其躲十五天。

4. 为什么说采取"走为上"计后宋某不会倒霉？

日干壬为求测人落艮八宫，上乘值符百灾消散，八宫逢空亡凶事不凶，又得生门吉门，故宋某不会倒霉。再从凶灾的角度来看，庚为凶灾落乾六宫，阳遁局乾六宫为外盘，庚落外盘则凶灾不会出现，庚也为处分，临开门逢九地有关人员早做好准备，但在庚在外盘、时干又逢空亡，说明此事实施不了。

（2）不速之客来造访，经理回避"走为上"

我刚调入联通河北分公司人事部，工作忙得不可开交。一天下午快下班时，贾总让我到他办公室。

贾总问："老杜，我听说保定原单位一伙退休老干部最近要来石家庄找我，你快给我看看他们到底来不来，若来，我是见他们还是不见他们，我应该采取什么策略好？"，我当即起局答复。

"第一，这些人要来，他们来时不会通知你，会秘密地来。这次来你还是不见为好，躲躲风头，因为来者不善，他们情绪不好，想闹事，且人多气盛，很可能来5个或10个人。"

贾总听后顿感紧张,忙问:"来那么多人吗?"

"数就是这么个数,是格局上显示的。"

我接着说,"第二,既然来者不善,你最好避其锋芒,三十六计走为上计,离开石家庄,就说到外地联系工作去了。第三,从奇门局上看,紧急情况下向南边去最好,用术语说这叫:'缓则从门,急从神',这样可以避开对方,你最好向南走。"

贾总似乎心存侥幸,反复问我:"他们真的要来吗?"

"真的要来。"

"那不走行不行?"

"非走不可,这种格局显示:既使我不劝你走,你也得走,因为有马星冲你,不可能不走。"

"准确地说,他们哪天来?"

"明天来。"

"那我走几天?"

"两天,周一、周二就行。"

"那好吧,我就听你的,明一早我就离开,我给办公室王主任交待一下,中间有事我再和你联系。"

贾总说完立即拨通了王主任的电话,把保定原单位一伙退休老干部马上要来石家庄找他的事和我的预测结果告诉了王主任,并说,他明天就要离开石家庄。王主任极力劝说贾总别走,认为见见老干部们好。贾总再三考虑,最后还是采纳了我的意见。他让刘主任立即悉心准备,以防不测,刘主任答应照办。

第二天早上7时30分贾总给我打了个电话说:"我现在就出发了,你看行不?"

我十分有把握地对他说:"你放心地走吧,这边不会有什么麻烦事的。"

8时30分办公室王主任打电话告诉我说接待工作准备就绪，每个细节都考虑到了，就等他们来了。

10时30分，王主任又打来电话满是疑惑地问："老杜，怎么一点儿动静也没有啊，是不是他们改变主意不来了？"

"不会改变主意，来是肯定来，具体几点来我也没推算。"我又一次对我的预测做了充分地肯定。

"不行的话我给老单位的熟人打个电话问问？"

"别问，防止走漏风声。"我立刻制止他。

"那就等着吧，我等得实在是着急，就怕他们不来了。总经理正忙，你让总经理走，这下要是不来，我看你就麻烦大了。"

其实，搁谁身上，压力都不会小，因为你指挥的是自己的太岁呀！何况联通的工作紧张的不得了，把总经理"指挥"走了，要是错了，肯定麻烦不小。

10时50分左右，王主任又来了个电话，他压低声音说："老杜，来了，你测得真准，奇门遁甲真神了，老单位确实来了10个人，坐了满满一屋子人，我刚见了他们一下，出来先给你打个电话，你赶紧过来吧。"

我在同一楼层，到了贾总办公室一看，椅子上坐了九个人，因为椅子不够，桌子上还坐了一个人。来人都是六七十岁的老干部。办公室王主任简单介绍了我的身份后就出去了。我听了听的老干部们的来意，虽很同情，但各为其主，我得把这个事情平息下来，不能让单位的人发现，也不能让这些人在单位给贾总造成不好的影响。几句寒暄后，于是我对他们说："我要是贾总，我就不管你们的事，贾总来这儿也是省里让来的，也不是他自己的意愿。"话音刚落，这十个人都急了，冲着我开火说："我们的工厂破产了，没吃没喝，你们开这么多钱，当然不着急了！"

我赶紧道歉："我岁数小，老大姐、老大哥，你们别着急，贾总回来我一定反映！"如此反复四五次。

原来，贾总原任保定某公司法人代表兼总经理，当时董事会任命的任职期限是从1992年1月1日至1994年12月31日止。任职期满，贾总看到单位不景气，在向上级机关提出书面辞呈的同时，又被省里聘为联通河北分公司总经理。三年多来贾总一直在联通河北分公司工作。但老单位法人代表和总经理的职位一直没人接任，贾总也没进行离任审计，营业执照上法人代表还是贾总。到了1998年，老单位的生产经营越来越不景气，职工连续四个月不发工资了，生活受到了严重影响，厂里的党委书记也患了病，原来的副总经理也都不管事了。群龙无首，无奈，厂里的退休干部、职工推选了10名代表，到石家庄找法人代表贾总，要求贾总出面解决职工们的吃饭问题，于是就出现了前面职工代表们声势浩大的来石家庄见法人代表贾总的一幕。

退休职工代表来石家庄市之前，王主任就根据我的谋划，提前做好接待的准备，在公司总经理办公室里的小黑板上故意写着总经理日程安排："28日去邢台"，哪天返回也没写。

退休职工代表来后，我一面称因事前没预约，贾总按计划到邢台办事去了，一面对职工代表们进行了劝慰。职工代表倾诉了工厂职工们生活的艰苦和困顿，他们极力要求贾总一定要回厂里一次，由贾总来出面解决职工们的吃饭问题。我表示等贾总回来，一定要向他如实汇报。下午3时，情绪渐趋平静的职工代表们只好风尘仆仆地返回了保定。

再说，贾总到了邢台，很长时间没有解决的联通和电信的互联互通问题，居然很顺利的解决了。

真可谓：寒士来造访，无奈又紧张。我非不仁义，得计走为上。

奇门遁甲格局：

1998 年 6 月 28 日 17 时 30 分

戊寅年戊午月丙午日丁酉时，阴六局，甲午旬，天冲星值符，伤门值使。

螣蛇　空 生门丙 天任星庚	直符 伤门辛 天冲星丁	九天 杜门庚 天辅星壬
太阴 休门癸 天蓬星辛	 　 己	九地 景门丁 天英星乙
六合 开门戊 天心星丙	白虎 惊门乙 天柱星癸	玄武　马 己死门壬 天芮星戊

分析依据：

1. 怎样断出明天要来 10 个人闹事的？

贾总听说来一伙退休老干部找他，而老企业不景气，工人工资发不出来，来者肯定不善，所以取庚为用神，代表来者。现庚落坤二宫，为内盘，庚落内则来，庚与值符宫相邻则速，今日是午日，明日是未日，庚正落未日上，且庚加壬主动，故断未日来，也就是第二天来。

坤宫中庚为临官之地为旺，上乘九天有闹事之嫌，逢杜门主保密，来者必秘密地来石家庄。

来后不顺，庚加己为刑格，这表明一是来者气势较凶；二是来者大热天遭罪办不了事。坤宫属土，土数为 5、10 之数，庚旺应加倍，断来者

10人。

2. 为何断贾总非走不可？

日干丙主贾总落巽四宫，丙下临庚主凶，但幸遇该宫旬空（甲午旬中空辰、巳），凶事不凶。日干旬空则表示不在，马星冲实填实之时则离开，辰时填实，受马星冲必离开。再从其年命壬上看，壬落乾六宫，逢死门主心中不愉快，现酉时，巳酉丑时马星在亥位，壬正临马星，所以说贾总非走不可。

3. 为什么向南方去好呢？

奇门书上说：躲灾避难'缓则从门急从神'，这个神即指值符而言，因值符是最吉之神（符号），其神所到之处，百恶消散。现值符在离九宫，宫中辛加丁为"狱神得奇，经商获倍利，囚人逢赦宥"也为吉格，所以向南方走最吉利。

为什么说走两天呢？这要从三个角度来分析。一是庚代表来者，在坤二宫，占未、申两日，可能呆两天；二是时干丁奇在兑七宫，先天八卦数为二数，时干主事也可断为两天；三是日干丙奇在四宫，宫中旬空，空则可减半计数，也为二数。综合分析，应走两天，实际情况是第二天贾总在邢台真有事而不能回来。

4. 为什么选"走为上"计呢？

玄机赋：生门乘螣蛇，利客不利主，对方找我，对方为客，怎样变主为客呢？只有在对方到来之前我先动，选择为客方能把握住主动权，所以选"走为上"之计。

后　记

　　中国的传统文化非常深奥，尤其是《周易》，它是中华民族的文化源头，是一部哲学著作。奇门遁甲的理论依据是《周易》，我研究奇门遁甲已有数年，但总有一种越研究越深的的感觉。当我写完《奇门遁甲现代实例精解》的时候，觉得奇门遁甲可以指导现代商战，于是就结合工作实践写了《周易与商战》。在现实生活中婚姻问题是一个社会问题，很多人都关心婚姻问题，我结合实例总结出了婚姻问题百问百答，出版了《周易与婚姻》。在实践中常常遇到一些涉及计谋和策略的事情，于是又整理、编著了这部《周易与三十六计》。同时我也积累了大量奇门遁甲与环境和关系到传统风水的经验与实例，若有时间，我会尽快编著完成《周易与风水》一书，以飨读者。

　　宇宙是浩瀚的，我们对宇宙的认识是渺小的，以现在的科技水平也只是认识了宇宙的一小部分。我们不能用现在人类已掌握的科技水平去评价人类还没认识的事物，那样一定是不科学的。

　　古代一些利用奇门遁甲算命占卜的书籍，确实存在一些封建迷信的的糟粕，我们应该摒弃，对现在社会上利用奇门遁甲进行招摇撞骗的，我们更应该反对。

　　在《周易与三十六计》写作过程当中，我的朋友梁勇、马恒君、朱红亮、安国辉、石延博、刘国华、王彦林、丁利民、王九升、杨魁等方面的专家学者给予很多的帮助。我的学生杜少平、郭军飞、杜少宁、黄振峰、王建、邢俊也在研究和写作的过程中提出了不少参考意见。

在本书出版过程中，还得到了中国人民解放军空军少将、空军指挥学院战略教授、著名军事理论专家、中央电视台"百家讲坛—新解三十六计"演讲者乔良将军和中国人民解放军某部副师长李松青大校等军事谋略方面专家的指点。乔良将军还在百忙之中为本书作序。

在本书付梓之时，谨向所有给予关心、帮助的朋友、老师们表示深深的谢意！

我的写作过程是很艰苦的，需要边学习边实践边写作。虽对奇门遁甲稍有研究，但易学博大精深，本人才疏学浅、知识积累有限，书中不免会出现一些疏漏和错误，希望大家斧正。

作者联系地址：河北省石家庄市光华路9号博雅庄园5号楼2单元402室

收信人：杜新会

邮　　编：050000

电子邮箱：duxinhui999@126.com

博客地址：http://blog.sina.com.cn/qq228815613

2010年冬于博雅庄园